지중해
시돈
사르밧
헤들론
페니키아
알랍 (마할랍)
키리티나강
두로
호사
아벨벳마아가
단
이욘
미스르봇마임
벧아낫
가나
게데스
훌라 호수
암몬
야노아
르홉
이론
악십
아론
벧세메스
헤롬
하솔
메론산
벧에멕 (베데멕)
라마
악고
르홉
갈릴리
미살
가블
아벡
긴네렛
갈릴리 바다
락갓
악고 평원
나할랄
한나돈
림몬
마돈
가르단
함맛(암몬)
가드론 (갓닷)
악십
베들레헴
아로셋
가드헤벨
시므론
나사렛
다브랏
갈멜산
욕느암
다볼산
다볼
엔돌
기시온
얍느엘
돌
기손강
나인
모레언덕
헬갓 (후곡)
므깃도
수넴
야르뭇
이스르엘
르호발
사론
가드림몬
다아낙
엔간님 (편 마간)
벧산
이블르암
길보아산
르홉
답밧
도단
벳섹
아벨므홀라
에벨
사마리아
므누세산지
데베스
소고
사마리아
디르사
요단강
사본
에브라임 수풀
사밀
에발산
세겜
오부락
그리심산
비라돈
믹므다
야노아
아루마
길사임 (욕므암)
숙곳
브니엘 (브누엘)
마하나임
얍복강
에벤에셀
답부아
아벡
가아스산
길갈
실로
사르단
아담
욥바
여호
라마다임소빔
에브라임산지
베냐민
오노
딤낫세라
여샤나
바알하솔
오브라 (에브론)
살리사
하딧
김소
아얄론골짜기
가드림몬
벧엘 (루스)
사알본 (사알빔)
가드(갓다임)
아이
벧호론
미스바
믹마스
엘드게
김브돈
나아란
길갈
기브온
라마
게바
얍느엘
게셀
아얄론
여리고
기브아
알몬
브에롯
모리아산
아나돗
소렉골짜기
감람산
벧호글라
딤나
기럇여아림
르바임골짜기
에그론
예루살렘
소라
유다
아스돗
벧세메스
사노아
베들레헴 (에브랏)
가드
아세가
야르뭇
후사
에담
사빌
소고
엘라골짜기
아둘람
느도바
드고아
아스글론
그일라
벧술
마레사
마레사골짜기
라기스
라기스골짜기
길로
벧아놋
막벨라
막게다
블레셋
에글론
벧답부아
헤브론 (마므레,기럇아르바)
라맘
여루엘광야
시스골짜기
가사
유다산지
염해 (사해)
엔게디 (하사손다말)
드빌
욧다
십
갈멜
십광야
브솔강
그랄
홀론
아납
소고
마온
시글락
림몬
에스드모아
마온광야
게렐 (그데라)
맛만나
얏딜
그리욧
브솔
아산 (고라산)
벧벨렛 (벧팔가봇)
마사다
사루헨
호르마 (스밧)
갑스엘
아랏
브엘세바
바알라
아로엘
아말렉
르호봇
네게브
브엘라해로이
소금골짜기 (싯딤골짜기)
소알
호르산
아라바
바란광야
다말 (다드몰)
아스몬
갈가
가데스바네아
아드마
살모나
에돔
도벨
셀라(욕드엘)
보스라
부논
세렛
세렛강
이예아바림
호로나임
고모라
소돔
미스바 (길아레셋)
모압
아르
아르논강
디본(디몬)
아로엘
메바앗
그데못
그데못광야
맛다나
야하스
아다롯
그리욧
벧디블라다임
메드바
베셀
느보산
벧바알므온
사웨기랴다임
벧여시못
헤스본
벧브올
벧하란
비스가산
싯딤
아벨그라밈
민닛
므바앗
랍바(암몬)
야셀
벧니므라
아로엘
욕브하
암몬
길르앗
미스바 (길르앗)
길르앗야베스
로글림
벧아벨
길르앗라못
로드발
가돈
야르뭇강
아벡
그술
골란
가르나임
아스다롯
아르곱
헬람
에드레이
돕
바산(고원지대)
아람
다메섹
다메섹 (다마스쿠스)
바알갓 (바알헤르몬)
헤르몬산
성경2.0 지도 기호
▲ 산
○ 도시(불확실한 위치)
● 도시
● 주요도시
— 바다, 강, 호수 : 파란색 글씨
— 고대 근동 국가, 지역 : 보라색 글씨
— 평야, 산지 골짜기 : 녹색 글씨

성경2.0 지도 기호
▲ 산
○ 도시(불확실한 위치)
● 도시
● 주요도시, 지명
✝ 교회(요한계시록 7교회)
— 바다, 강, 호수 : 파란색
— 고대 근동 국가, 지역 : 보라색
— 고원, 산맥, 광야 : 녹색
— 현대 지명 : 빨간색
흑 해
지 중 해
에게해
아 드 리 아 해
티레니아해
홍 해
<이탈리아>
이달리아
로마
시실리아
수라구사
레기온
<몰타>
멜리데
<그리스>
헬라
마게도니아
빌립보
데살로니가
베뢰아
고린도
겐그레아
아덴(아테네)
아가야
그레데
<크레타>
<터키>
이스탄불
(비잔티움)
무시아
드로아
버가모
두아디라
서머나
사데
빌라델비아
에베소
라오디게아
골로새
아시아
브루기아
루가오니아
안디옥
이고니온
갈라디아
앙카리
갑바도기아
비두니아
본도
길리기아
다소
밤빌리아
루기아
밧모
로도
구브로
<키프로스>
살라미
바보
<시리아>
안디옥
실루기아
수리아
아람
하맛
다메섹
다마스쿠스
<레바논>
베이루트
시돈
두로
단
가이사랴
<이스라엘>
길르앗
벧엘
예루살렘
헤브론
가사
브엘세바
블레셋
암몬
랍바(암만)
모압
<요르단>
에돔
(세일)
아말렉
시내 반도
시내산
미디안
바란 광야
<이집트>
애굽
알렉산드리아
라암셋
(람세스)
고센
온(카이로)
멤피스
하부 이집트
상부 이집트
나 일 강
누 비 아
<리비아>
구레네
베레니케
아모리
하란(밧단아람)
갈그미스
앗시리아
니느웨
(모술)
메소포타미아
유 프 라 테 스 강
티그리스강
아수르
마리
<이라크>
바그다드
아카드
바벨론
바빌로니아
시 날 평 지
수메르
우르
갈대아
엘 람
수사
<이란>
메 대
바 대
자그로스산맥
쿠르디스탄산맥
<아르메니아>
예레반
아라랏산
아 라 랏 산 맥
<조지아>
<쿠웨이트>
쿠웨이트
시로-아라비아
<사우디아라비아>

성경통독을 위한 최고의 자습서

성경 The Bible 2.0

7 역대상, 역대하, 에스라, 에스더, 느헤미야, 학개, 스가랴, 말라기

성경2.0 성경 통독을 위한 고품격 성경만화

글 김동순 | **그림** 배광선 | **감수** 문학진

초판 1쇄 인쇄 2015년 4월 10일
초판 15쇄 발행 2024년 6월 27일

발행처 (주)CMcreative
발행인 이길우
책임 편집 오경희
CG 장유미, 신선영
그림 스탭 이상일, 강지선
표지 디자인 송우진
본문 편집 디자인 SONBOM 민하늬, 김원경, 강현아
마케팅 김돈영
제작 지원 정선숙
인쇄 미래피앤피 최영민

등록번호 제387-2012-000039호
등록일자 2012.6.12

주소 경기도 고양시 덕양구 청초로66 덕은리버워크 A동 819호
전화 032-325-2181(편집부), 032-325-9600(영업부) | **팩스** 032-325-3181

ISBN 978-89-97923-10-6
ISBN 978-89-97923-01-4(세트)

책값은 표지에 있습니다.
잘못된 책은 구입하신 곳에서 교환해 드립니다.

성경2.0 공식 블로그 http://blog.daum.net/cmcm2012 (다음 블로그 검색: 성경2.0)

성경통독을 위한 최고의 자습서

성경 The Bible 2.0

❼ 역대상, 역대하, 에스라, 에스더, 느헤미야, 학개, 스가랴, 말라기

김동순 글 | 배광선 그림 | 문학진 감수

CM creative

오랜 세월을 빗어 내놓은 《성경2.0》

2004년에 하나님을 믿게 된 후, 당시 다니던 온누리교회의 구내 서점에서 제 수준에 맞는 책을 찾아보았습니다. 이제 막 하나님을 알아 가기 시작한 제 눈에 들어온 것은 성경 만화책들이었는데, 대부분이 어린이를 대상으로 한 것이었습니다. 내용 또한 성경 전체를 다룬 것은 찾아보기 힘들었고, 흥미를 끄는 성경 속 사건 위주의 책들이 많았습니다. 주중의 가족 단위 성경공부 모임에서도 성경의 한 부분씩 따로따로 다루는 형식이어서 성경 전체를 알고 싶은 열망이 있었던 제게는 아쉬움만 남겨주었습니다.

대략적이라도 성경 전체를 알고 싶었습니다. 그래서 성경을 일독하기로 마음먹었습니다. '표준새번역' 성경은 엄두가 나지 않아 '쉬운성경'을 읽기 시작했습니다. 틈틈이 읽다 보니 1년 정도 걸리더군요. 그런데 머리 속에 남는 것이 거의 없었습니다. '쉬운' 성경이라지만 읽는 도중에 무슨 뜻인지 이해되지 않아서 계속 같은 자리만 읽었던 경우도 자주 있었습니다. "40이 넘은 나이에도 하나님 말씀 이해하기가 이렇게 어렵다니 원……."

그 전부터 만화책을 전문적으로 만들고 있었던 저는 그때부터 제대로 된 성경 만화를 만들어 보자는 생각을 자연스레 가지게 되었고, 차츰 구상에 들어갔습니다. 2007년에 김동순 작가를 만나면서 제 구상은 구체화되기 시작했고, 2008년부터 본격적으로 제작에 들어갔습니다.

"성경의 의미를 훼손하지 않는 범위 안에서 '최대한 쉽게' '성경의 모든 것'을 담자!"

열정 하나만 가지고 의욕적으로 시작했지만 일은 예상했던 것보다 훨씬 방대했습니다. 몇몇 사람이 단 시간에 할 수 있는 일이 아니었습니다. 일의 진도는 느렸고, 어디서부터 손을 대야 할지 난감할 정도로 많은 문제를 안고 있었습니다. 출간 일정이 여러 번 미뤄지고 수정과 재작업이 반복되었습니다. 모든 시나리오가 몇 번에 걸쳐 수정되고 다시 쓰였는지 모릅니다. 1권 창세기 편은 아예 그림을 다시 그리기까지 했습니다.

이 일을 계속 진행해야 하나 회의가 드는 위기도 있었습니다. 그런 우여곡절 끝에 7년의 인고의 세월을 안고 이 책을 세상에 내놓게 되었습니다. 그러나 기대보다 많은 걱정이 앞섭니다. 미흡한 부분이 많을 거라 생각합니다. 애정 어린 질책을 당부드릴 뿐입니다.

이 책이 나오기까지 애써주신 문학진 목사님 이하 모든 스태프 분들께 감사드립니다. 특히 긴 시간 동안 시나리오를 맡아 애써준 김동순 작가, 어려운 여건 속에서도 정말 훌륭한 그림을 그려준 배광선 작가께 진심을 담아 감사함을 전합니다.

마지막으로 이 책이 나오기까지 늘 지켜봐주시고 용기를 주신 하나님께 이 모든 영광을 드립니다.

이길우

| 글 작가 머리말 |

쉽게 정상을 차지할 수 없는 '성경'이라는 산을 오르며

《성경2.0》은 재미있는 에피소드 위주로 된 기존의 성경 만화와는 많이 다릅니다. 난해한 <레위기><욥기>는 물론 예언서들까지 성경의 모든 책을 다루고 있으며, 성경과 똑같이 '장'으로 구분해서 독자들이 읽어 내려가며 성경과 직접 비교할 수 있도록 되어 있습니다. '성경2.0'이라는 제목이 무색하지 않을 만큼 성경과 유사합니다.

저는 제가 이 일을 하기에 충분히 준비되었다고 생각했습니다. 나름 목회자의 아들이고, 오랜 시간 동안 교회에 헌신하며 신앙생활을 한 기독교인 중의 기독교인으로 살았다고 자부했기 때문입니다. 게다가 수많은 자료들과 든든한 인터넷이라는 정보의 바다가 있으니 두려울 것이 없었습니다. 하지만 좌절감을 느끼기엔 그리 많은 시간이 걸리지 않았습니다.

성경을 읽는 것은 험난한 산을 등반하는 것과 같습니다. 많은 사람들이 의욕적으로 도전하지만 쉽게 정상을 차지할 수 없는 산입니다. 처음 <창세기>를 접하면 이제 막 산을 오르는 기분도 들고 초입이라 기대감도 있습니다. 무엇보다 에피소드 위주라 읽기가 편합니다. <출애굽기>는 모세가 바다를 가르는 장면에서 스릴감과 스펙터클도 느낄 수 있지요. 하지만 <출애굽기> 다음에 나오는 <레위기>에서 모두들 절망이 무엇인지 경험하게 됩니다. <레위기>는 마치 거대한 절벽을 마주했을 때처럼 우리를 막막하게 합니다. 여기서부터 시작된 정신 붕괴는 그동안 쌓인 수많은 낯선 지명과 인물들, 여러 민족의 역사와 문화에 대한 이해 부족과 어우러져 극대화되어 결국 성경 읽기를 포기하게 합니다. 저 또한 얼마나 숱하게 이 등정을 포기했는지 모릅니다.

그리고 이번에도 기세등등하게 《성경2.0》의 등정을 시작했지만 성경이란 산은 너무 높고 가팔랐으며 매서웠고 저는 아직도 충분히 준비돼 있지 않았습니다. 그동안 꽤 많이 알고 있다고 생각했던 성경 지식은 금방 바닥났고, 이해의 부족과 표현의 한계로 몇 번이나 쉬다 미끄러지고 굴러 떨어졌습니다. 그리고 저는 깨달았습니다. 이건 내가 할 수 없는 일이구나. 무지무능해서 용감했을 뿐이었구나.

제가 할 수 있는 건 하나님을 붙드는 일뿐이었습니다. 그것밖에 할 수가 없었습니다. 그렇게 7년 동안 하나님께 매달린 결과 드디어 《성경2.0》이 나오게 되었습니다. 무어라 표현할 수 없을 정도로 감개무량합니다. 그저 감사할 뿐입니다.

지면을 빌어 다시 한 번 감사드리고 싶은 분들이 계십니다. 사랑하는 부모님, 최고의 동역자인 이길우 대표님, 수준 높은 작화를 보여주신 배광선 작가님, 감수의 수고를 마다하지 않으신 문학진 목사님과 그 외 많은 분들께 감사드립니다. 그리고 무엇보다 부족한 저를 붙들고 이 일을 할 수 있도록 동행해 주신 하나님, 감사합니다! 사랑합니다!

김동순

| 그림 작가 머리말 |

열정과 인내로 빈 항아리를 채워 가며 만든 《성경2.0》

인연이란 우연히 찾아오는 것 같습니다. 성경을 제대로 된 만화로 출간해 보자는 제안에 막막했던 4년 전이 생각납니다.

"성경?"

믿음, 소망, 사랑, 빛과 소금 같은 어디선가 많이 봐온 성경 구절들, 또 구약성경의 여러 가지 재미있는 에피소드들이 제가 알고 있는 성경 지식의 전부였습니다. 물론 서양 역사에 절대적인 영향력을 행사해 온 기독교의 경전이니만큼 서구 문화를 이해하는 많은 키워드를 품고 있을 거라는 기대감은 품고 있었습니다. 작가로서 방대한 역사와 에피소드가 담긴 세계 최고의 베스트셀러를 한번쯤 봐두면 도움이 되겠다는 생각은 있었지만 작업을 시도할 엄두는 내지 못했습니다.

그러나 뜻밖의 기회가 찾아왔고, 저는 '그래, 이참에 제대로 성경공부 한번 해보자!'라는 아주 단순한 마음으로 이 작업을 시작하게 되었습니다.

세상 모든 일이 그렇듯 막상 작업을 시작하고 보니, 아는 것보다 알아야 할 것들만 가득한 제 무지의 항아리를 들여다보게 되더군요. 빈약한 성경 지식을 다급히 채워 보려 했지만 짧은 시간 안에 성경을 제대로 이해하고 그림으로 그려낸다는 것은 무리임을 곧 깨닫게 되었지요. 그래서 무지에서 시작된 1권의 그림을 전부 폐기하고 다시 작업하는 힘든 결단의 시간도 필요했습니다.

결국 《성경2.0》의 한 컷 한 컷을 그려가는 과정이 제게는 곧 성경을 이해하고 알아가는 과정이 되었습니다. 제대로 된 고증을 위해 자료를 찾고 또 찾았습니다. 옷차림, 천막, 저울, 물 항아리 하나까지 자료를 찾아서 그 시대를 제대로 담고자 노력했으며, 등장인물들의 마음과 그 의미를 생생하게 전달하고자 수없이 지우개질을 거듭했습니다.

《성경2.0》을 작업하는 과정은 열정과 인내심을 필요로 하는 힘겨운 시간이기도 했지만, 성경에 대해 조금씩 빈 항아리를 채워가는 나의 모습과 이 '인연'이 제 인생에 하나의 전환점이 되리라는 기대로 너무나 행복한 시간이었습니다.

성경이 "가장 널리 알려진, 그러나 가장 덜 읽혀진 책"이란 말을 들어본 적이 있습니다. 기독교 신자가 아닌 사람도 성경책을 모르는 사람은 없을 테고, 어느 집에나 한 권쯤은 있기 마련이니 '가장 널리 알려진' 책임은 분명한 듯합니다. 또 제 주변에서 '성경은 어렵더라' '성경 어디까지는 읽어봤는데……' 라는 말들이 들리는 걸로 봐서 '가장 덜 읽혀진 책'이란 말 또한 맞는 모양입니다. 저 역시 이 작업을 하기 전까지는 어린 시절 누나(지금은 목사가 되셨지요.)의 책장 한 곳을 차지했던 성경의 <창세기>만을 읽어 본 것이 전부였으니 말입니다.

성경이 '제대로 읽혀진 책'이 되는 데 《성경2.0》이 큰 도움이 되리라 확신합니다. 그동안 많은 조언을 주고 고생을 같이 한 이길우 대표님과 김동순 작가님, 감사합니다. 특히 긴 시간 고행 같은 작업을 함께해주신 이상일, 강지선 작가님, 서관석 선생님께 감사의 인사를 전합니다.

배광선

성경을 '만화'로 접근하고, 이해하고, 기억하기

근대 교육의 창시자로 알려진 J. A. 코메니우스는 그의 저서《세계도회(世界圖繪)》(Oribis Sensualium Pictus)에서 새로운 언어학습법을 개발해 효과적으로 라틴어를 배울 수 있는 방법을 제시했다. 언어와 그것이 나타내는 사물을 함께 보여주어 보다 재미있게 언어를 익힐 수 있는 그림 교수법으로, 감각적 경험이 주는 교육의 효과를 적용한 것이다. 오늘날 유아들에게 글자를 쉽게 익히게 하기 위해 사용하는 그림책의 효시라고 볼 수 있다.

이런 맥락에서 만화는 전달하려는 내용을 보다 쉽게 이해시키고 오랫동안 기억에 남게 하는 장점을 가졌다고 볼 수 있다. 만화는 흥미로우며, 쉽게 접근할 수 있고, 여간해서 싫증을 느끼지 않는다는 장점이 있다. 이런 이유 때문에 남녀노소 모두 만화를 좋아하는 것 같다.

그동안 성경은 모든 사람들에게 신앙과 지성에 있어 매우 귀중한 책임에도 불구하고, 그 내용이 어려워 이해하기 힘들다는 이유로 선뜻 손에 집거나 혹 집어 든다 해도 처음부터 끝까지 통독하기가 쉽지 않았다. 이런 상황에서 이번에 발간된《성경2.0》은 신앙인은 물론 비신앙인에게도 아주 유익할 것이라 생각된다. 재미있으면서도 충실한 내용으로 인해 성경 내용을 쉽게 파악할 수 있음은 물론 기억에도 오래 남을 수 있기 때문이다.

《성경2.0》의 감수를 부탁받고 성경신학을 전공하지 않았다는 점에서 망설임도 있었다. 그러나 기독교육을 전공한 사람으로서 어떻게 하면 학습자로 하여금 기독교교육의 내용인 성경을 쉽게 이해하고 기억하게 해 그 말씀대로 살도록 도울 수 있을까 고민해 왔기 때문에 오히려 기쁜 마음으로 참여하게 되었다.

《성경2.0》의 주된 목적은 성경 내용을 쉽게 전달하고 오랫동안 기억하게 해 실천하는 신앙인으로 성장하도록 돕는 데 있다. 그래서 작가와의 대화를 통해, 가급적 성경 내용 전달에 충실하고, 불가피하게 해석을 요하는 부분은 'tip'으로 처리해 독자들로 하여금 더 깊이 묵상하도록 돕는 데 초점을 맞추었다.

감수자로서 작은 소망이 있다면, 《성경2.0》의 기획 의도대로 많은 사람들이 이 책을 부담 없이 손에 집어 들어 읽기 시작해 성경의 내용을 큰 어려움 없이 이해하고, 그것을 또 오래도록 기억하는 것이다. 그리하여 성경이 말하는 하나님을 제대로 알고, 하나님이 원하시는 뜻을 실천하면서, 하나님이 이 세상을 처음 창조하셨을 때처럼 아름다운 세상으로 회복시켜 나가는 일에 힘쓰며 살아가게 되기를 소망한다.

문학진 목사

이 책의 인물들

에스라

제사장이자 율법 학자로 바벨론 포로 시대(B.C. 586~537)에 바벨론에서 성경을 연구했다. 포로 시대가 끝나자 예루살렘에 들어와 유대교의 기초를 닦으며 민족을 지도했다.

스룹바벨

다윗의 자손으로 유다 왕족이며, 1차 포로 귀환 시 이스라엘 백성을 인솔했던 지도자다. 유다의 총독으로 백성을 다스렸으며 무너진 예루살렘 성전을 재건했다.

예수아

스룹바벨과 함께 성전을 재건한 대제사장으로 1차 포로 귀환 시 이스라엘 백성의 영적 지도자였다.

에스더

본명은 하닷사로 왕비가 될 무렵 에스더라고 고쳤다. 아하수에로 왕에게 간택되어 페르시아 왕비가 되었고, 유다 백성을 위해 목숨을 걸고 아하수에로 왕에게 간언하여 유다 백성을 죽음에서 구했다.

모르드개

에스더의 사촌 오빠로 고아가 된 에스더를 수양딸 삼아 키웠다. 페르시아 수산 성의 왕궁 문지기였으나 훗날 페르시아의 2인자가 되었다.

느헤미야

페르시아 제국의 고위 관리로 페르시아 왕의 허락을 받아 유다의 총독이 되어
이스라엘 백성을 이끌고 예루살렘으로 돌아왔다. 많은 어려움과 방해 속에서도 무너진
예루살렘 성벽을 재건했고, 이스라엘 공동체의 정비 등 많은 개혁을 단행했다.

산발랏과 도비야

산발랏은 사마리아의 총독이었으며, 도비야는 산발랏의 참모였다. 느헤미야가
예루살렘 성벽을 재건할 때 온갖 방법으로 방해 공작을 펼치지만 실패하고 만다.

학개

이름의 뜻은 '축제의'이다. 이를 통해 그가 어떤 축제일에 태어났을 것으로 추정한다.
바벨론 포로기 이후에 살았으며 성전 재건 사업을 독려한 첫 번째 예언자다.

스가랴

이름의 뜻은 '여호와가 기억하신다'이다. 제사장 가문 출신으로 제사장이자 예언자로
부름을 받아 어려서부터 하나님의 말씀을 선포했다.

말라기

이름의 뜻은 '나의 사자'다. 말라기에 대해 알려진 것이 없어, 말라기서의 내용에
비추어보아 제사장 출신의 예언자로 추측할 뿐이다.

《성경2.0》을 더 재미있고 더 유익하게 읽기 위해

이 책의 기본적인 제작 방향은 "성경의 의미를 훼손하지 않는 범위 안에서 최대한 쉽게"입니다. 또한 그림으로 표현, 만화 연출, 장면 전환, 한정된 페이지 등 만화의 특성에 맞춰 제작되었습니다.

이 책은 성경과 완전히 똑같을 수는 없습니다. 반복되는 이야기는 하나로 압축시키고, 너무 어려운 문장은 쉽게 풀고, 복잡하고 긴 이야기는 간단하게 요약했습니다. 또한 매끄러운 진행을 위해 순서를 바꾸기도 했으며, 이해가 어려운 부분은 단어나 문장을 교체하거나 추가해서 이해를 돕도록 했습니다.

그런 모든 과정의 목적은 단 하나, **성경을 쉽게 이해하기 위해서입니다.** 이 책은 독자들이 성경을 가장 쉽게, 그러면서도 제대로 알게 해주는 길잡이 역할을 할 것입니다.

이 책은 아주 쉽게 성경을 풀었지만, **성경과 각 장을 비교하면서 봐도 무방할 정도로 성경에 충실하게 만들어졌습니다.** 그동안 성경 읽기에 어려움을 느꼈던 많은 분들에게 하나님의 소중한 말씀을 신나고 즐겁게 전해드릴 것입니다.

❶ 본문의 이해를 돕기 위해서
중간 중간에 팁을 활용했어요.

tip 한 번만 더

이 장면은 마치 하나님과 흥정하는 듯 한 느낌을 주는데, 이런 태도는 바람직 하지 못하다. 그럼에도 하나님께서 아브라함의 간구를 들어주신 이유는 아브라함이 단지 소돔에 살고 있는 조카 롯뿐만 아니라 소돔과 고모라의 모든 사람들을 구원하기 위해 애타게 기도 했기 때문이다.

❷ 지난 내용이 기억나지 않는다면
Link에 표시된 페이지로 가보세요.

아브라함 때 들었던 년 Link 1권45p 이 또다시 찾아들었어.
비가 오질 않아… 그랄을 거쳐 이집트로 가야겠어.

❸ 이해를 돕기 위한 짧은 해설은
해당 컷 아래쪽에 주석(보라색)으로
들어가 있습니다.

나중에 나온 아이는 손으로 에서의 발꿈치를 붙잡아서 이름을 야곱이라 지었지.
※야곱 : '발꿈치를 붙잡다'라는 뜻.

❹ 책의 날개에는 각 단원 표시가 있습니다.

창세기
하나님은 그 제물을 기쁘게 받으시고 스스로 다짐하셨어.
다시는 사람 때문에 땅을 저주하지 않으리라!

❺ 이 책은 성경 각 책의 '장'까지 표시되어
있어서 성경과 비교해 가며 볼 수 있습니다.
만화의 특성상 '절'까지 표시하지는 못했습니다.

21장 이삭의 출생

하나님께서 말씀하신 대로 사라를 돌보셨고,

❻ 이야기의 원활한 흐름을 위해 각 단원
사이에 다른 단원의 내용이 들어가며,
그것은 이렇게 표시됩니다.

그리고 헤만과 에단(여두둔)과 다른 레위 사람들도 함께 기브온에 올라 하나님을 찬양하는 일을 하게 됐지.
뿌우우우~
그분의 사랑은 영원할 것이다~!
역대상 16장 41~42절
예) 사무엘하의 내용 진행 중에 역대상 내용이 사이사이에 들어갑니다.

❼ 앞에 나왔던 주석이라도 이해를 돕기 위해 반복해서 다시 나옵니다.

역대상

●에스라

제사장이자 율법 학자로 바벨론 포로 시대(B.C. 586~537)에 바벨론에서 성경을 연구했고 포로 시대가 끝나자 예루살렘에 들어와 유대교의 기초를 닦으며 민족을 지도했다.

역대기는 다윗 왕 시절의 이야기인 역대상과 그 후 왕들 이야기인 역대하로 이루어져 있어.
역대상의 주인공은 나 혼자야.
후후
다윗
역대기 상
그만큼 아버지는 중요한 인물이셨지.
솔로몬
역대기 하
역대기는 예언자 에스라에 의해 기록되었지.
난 포로 귀환 시대 사람이니, 역대기가 쓰인 시기도 당연히 그때겠지?
에스라
그렇겠네요.

포로 귀환 시대란 이스라엘이 앗시리아와 바벨론에 의해 멸망한 후 포로로 끌려갔다가, 다시 고국으로 돌아온 때를 말해.
저곳이 예루살렘? 듣던 거랑 달리 완전 썰렁하네요!
예전엔 정말 굉장한 곳이었단다.

※이스라엘 : 유다와 이스라엘 백성 모두를 가리킨다.

tip 구약성경의 시대 구분

시대 구분	관련 성경
1. 창조 시대	창세기 1~11장
2. 족장 시대	창세기 12~50장, 욥기
3. 출애굽 광야 시대	출애굽기, 민수기, 레위기, 신명기
4. 가나안 정복 시대	여호수아
5. 사사 시대	사사기, 룻기
6. 단일 왕국 시대	사무엘상·하, 열왕기상 1~11장, 역대상, 시편, 잠언, 전도서, 아가
7. 분열 왕국 시대	열왕기상 12~22장, 열왕기하, 역대하, 이사야, 예레미야, 예레미야애가, 호세아, 요엘, 아모스, 오바댜, 요나, 미가, 나훔, 하박국, 스바냐
8. 포로 시대	다니엘, 에스겔
9. 포로 귀환 시대	에스더, 에스라, 느헤미야, 학개, 스가랴, 말라기
10. 침묵 시대	말라기 이후부터 신약시대 전까지 약 400년

당시 포로 생활에서 돌아온 사람들의 심리 상태는 매우 불안정했지.
우리가 다시 일어설 수 있을까?
하나님은 우릴 버리신 거 같아.
흠!
크흑

에스라는 이러한 이스라엘 백성에게 이스라엘의 역사를 알려주어 용기와 희망을 주길 원했어.
이스라엘 역사를 통해 하나님이 어떻게 우리와 함께하셨는지 알게 되면 분명 용기가 날 거야.
힘내라, 힘!
하나님께서 함께하신다!

그래서 태초 아담부터 포로 귀환 시대까지의 이스라엘 족보를 보여줌으로써 이스라엘의 역사가 결코 끊어지지 않았음을 알려주려 했지.
요즘 출연하는 만화가 없어서 아르바이트 해야 해.
하나님의 도우심으로 우리의 역사와 족보는 결코 끊어진 적이 없다고!
뭐야, 왜 불러?
백성들에게 빨리 알려줘요!

또, 다윗이 하나님께 순종한 덕에 이스라엘이 전성기를 맞이한 것도 알려주려 했어.
이스라엘 최고의 전성기를 이끌었던 왕이 바로 나지.
후후

자, 여기서 질문!! 지금 폐허가 된 예루살렘을 재건하기 위해 가장 먼저 해야 할 일은?
그냥 자포자기하고 슬피 운다!
하나님을 의지해야죠!!
건설사에 전화한다!
엉엉
어이구!
무식한 것들, 배워라 배워!

참, 역대상·하는 사무엘 상·하와 열왕기 상·하에 빠진 기록을 보충해준단다.
난 제사장 출신인지라, 성전과 예배에 관련된 일을 중심으로 역대상·하를 썼지.
성경2.0 4권, 5권에도 역대기 내용이 있어.
여기선 4~5권에서 빠진 역대기만 다룰 거야.

1. 아담부터 포로 귀환 시대까지 이스라엘의 족보

1장 아담부터 야곱(이스라엘)까지

아담에서 야곱(이스라엘)까지의 족보는 다음과 같아.

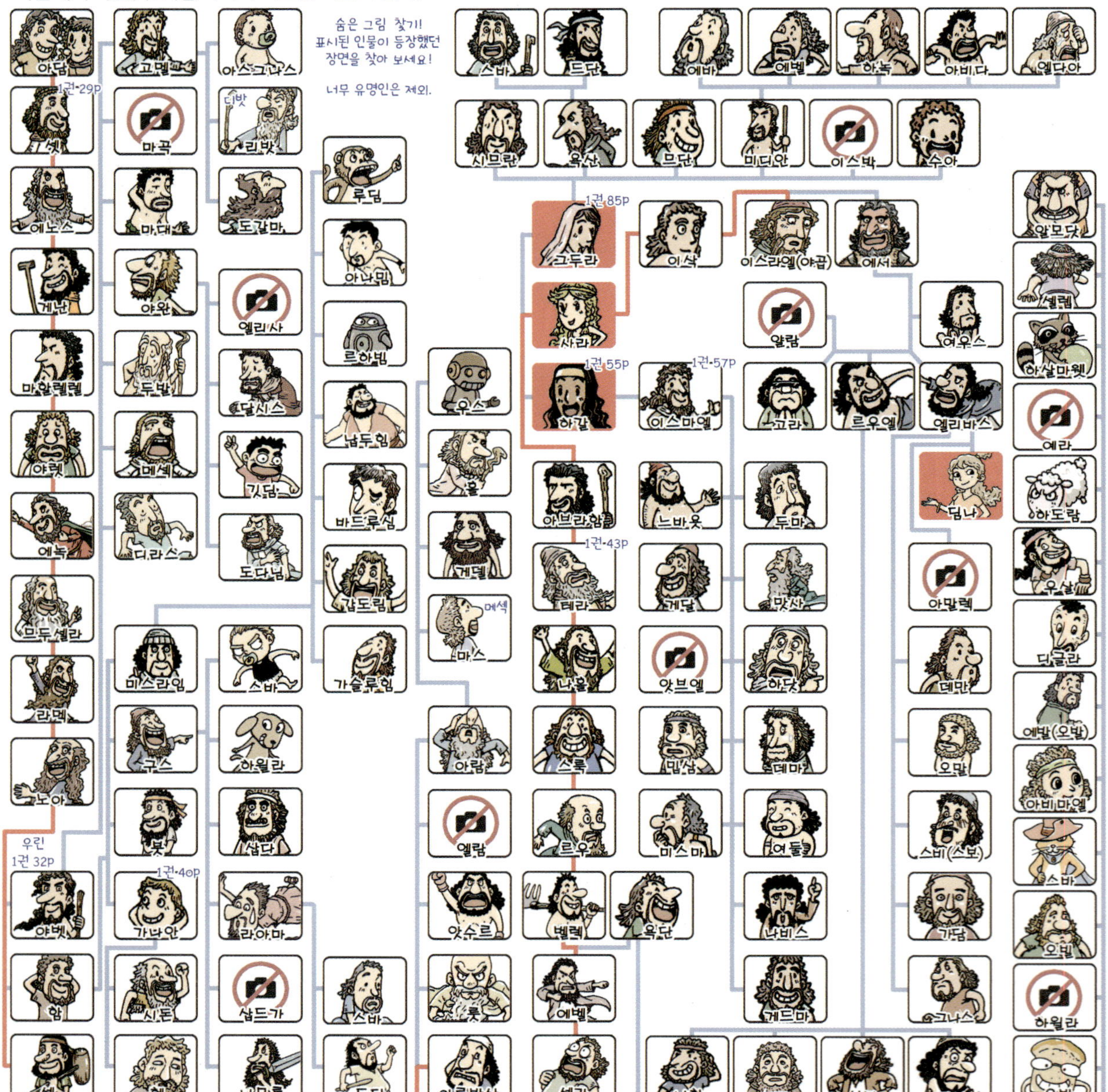

세일은 에돔 민족이 형성되기 전, 에돔 땅에 살던 원주민인데, 후에 에서와 그의 후손들에게 정복되어 에돔 족속으로 동화되었어. 세일의 족보는 다음과 같아.

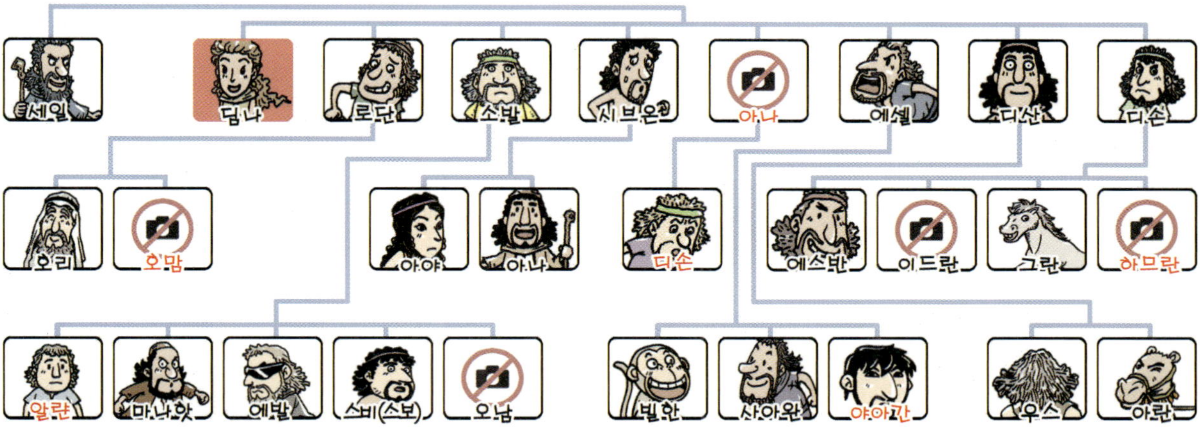
세일
딤나
로단
소발
시브온
아나
에셀
디산
디손
호리
호맘
아얀
아나
디손
에스반
이드란
그란
하므란
알랸
마나핫
에발
스비(스보)
오남
빌한
사아완
야아간
우스
아란

※세일 : 에서와 그의 후손들이 에돔 땅으로 이주하기 전에 그곳에 살고 있던 호리 족속의 조상이다. Link 1권 128p
※세일의 족보는 Link 1권 129p 의 족보와는 약간의 차이를 보이는데 그 이유는 알 수 없다.

이스라엘 자손을 다스리는 왕이 있기 전 에돔 땅을 다스린 왕은 다음과 같아.

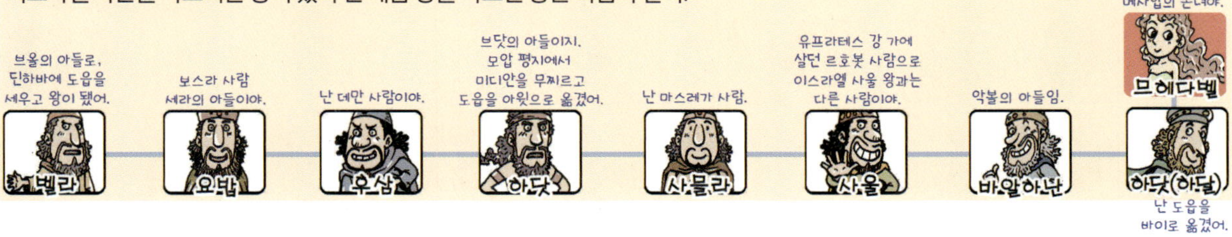
브올의 아들로, 딘하바에 도읍을 세우고 왕이 됐어.
벨라
보스라 사람 세라의 아들이야.
요밥
난 데만 사람이야.
후삼
브닷의 아들이지. 모압 평지에서 미디안을 무찌르고 도읍을 아윗으로 옮겼어.
하닷
난 마스레가 사람.
사믈라
유프라테스 강 가에 살던 르호봇 사람으로 이스라엘 사울 왕과는 다른 사람이야.
사울
악볼의 아들임.
바알하난
마드렛의 딸이자, 메사합의 손녀야.
므헤다벨
하닷(하달)
난 도읍을 바이로 옮겼어.

에돔은 하닷 왕이 죽은 후 족장들이 다스렸지. 이들 족장은 딤나, 알랴, 여뎃, 오홀리바마, 엘라, 비논, 그나스, 데만, 밉살, 막디엘, 이람이야.

우리에 대해서 특별히 알려진 것은 없어.
성경2.0 덕분에 이렇게 얼굴이라도 알리게 된 거야.

tip 하닷 왕이 죽은 후

에돔은 하닷 왕이 죽은 뒤 왕이 아닌 족장의 이름들이 기록되었다. 이를 보면 그 후 에돔은 더는 왕정 형태를 유지하지 못했고, 족장들의 지방 분권 통치로 바뀐 것으로 보인다. 산악 지대였던 세일 땅의 각 부족은 독립된 영내에서 족장을 중심으로 독자적인 주권을 소유했던 것으로 보인다.

2장 이스라엘의 자손

이스라엘(야곱)의 아들은 르우벤, 시므온, 레위, 유다, 잇사갈, 스불론, 단, 요셉, 베냐민, 납달리, 갓, 아셀이야.

나 야곱의 다른 이름이 이스라엘이야.
설마 우리를 기억 못 하는 건 아니겠지?
후후! 다윗과 예수가 바로 나의 후손이야.
이집트의 총리가 된 나를 모르면 간첩!!
납달리
레위
단
시므온
르우벤
스불론
베냐민
아셀
유다
잇사갈
요셉
갓

※이스라엘 : 본명은 야곱으로 하나님이 개명해준 이름이다. Link 1권 119p

tip 야곱~다윗의 족보

1장은 아담~이스라엘의 족보를, 2장은 야곱~다윗의 족보를 소개한다. 그런데 다음 쪽(2장)을 보면 야곱의 맏아들 르우벤이 아닌 유다의 족보부터 이야기가 시작된다. 이는 유다 지파의 후손이자 예수의 직계 조상인 다윗의 족보를 부각하여, 유다에게 주어진 예언 Link 1권 170p 이 성취되었음을 강조하려는 의도다.

이스라엘(야곱)부터 유다, 유다부터 다윗까지의 족보는 다음과 같아.

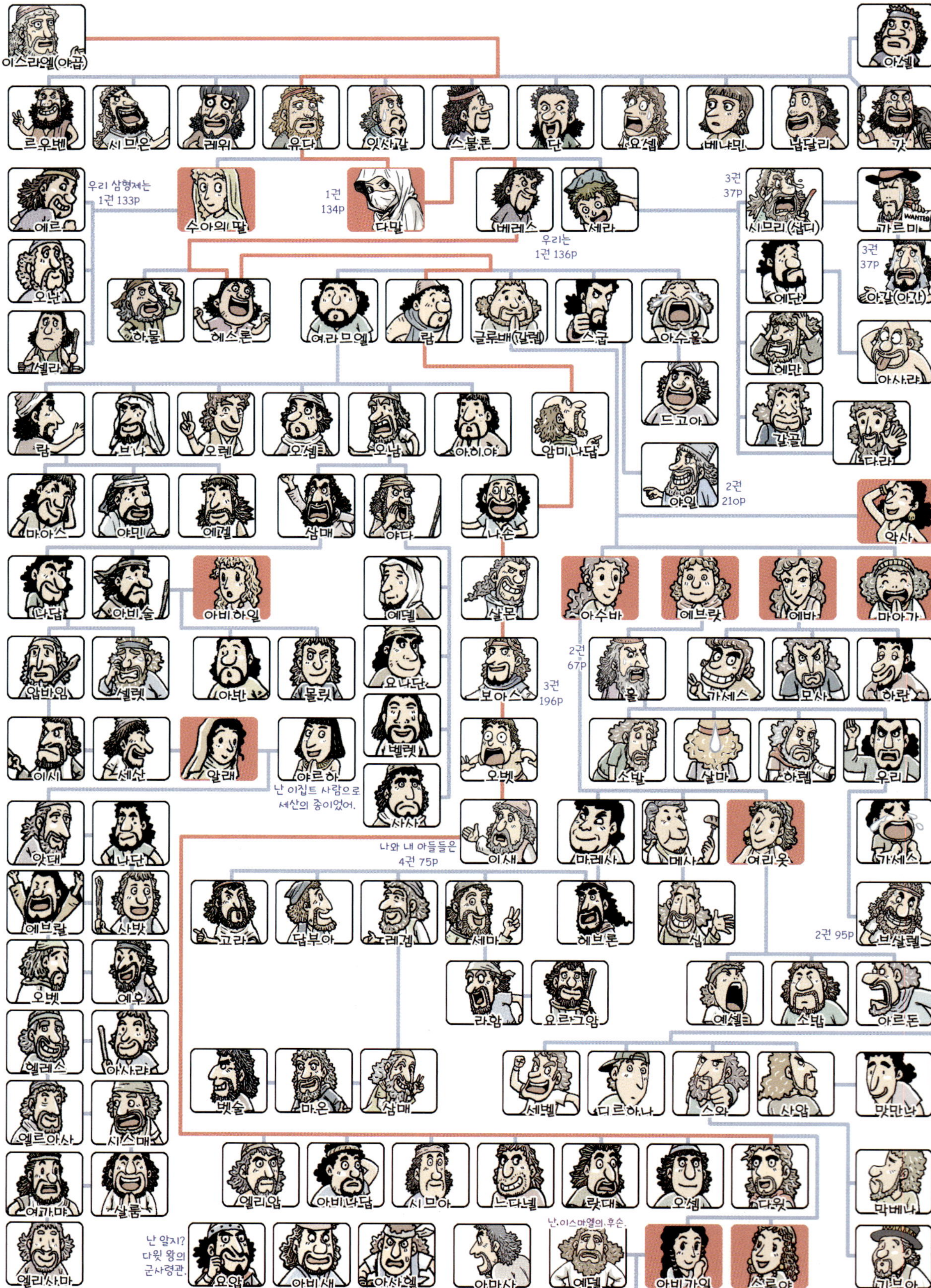

※시므리 : 여호수아에 나온 삽디 Link 3권 37p 와 동일 인물. 학자들은 역대상의 시므리 표기가 필사상의 오류로 보고 있다.
※이스마엘의 후손 : 아브라함이 하갈에게서 낳은 아들 이스마엘 Link 1권 85p 의 후손들을 가리킨다.
※글루배(갈렙) : 민수기에 나온 여분네의 아들 갈렙 Link 2권 158p 과는 동명이인으로 300년 이전의 사람이다.
※야대 : 갈렙의 자손이나 정확히 누구의 자손인지 알 수 없다.

3장 다윗의 자손

다윗이 헤브론에서 낳은 아들은 다음과 같아.

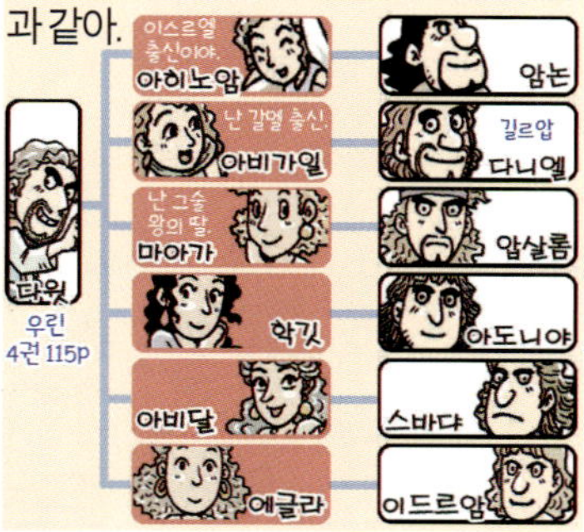

다윗은 예루살렘에서 다스릴 때 13명의 아들을 낳았어.

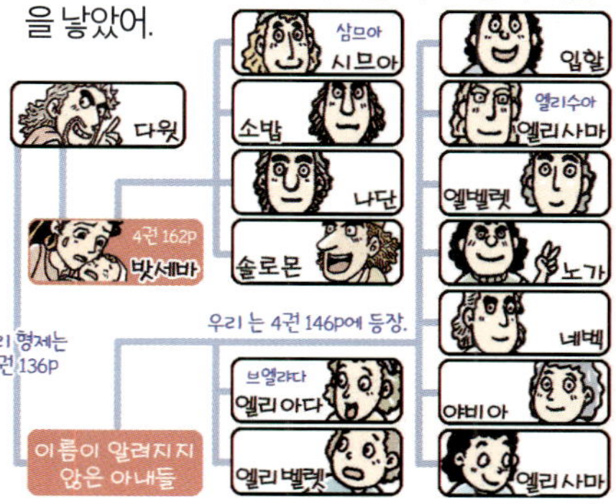

그 밖에 첩에게서 낳은 여러 아들과 딸 다말이 있었지.

※헤브론: 예루살렘 남쪽 26.6km 지점.

※다말: 다윗의 딸 중 유일하게 족보에 소개되었는데, 그 이유는 다윗 왕실에 복잡한 문제가 야기된 원인이었기 때문이다. Link 4권 169p

솔로몬부터 시드기야까지의 족보는 다음과 같아.

※시드기야: 유다의 마지막 왕 Link 5권 231p

다음은 바벨론에 포로로 끌려간 여호야긴의 아들들의 족보야.

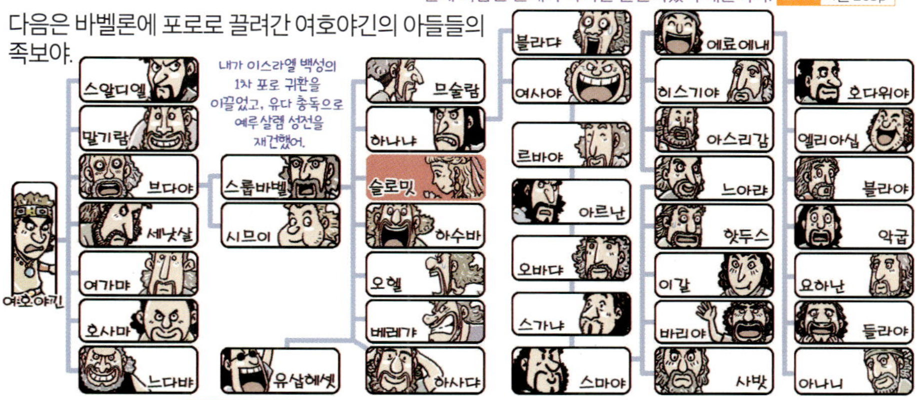

※예레미야의 예언대로 Link 6권 92p 유다 멸망 후, 여호야긴의 후손 가운데 왕위를 이은 자가 전혀 없지만, 이 족보를 보면 다윗의 혈통이 끊기지 않고 보존되었음을 알 수 있다.

4장 각 지파의 족보 ① 유다 지파의 족보

이스라엘 민족의 직계 조상인 야곱의 열두 아들에서부터 바벨론 포로 직전까지의 지파별 족보를 소개할게. 먼저 2~3장에서 소개되지 않았던 유다 지파의 추가 족보를 살펴보면,

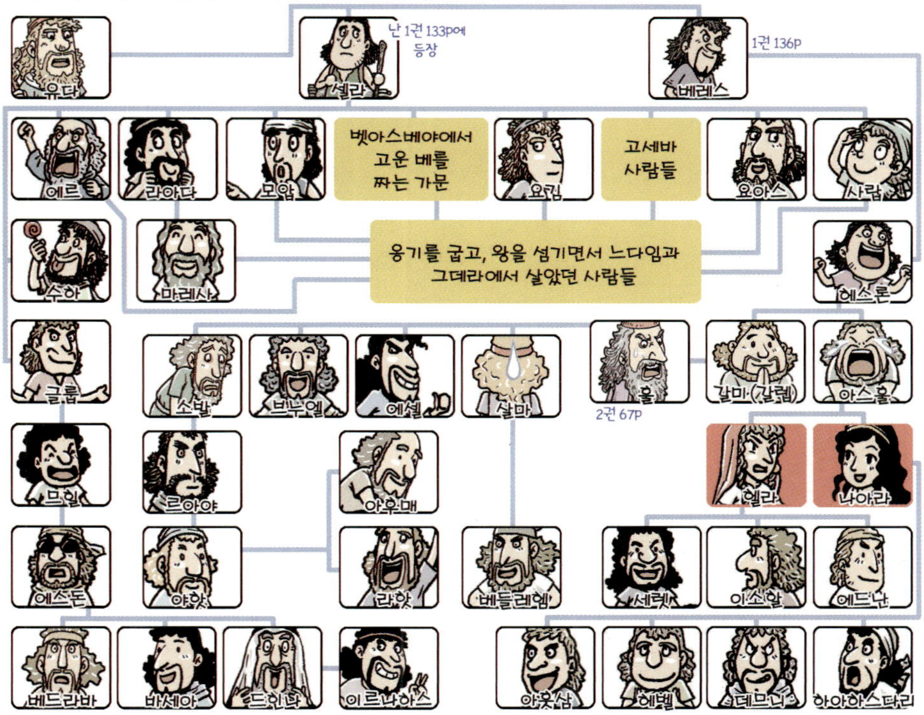

※갈미: 갈렙의 오기로 보인다.

② 시므온 지파의 족보

느무엘
여무엘
야민
야립
야긴
세라
스할
사울
시므온
살룸
난 아들 16명, 딸 6명이 있었지만 나의 형제들은 아들이 많지 않아서 우리 일족은 유다 자손만큼 퍼지지 못했어.
시므이
삭굴
함무엘
미스마
밉삼

※시므온 : 야곱의 둘째 아들로 레아의 소생이다.

시므온 자손은 브엘세바, 몰라다, 하살수알, 빌하, 에셈, 돌랏, 브두엘, 호르마, 시글락, 벳말가봇, 하살수심, 벳비리, 사아라임 성에 살았고,
다윗 왕 때까지 이 성읍들은 시므온 지파 소유였어.
시므온
각 지파의 영역은 성경2.0 Link 3권 65p 를 참고해.
성경2.0

각 성에는 마을들이 딸려있었어.
에담, 아인, 림몬, 도겐, 아산이라는 성들과 바알까지 이르는 여러 마을에 살았어. 우리의 거주지는 이 족보에 기록되었지.
너무 많으니, 여기서는 생략.

tip 시므온 지파의 기업

각각 다른 땅을 받은 다른 지파와는 달리, 시므온 지파는 유다 지파 안에서 총 18개의 성읍과 촌락을 할당받았다. 에스라가 이처럼 역대상에서 시므온 지파가 받은 기업을 상세히 기록한 것은 유다 지파의 기업과 확실히 구분해야 할 필요성을 느꼈기 때문으로 보인다.

시므온 지파의 족장은 메소밥, 야믈렉, 요사, 요엘, 예후, 엘료에내, 야아고바, 여소하야, 아사야, 아디엘, 여시미엘, 브나야, 시사 등이 있었지.
우리 가문은 많이 불어나서 사방으로 퍼졌어.
컷 좀 크게 그려라!
북적
어? 밀지 마!
북적

※기업 : 대대로 물려오는 재산과 사업을 뜻하며, 하나님으로부터 분배받은 땅이나 성을 가리킨다.

시므온 자손은 그 수가 불어나자, 그돌 어귀에 있는 골짜기의 동쪽까지 이르렀고, 거기서 기름진 목장을 발견했어.
와! 사방이 넓고 평화로워!
여긴 함족이 살던 곳이잖아.

※그돌 : 가사 남쪽 15km에 위치.
※함족 : 가나안 땅에 살던 가나안 사람을 가리킨다.

유다 왕 히스기야 시대에, 족보에 기록된 시므온 지파의 족장들이 거기에 살던 함족과 모우님족을 치고 오늘까지 살게 되었지.
여긴 이제 우리 땅!!
양을 칠 곳을 찾았으니 이곳에 정착하자!
와아아아

※모우님족 : 사해 남동쪽, 마안 부근에 거주했던 마온(미디안) 사람을 가리킨다. Link 3권 133p
※오늘까지 : 에스라가 역대상을 쓰던 포로 귀환 시대를 가리킨다.

또한 시므온 자손 중 500명이 이시의 아들 블라댜, 느아랴, 르바야, 웃시엘을 지도자로 삼은 후, 세일 산으로 가서 피해 살아남은 아말렉 사람을 치고, 오늘까지 살게 되었어.
여기도 우리 땅!!
우리 땅!

※피해 살아남은 아말렉 사람 : 아말렉은 다윗 시대에 다윗에 의해 거의 전멸되었고 Link 4권 123p 그 일부만이 세일 산으로 도망쳐서 살았다.

5장 ③ 르우벤 지파의 족보

다음은 이스라엘(야곱)의 맏아들 르우벤의 족보야.

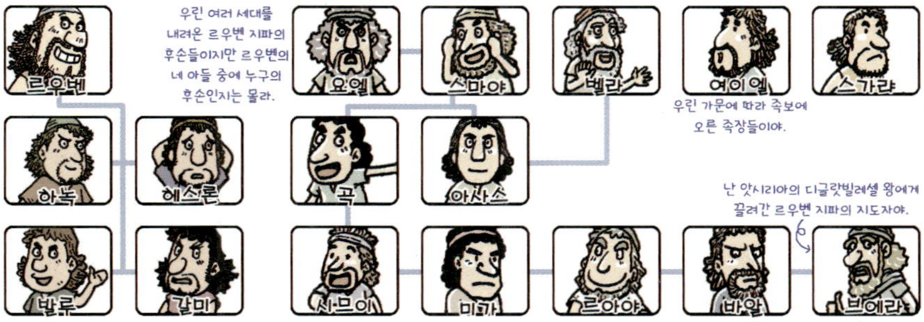

※바알므온 : 벧바알므온을 가리키며 사해 동쪽 13km에 위치.

르우벤 지파는 아로엘부터 느보와 바알므온까지 자리 잡았고, 동쪽으로는 유프라테스 강부터 사막까지 걸쳐 살았지.

※아로엘 : 사해 동쪽 30km 지점, 아르논 강 중류에 위치한 성.
※느보 : 노보 산 부근의 지역.

사울 시대에 르우벤 자손은 길르앗 동쪽 모든 지역에서 하갈 사람들과 싸워 물리치고, 그들의 천막에서 살았어.

※길르앗 : 요단 강 동편 지역을 가리킨다.
※하갈 사람들 : 아브라함의 첩 하갈 Link 1권 55p 의 후손으로 아람 족속에 속한다

tip 장자가 되지 못한 르우벤

르우벤은 이스라엘(야곱)의 맏아들로 레아에게서 태어났지만 자기 아버지의 침대를 더럽힌 죄로 맏아들의 권리를 박탈당했다. Link 1권 169p 맏아들의 권리는 요셉의 두 아들 므낫세와 에브라임에게 넘어갔다. 특히 유다가 형제들보다 세력이 컸고 그에게서 지도자가 났음에도, 맏아들의 권리는 요셉에게 있었다.

④ 갓 지파의 족보

르우벤 지파의 땅 북쪽에 위치한 갓의 자손은 길르앗과 살르가까지 이르는 바산 지역과 마을들, 샤론의 모든 목초지에 살았지.

※갓 : 야곱의 7번째 아들로 실바의 소생.
※살르가 : 바산 동쪽에 있는 성읍으로 정확한 위치는 알 수 없다.
※샤론 : 요단 강 북쪽 헤르몬 산의 지방을 가리킨다.

유다 왕 요담과 이스라엘 왕 여로보암 시대에 갓 지파의 족보에 오른 사람들을 소개할게.

그리고 이들 가문의 다른 형제들도 있었지.

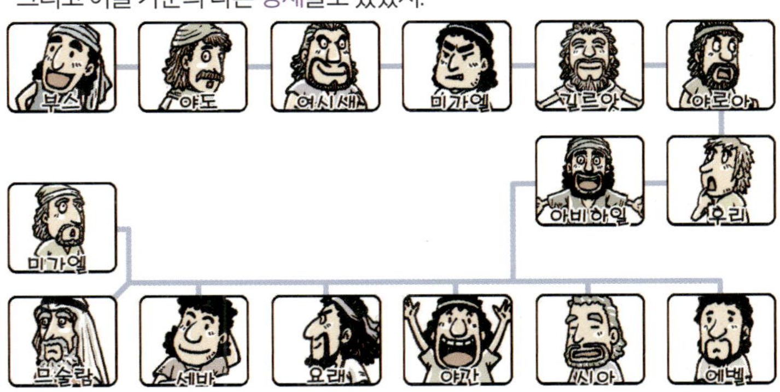

※형제 : 여기서는 친족이라는 뜻으로 쓰였다.

요단 동쪽 지파들의 연합

요단 강 동쪽에 살던 르우벤, 갓, 므낫세 반쪽 지파에는 44,760명의 병사가 있었어.
우리는 방패와 칼을 능숙하게 다루지.
활도 잘 쏴!
ㅋㅋ
우린 싸움에 능한 용사들이야.

그들은 하갈, 여두르, 나비스, 노답 사람과 싸울 때에 하나님을 믿고 부르짖었지.
하나님을 믿어라!
와아아아아아!

※르우벤, 갓, 므낫세 반쪽 지파는 요단 서쪽의 지파들로부터 떨어져 있었을 뿐 아니라 땅이 풍요로워서 타 민족에게 늘 공격을 받았기 때문에 항상 연합할 수밖에 없었다.

※하갈, 여두르, 나비스, 노답 사람: 아람 사람으로, 노답 사람에 대해서는 알려진 것이 없다. 이들과 싸운 시기도 알려지지 않았다.

그러자 하나님이 하갈의 모든 동맹군을 그들의 손에 넘겨주셨어.
하나님이 우리와 함께하신다!
와아아아아!

그들은 낙타 5만 마리와 양 25만 마리, 나귀 2천 마리를 빼앗았고, 10만 명을 포로로 사로잡았지. 그리고 포로로 잡혀갈 때까지 거기서 살았어.
완전 대박!
하하하

※포로로 잡혀갈 때: 앗시리아 왕 디글랏 빌레셋이 침공했던 때를 가리킨다. Link 5권 189p 디글랏 빌레셋은 즉위하기 전에는 '불'이라 불렸다.

⑤ 요단 동쪽 세 지파의 멸망

므낫세 반 지파의 자손은 바산에서부터 바알헤르몬과 스닐과 헤르몬 산에 이르는 지역에 살며 번성했어.
헤르몬산
아람
두로
단
아셀
납달리
바산
갈릴리
므낫세(동쪽)
지중해
그술
스불론
잇사갈
길르앗
므낫세(서쪽)
우린 각 가문의 유명한 족장이야.
예언자 예레미야와 나는 다른 사람이야. 헷갈리지 말라고!
에벨
이시
엘리엘
예레미야
아스리엘
호다위야
야디엘
모두가 용감한 군인이었지.

하지만 르우벤, 갓, 므낫세 반 지파는 조상의 하나님을 배신하고, 하나님이 그들 앞에서 멸망시킨 가나안 땅 백성의 신들을 섬겼지.
하나님께 의지해서 승리했던 전쟁을 잊었냐!?
그런 일이 있었어?
글쎄?
버럭

※하라: 정확한 위치를 알 수 없다.
※고산: 하볼 강 상류에 있는 메소포타미아의 한 성읍.

그래서 하나님은 앗시리아 왕 디글랏 빌레셀을 부추겨, 르우벤, 갓, 므낫세 반 지파를 사로잡아 할라, 하볼, 하라, 고산 강가로 끌고 가게 하셨어. Link 5권 189p
이제 생각났어.
흑! 나도.
흑흑
그래서 그들이 지금까지 거기에 살고 있는 거야.

※므낫세: 야곱의 아들 요셉의 장남.
※바알헤르몬: 헤르몬 산의 경사면에 있던 성읍.
※스닐: 헤르몬 산의 한 봉우리를 가리킨다.

※할라: 메소포타미아 북부에 있는 하볼 강 유역.
※하볼: 메소포타미아 북부 고산 지역에 흐르는 하볼 강 유역의 성읍.

6장 ⑥ 레위 지파의 족보

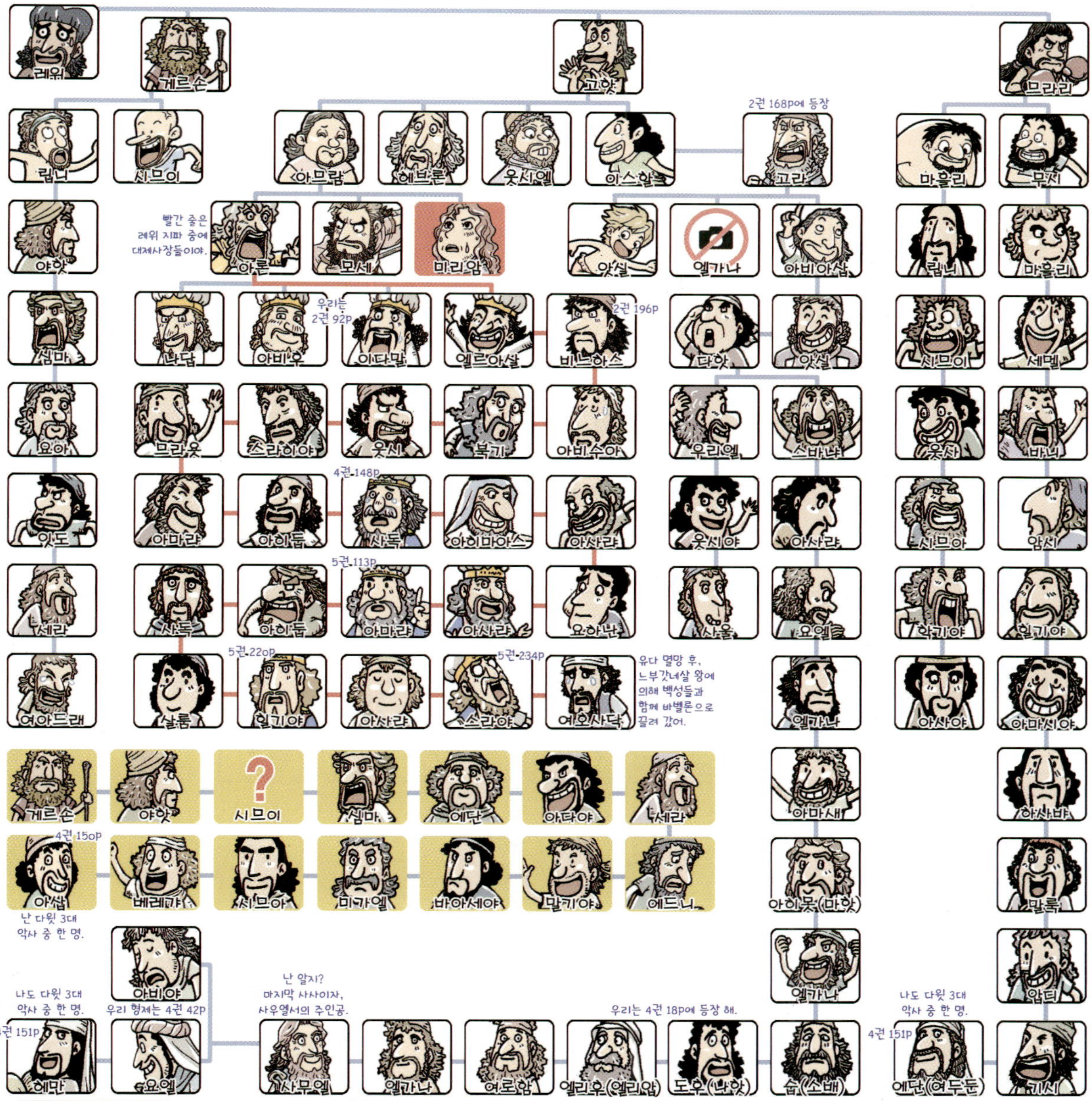

※ 역대상 6장 20~21절 에 기록된 게르손의 족보와 역대상 6장 39~43절 에 기록된 게르손의 족보(아삽의 조상)가 불일치하여, 성경 2.0에서는 아삽의 족보를 따로 정리했다. 그러나 레위의 아들 게르손과 아삽의 조상 게르손은 같은 인물이다. ※레위 : 야곱의 셋째 아들로 레아의 소생이다.

레위 사람들은 48개의 성읍과 그 주변의 들판을 받아 살았지.

	할당 지파	성읍 이름	도피성
아론 후손	유다	헤브론, 립나, 얏딜, 에스드모아, 홀론, 드빌, 윳다, 벧세메스	헤브론
	베냐민	기브온, 게바, 아나돗, 알몬	
	시므온	아인	
고핫 집안	에브라임	세겜, 게셀, 깁사임, 벧 호론	세겜
	단	엘드게, 깁브돈, 아얄론, 가드 림몬	
	므낫세 반	다아낙, 가드 림몬	
게르손 집안	므낫세 반	골란, 브에스드라	골란
	잇사갈	기시온, 다브랏, 야르뭇, 언 간님	
	아셀	미살, 압돈, 헬갓, 르홉	
	납달리	게데스, 함못 돌, 가르단	게데스
므라리 집안	스불론	욕느암, 가르다, 딤나, 나할랄	
	르우벤	베셀, 야하스, 그데못, 므바앗	베셀
	갓	길르앗 라못, 마하나임, 헤스본, 야셀	길르앗 라못

※헤브론 성은 레위인 중에 고핫 자손의 성으로 지정되었지만 그 성에 딸린 밭과 마을은 그 성을 먼저 차지 Link 3권 60p 한 갈렙 자손에게 주어졌다.

7~8장 ⑦ 잇사갈 지파의 족보

※잇사갈 : 야곱의 아홉 번째 아들로, 레아의 소생이다.

⑧ 베냐민 지파의 족보

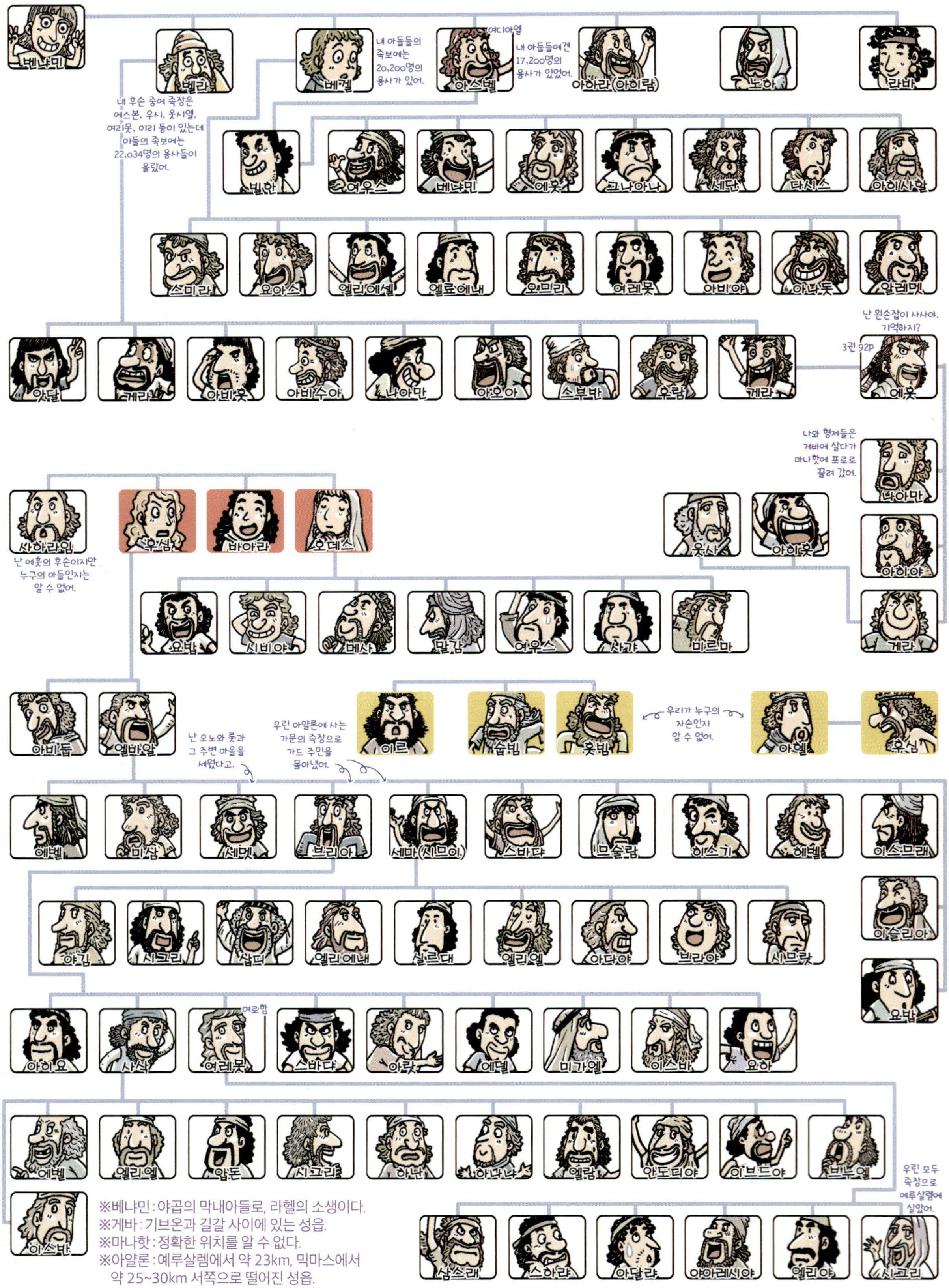

※베냐민 : 야곱의 막내아들로, 라헬의 소생이다.
※게바 : 기브온과 길갈 사이에 있는 성읍.
※마나핫 : 정확한 위치를 알 수 없다.
※아얄론 : 예루살렘에서 약 23km, 믹마스에서 약 25~30km 서쪽으로 떨어진 성읍.
※가드 : 아얄론 남서쪽에 위치한 블레셋의 주요 성읍.
※오노 : 욥바에서 약 11km 떨어진 성읍.
※롯 : 욥바에서 약 18km 떨어진 성읍.

베냐민 지파 출신의 왕 사울의 족보는 다음과 같아.

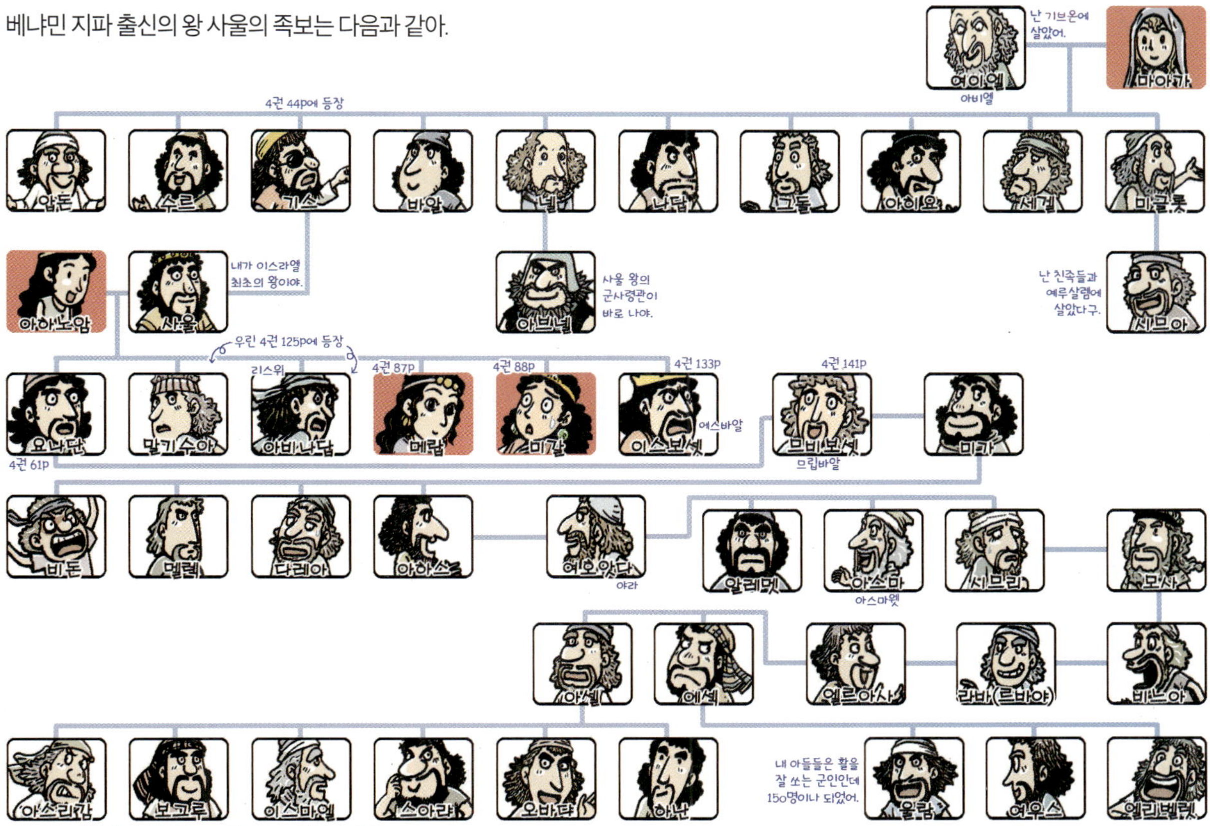

※기브온 : 예루살렘 서북쪽으로 약 10km 떨어진 성읍.

⑨ 납달리 지파의 족보

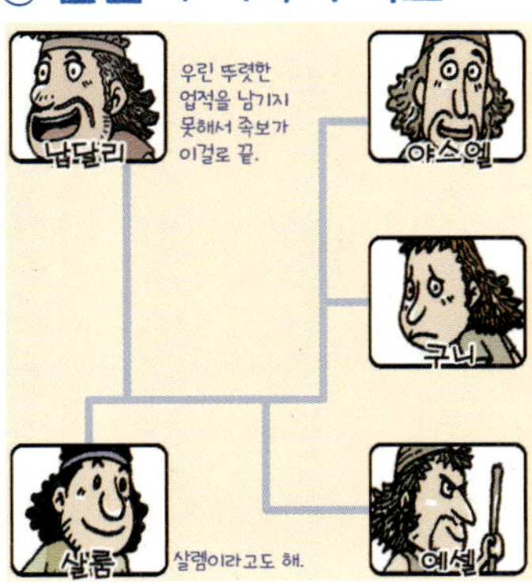

※납달리 : 야곱의 여섯 번째 아들로 빌하의 소생이다.

⑩ 므낫세 반 지파의 족보

므낫세 지파 Link 7권 25p 의 나머지 절반의 족보는 다음과 같아.

⑪ 에브라임 지파의 족보

※에브라임 : 요셉의 둘째 아들. 야곱으로부터 형인 므낫세보다 더 큰 축복을 받았다. Link 1권 168p

※벧호론 : 예루살렘 북서쪽으로 약 12km 떨어진 지역. ※우센세에라 : 벧호론 남서쪽 약 5km 떨어진 지역으로 보이나 정확한 위치는 알 수 없다.

⑫ 아셀 지파의 족보

다음은 아셀 지파 각 가문의 족장이며, 용사이자 뛰어난 지도자들의 족보야.

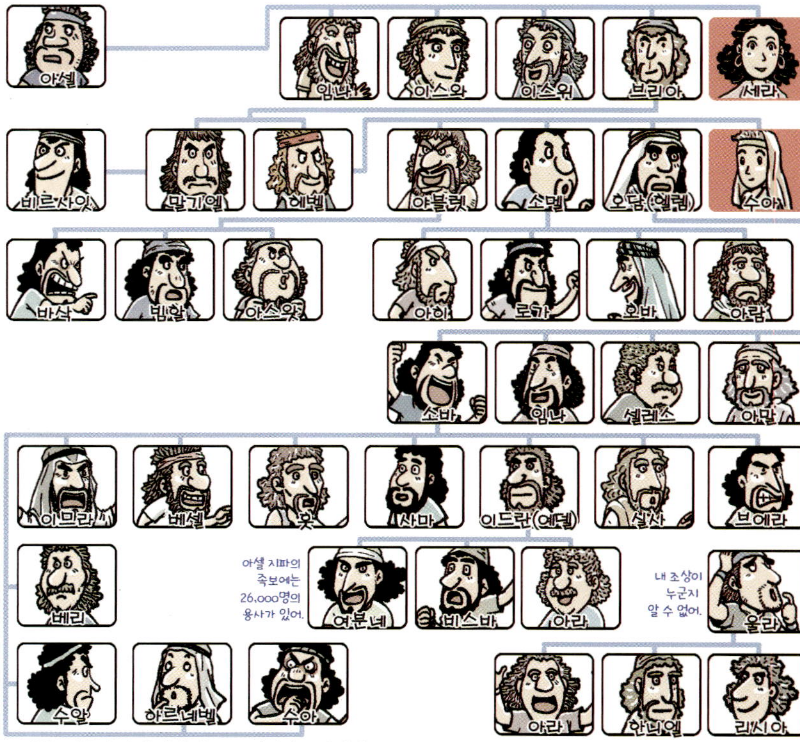

※아셀 : 야곱의 여덟 번째 아들로, 실바의 소생이다.

9장 포로에서 귀환한 사람들

※이스라엘 열왕기 : 성경의 열왕기상·하가 아니라 사관들에 의해 기록된 왕궁의 역사서로 지금은 존재하지 않는다.

※성전 막일꾼들(느디님 사람들) : 성전에서 레위 사람을 도왔던 봉사자들로 이방인이었으나 귀화한 사람들로 보인다. ※이스라엘 : 유다와 이스라엘을 가리킨다.

예루살렘에 자리 잡은 사람들의 족보

유다 자손 중 예루살렘에 자리 잡은 베레스, 실로(셀라), 세라의 자손은 다음과 같아.

예루살렘에 자리 잡은 베냐민의 자손 중 살루, 이브느야, 므술람의 족보는 다음과 같아.

제사장 중에는 여다야, 여호야립, 야긴, 아사랴, 아다야, 마아새가 예루살렘에 살게 되었지. 그들의 족보는 다음과 같아.

※힐기야는 왕정 시대의 인물 Link 5권 221p 과 동명이인. 여기 족보의 제사장들은 모두 포로 귀환 시대의 사람들이다.

레위 사람 중 예루살렘에 살게 된 스마야, 박박갈, 헤레스, 갈랄, 맛다니야의 족보는 다음과 같아.

레위 사람 중 성전 문지기는 살룸, 악굽, 달몬, 아히만과 그들의 친족이야.

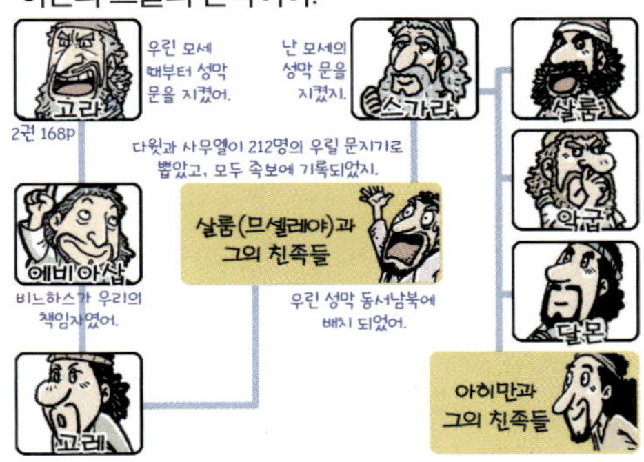

※비느하스 : 이스라엘 남자와 미디안 여인을 창으로 찔러 죽였던 인물. Link 2권 196p

tip 찬양하는 레위 사람들의 족보

다윗 왕 시대의 3대 악사 Link 4권 149p 인 아삽, 여두둔, 헤만의 족보에 자주 등장하는 엘가나가 언급된 것으로 보아 스마야, 박박갈, 헬레스, 갈랄, 맛다니야는 찬양대의 악사 직무를 수행하던 자들로 보인다. 이후 성전 문지기 및 여러 직책이 소개되는데, 각 레위 사람들의 후손은 포로 귀환 후에 선조의 일을 이어받게 되었다. 이를 통해, 당시 이스라엘 백성은 제사장의 지시에 따라 예배와 사회 질서를 회복하는 일을 가장 우선시했음을 알 수 있다.

찬양대와 문지기 외에도 레위 사람들이 담당한 직무는 다음과 같아.

① 성전의 기구를 세어서 들여오거나 내주는 일을 함.
② 성전의 모든 기구와 고운 밀가루, 포도주, 기름, 유향, 향품을 맡음.
③ 제사장 자손 중 몇은 향료를 배합하여 향수(관유)를 만듦.
④ 레위 사람 맛디댜는 고라 자손 살룸의 맏아들로, 구워서 바치는 제물을 준비함.
⑤ 고핫 자손 중 몇몇 레위 사람은 안식일마다 차리는 빵을 준비함.

다윗 시대에는 레위 사람 중 신실한 4명의 책임자가 성전의 방과 창고들을 맡았지.

2. 다윗 왕

10~22장 다윗의 행적

사울은 하나님께 불순종하며 죄를 지었어.
나는 율법도 어기고 심지어 무당을 찾아가기도 했다.
자랑이다!
으하하
으그
사무엘

그 결과, 사울 왕가는 몰락했고,

헤브론에서 다윗이 이스라엘의 왕이 되었지.

※다윗의 행적은 5권 사무엘상·하와 열왕기상·하에서 다루었으므로 7권에서는 간략히 요약한다.

이후 다윗은 예루살렘을 정복했고, 그곳에 다윗 성을 지어 수도로 삼았어.
모든 길은 예루살렘으로 통한다!

이때 30인의 용사들 외에도 많은 용맹한 병사가 다윗을 도왔지.
하나님께서 나를 위해 이 사람들을 보내주셨지!

※30인의 용사 : 항상 다윗의 주변에서 다윗을 호위하고 보좌하던 자들. Link 4권 210p

사울에게 쫓기던 다윗이 시글락에 있을 때 Link 4권 115p, 다윗과 함께 싸워준 용사들은 사울의 일족인 베냐민 지파 사람들이었어.
우린 양손으로 물매를 꽤 잘 던졌어.
휙
휙
아히에셀
활 솜씨도 백발백중이었지.
요아스

그들의 명단은 다음과 같아.

베냐민 지파	
지도자	아히에셀
용사들	요아스, 여시엘, 벨렛, 브라가, 예후, 이스마야, 예레미야, 야하시엘, 요하난, 요사밧, 엘루새, 여리못, 브아랴, 스마랴, 스바댜, 엘가나, 잇시야, 아사렐, 요에셀, 야소브암, 요엘라, 스바댜

※이스마야 : 역대상에서는 30용사 중 1인이며 우두머리로 소개되고 있으나 다른 곳에는 언급되지 않은 것으로 보아 일찍 죽었기 때문으로 보인다.

다윗이 요새에 있을 때 Link 4권 103p, 갓 지파의 용사들도 다윗에게 왔어. 이들은 군사령관이 되어 적게는 백 명을, 많게는 천 명을 거느렸지.
우리는 창과 방패를 다루는 전투에 익숙한 군인들이야.
에셀
오바댜
우리 얼굴은 사자와 같고, 빠르기는 노루 같지.

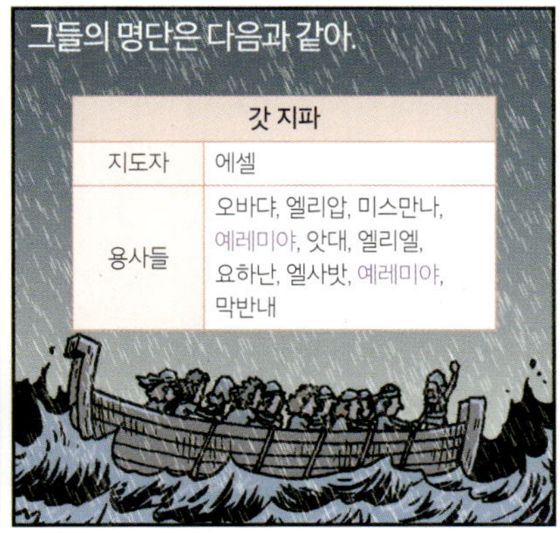
그들의 명단은 다음과 같아.

갓 지파	
지도자	에셀
용사들	오바댜, 엘리압, 미스만나, 예레미야, 앗대, 엘리엘, 요하난, 엘사밧, 예레미야, 막반내

※적게는 백 명을, 많게는 천 명을 : 전투력이 낮은 사람은 일당 백이고 전투력이 높은 사람은 일당 천이라는 의미. ※여기서 예레미야는 동명이인으로 그 밖의 정보는 없다.

그들은 첫째 달, 요단 강물이 넘칠 때 강을 건너가 골짜기에 사는 사람들을 공격해서 동서로 도망치게 했어.
와아아아
으아아아!
크아악!
허억!

베냐민 지파와 유다 지파의 자손들도 찾아왔지.

※첫째 달, 요단 강물이 넘칠 때 : 이스라엘의 첫째 달인 '니산월'은 태양력의 3~4월이며, 봄비와 함께 헬몬 산의 눈이 녹아 요단 강이 범람하는 시기다.
※골짜기에 사는 사람들 : 누군지 정확치는 않으나 가나안 사람들로 보인다.

나를 돕고 화친한다면, 나는 당신들과 연합할 것이오!
그러나 무고한 나를 배반하여 적에게 넘기려 한다면, 우리 조상의 하나님께서 심판하실 것이오!

그때 30용사의 지도자인 아마새가 하나님의 영에 사로잡혀 말했어.
이새의 아들인 다윗 장군님! 우리는 장군님의 부하이고 장군님 편입니다.
아마새

※아마새 : 압살롬의 군사령관이던 아마사와 동일 인물로 보인다. Link 4권 187p

다윗은 그들을 기꺼이 받아들여 군사령관으로 삼았지.
하나님이 장군님을 도우시니, 평화에 평화를 누리십시오.
장군님을 돕는 사람에게도 평화가 깃들기를 빕니다!
고맙소, 잘 왔습니다.

다윗이 시글락에 돌아가 보니 Link 4권 120p, 아드나, 요사밧, 여디아엘, 미가엘, 요사밧, 엘리후, 실르대가 와있었어.
저희도 받아주십시오!
저희는 므낫세 지파의 천부장들입니다!

※두 명의 요사밧은 동명이인으로 자세한 정보는 알 수 없다.

그들은 모두 용맹스러운 용사들로, 다윗을 도와 침략자 들을 쳤고,
이후 모두 군사령관이 되었지.
출세했는데?
하하하
다윗을 위해 모인 사람들이 큰 군대를 이루었는데, 그 모습은 마치 하나님의 군대 같았어.

※침략자 : 다윗이 없던 사이에 시글락을 침략하여 노략했던 아말렉인들을 가리킨다. Link 4권 121p

※하나님의 군대 : 수가 많은 큰 군대만이 아니라 하나님의 능력이 나타나는 군대라는 의미이기도 하다.

왕이 된 다윗은 언약궤를 예루살렘으로 옮겼으며,
찬양대를 조직하여 하나님께 영광을 돌렸어.
뿌우우우~
그분의 사랑은 영원할 것이다~!
다윗은 예루살렘에 성전을 지어 언약궤를 모시길 원했지.
하나님 저 성전을 짓고 싶어요.

하지만 하나님은 다윗이 성전 짓는 것을 허락하지 않으셨어.
됐고! 자세한 건 성경2.0 Link 4권 152p 를 봐라!
흑
그래도 제 아들 솔로몬은 성전을 지을 수 있겠군요.
하나님이 어디서든 이기게 해주셨기에 다윗은 블레셋, 에돔, 모압, 암몬, 아람 등과 싸워 많은 전리품을 얻었어.
부르릉
저걸 언제 다 분류하냐?
여러 나라에서 빼앗은 걸 모으니 양이 엄청나구나.
그래서 다윗은 솔로몬이 성전을 지을 수 있도록 많은 것을 준비해주었지.
이 애비가 이걸 준비하느라 등골이 빠질 정도였다. 은행 빚도 많이 졌고….
헉!

그러나 인구조사 Link 4권 215p 를 하는 실수로 많은 백성을 죽게도 했지.
내가 왜 그랬을까?
크흐흑!

23장 조직 정비

다윗은 솔로몬을 왕으로 세운 후, 여러 조직을 만들어 편성했어.
넌 성전 건축에 전념해라. 나머지는 나한테 맡기고.
알겠습니다.

① 성전에서 봉사할 레위인

다윗은 성전이 완공되면 성전 제사를 집행하고 보조할 조직을 세웠지.
가장 중요한 조직은 뭐죠?
당연히 예배하는 조직이지요!

그렇소. 이제 성전이 완성되면 하나님은 백성들에게 평안을 주시고 예루살렘에 영원히 계실 것이니, 레위 사람이 다시는 성막과 기구를 멜 필요가 없소.

먼저 서른이 넘은 레위 남자 수를 센 후, 업무를 분담했어.

레위 사람의 총수	3만 8천 명
사무(성전 일)	2만 4천 명
서기관, 재판관	6천 명
문지기	4천 명
찬양대(악기 연주)	4천 명

이렇게 나눠봤습니다.
좋군!

※서른 : 필사자의 오기로 보이며, 실제로는 20세다.

사무(성전 일)의 주 업무는 다음과 같아.
한마디로 성소를 보살피고 제사장을 보좌하는 일이죠.
① 성전 안팎의 궂은 일
② 성전 기물 관리
③ 빵 만드는 일
④ 아침저녁으로 감사와 찬송
⑤ 제사장을 도와 절기마다 제물을 구별하여 번제를 드림
그런데 2만 4천 명은 너무 많은데…?

tip 24반차

예루살렘 성전에서 제사 때마다 레위 사람 2만 4천 명이 동시에 성전 일을 한다면 매우 복잡할 것이다. 따라서 다윗은 24반차를 조직했는데, 이는 순번을 의미한다. 즉 2만 4천 명의 레위 사람을 1천 명씩 24개의 그룹으로 나눠 순번을 매긴 것을 24반차라고 한다. 이 순번은 공평하게 제비뽑기로 정했다. 1년 365일을 24로 나누면 약 15일이 된다. 따라서 한 개의 반차(1천 명의 레위 사람)는 1년 중 15일 동안만 성전에서 봉사했고, 그 외에는 백성에게 하나님과 율법을 가르쳤다. 한편, 광야에서처럼 이동할 필요가 없어졌기 때문에 레위 사람들은 더는 성막이나 기구를 멜 필요가 없어졌고, 또한 불어나는 인구에 따라 그만큼 레위인도 많이 필요했기 때문에 다윗은 레위 사람들의 봉사 연령을 기존 30세에서 20세로 조정했다.

다윗은 성전 일을 담당할 레위 사람 2만 4천 명을 천 명씩 24반차로 나눠 봉사하게 했지.

집안	가문	순번	족장
게르손 자손	라단	1	여히엘
		2	세담
		3	요엘
		4	슬로밋
		5	하시엘
		6	하란
	시므이	7	야핫
		8	시나
		9	여우스
		10	브리아
고핫 자손	아므람 모세 게르솜	11	스브엘
	아므람 모세 엘리에셀	12	르하뱌
	이스할	13	슬로밋
	헤브론	14	여리야
		15	아마랴
		16	야하시엘
		17	여가므암
	웃시엘	18	미가
		19	잇시야
므라리 자손	마흘리	20	엘르아살
		21	기스
	무시	22	마흘리
		23	에델
		24	여레못

※게르솜, 엘리에셀 : 모세의 아들들 Link 2권 68p

24장 ② 제사장의 24반차

아론에게는 4명의 아들인 나답, 아비후, 엘르아살, 이다말이 있었는데, 나답과 아비후는 하늘에서 내려온 불에 죽었어. Link 2권 116p
으아악!
앗 뜨거!!
아론
아이고!
엘르아살
이다말
화르르르
헉!

나답과 아비후는 자식이 없었으므로, 제사장 직분은 그들의 동생인 엘르아살과 이다말에게 돌아갔고 이후 그들의 자손들에게 이어졌지.
이다말
엘르아살
아! 가문의 수치야.
아비후
너희는 한심한 우리 형들 꼴이 안 되게 늘 조심해야 한다.
네, 아버지.
나답
흑흑

엘르아살의 자손 사독과 이다말의 자손 아히멜렉이 다윗 시대에 대제사장을 맡았어.
이때는 기브온에 모세의 성막이 있고, 예루살렘에 다윗의 성막이 있어서 2명의 제사장이 필요했지.
성경2.0 Link 4권 151p 를 보면 자세히 알 수 있어!
성경2.0

다윗은 엘르아살 자손을 가문에 따라 16명의 족장으로, 이다말 자손은 8명의 족장으로 나누었지.

집안	순번	제사장 반장	집안	순번	제사장 반장
엘르아살 자손	1	여호야립	이다말 자손	17	헤실
	2	여다야		18	합비세스
	3	하림		19	브다히야
	4	스오림		20	여헤스겔
	5	말기야		21	야긴
	6	미야민		22	가물
	7	학고스		23	들라야
	8	아비야		24	마아시야
	9	예수아			
	10	스가냐			
	11	엘리아십			
	12	야김			
	13	훕바			
	14	예세브압			
	15	빌가			
	16	임멜			

엘르아살 자손이 이다말 자손보다 더 많았어.

이것은 성전에서 일할 제사장들을 족장에 따라 24반차로 나눈 것이기도 해.
직무 순서는 공평하게 이걸 막 던져서 맞는 순서대로 합시다. 어때?
이 인간이 미쳤나?!
헉!
켁!

tip 제사장의 24반열(반차)

다윗이 제사장을 24반차로 나눈 것은 좀 더 원활한 제사 업무를 위해서였다. 성전이 건축되기 전에는 성막뿐만 아니라 각 지방의 산당에서 분산되어 제사를 드렸으나 성전이 건축된 뒤에는 모든 제사가 예루살렘에 집중되어 큰 혼란과 분쟁이 생길 우려가 있었다. 이를 대비해 제사장의 24반차를 정한 것이다. 이 절차는 매우 민주적이었는데, 먼저 제사장의 양대 계보인 엘르아살과 이다말 계열에서 각각 16명과 8명의 족장을 선별하고, 제비를 뽑아 순번을 결정했다.

25장 ③ 성전 찬양대 24반차

다윗은 군 지도자들과 함께 아삽, 헤만, 여두둔의 자손 중 수금, 비파, 심벌즈로 신령한 찬양을 드릴 찬양대를 뽑았어.
너희는 하나님을 찬양하는 데 전념해라!!
넵!
충성!
여두둔
아삽
헤만

아삽 가문인 삭굴, 요셉, 느다냐, 아사렐라는 다윗의 지시에 따라 신령한 노래를 불렀지.
헤만과 여두둔 자식들에게 질 수 없다! 오늘부터 밤샘 훈련이다!
아삽의 노래 교실
잠은 자고 합시다요!
참 나!

※군 지도자들 : 백성을 다스리는 지도자를 뜻하며 제사장과 레위인의 족장들도 포함된 것으로 보인다.
※아삽, 헤만, 여두둔 : 다윗이 임명한 3대 악사. Link 4권 149p

여두둔 가문인 그달리야, 스리, 여사야, 하사뱌, 맛디디야, 시므이는 여두둔의 지도를 받았어.
아삽과 헤만 자식들에게 질 수 없다! 오늘부터 지옥 훈련이다!
됐고요.
시합이 아니라 찬양이라고요!

왕의 선견자 헤만 가문인 북기야, 맛다냐, 웃시엘, 스브엘, 여리못, 하나냐, 하나니, 엘리아다, 깃달디, 로암디에셀, 요스브가사, 말로디, 호딜, 마하시옷도 있었는데,
하나님이 아버지 헤만의 뿔을 높이셔서 아들 14명과 딸 셋을 주셨어.
너희는 살인 병기로 만들어주마!
아, 미치겠네.

※뿔을 높이셔서 : 힘 또는 권세를 준다는 의미로 많은 자식을 주었다는 뜻이다.

tip 왕의 선견자

선견자는 '환상을 본 자'라는 뜻으로, 하나님과 왕 사이에서 하나님의 계시를 전달하는 매개자라는 의미로도 볼 수 있다. 헤만이 전통적인 선지자(예언자)라는 의미가 아니라, 하나님의 영감으로 지은 찬양을 통해 하나님의 뜻을 왕에게 전달했다는 의미로 보인다.

이들은 아버지 헤만의 지도로 수금, 비파, 심벌즈를 연주하며 성전에서 노래했어,

빠 악!
킥!
이놈아,
그 악기는 뭐냐?

그들은 하나님의 성전에서 맡은 일을 할 때, 다윗과 아삽, 여두둔, 헤만의 지도를 받았지.

흥!
킁!
낑!

※그들 : 아삽, 여두둔, 헤만의 자손들.

그들과 친척의 수는 모두 288명으로, 주님을 찬양하는 법을 배운 능숙한 사람들이었어.

뿌우우우우

그들은 대가나 초보자나, 스승이나 제자나 차별 없이 제비뽑기로 순서를 정하고, 찬양과 연주로 하나님을 예배했지.

순번	찬양대	순번	찬양대
1	요셉, 그 아들과 형제 12명	13	수바엘, 그 아들과 형제 12명
2	그달리야, 그 아들과 형제 12명	14	맛디디야, 그 아들과 형제 12명
3	삭굴, 그 아들과 형제 12명	15	여레못, 그 아들과 형제 12명
4	이스리, 그 아들과 형제 12명	16	하나냐, 그 아들과 형제 12명
5	느다냐, 그 아들과 형제 12명	17	요스브가사, 그 아들과 형제 12명
6	북기야, 그 아들과 형제 12명	18	하나니, 그 아들과 형제 12명
7	여사렐라, 그 아들과 형제 12명	19	말로디, 그 아들과 형제 12명
8	여사야, 그 아들과 형제 12명	20	엘리아다, 그 아들과 형제 12명
9	맛다냐, 그 아들과 형제 12명	21	호딜, 그 아들과 형제 12명
10	시므이, 그 아들과 형제 12명	22	깃달디, 그 아들과 형제 12명
11	아사렐, 그 아들과 형제 12명	23	마하시옷, 그 아들과 형제 12명
12	하사뱌, 그 아들과 형제 12명	24	로암디에셀, 그 아들과 형제 12명

26장 ④ 성전 문지기 24반차

성전 문지기는 레위 지파 중 4개 집안에서 담당했어.

므셀레먀
오벧에돔1
스마야
호사

※므셀레먀(살룸, 셀레먀), 오벧에돔1, 스마야는 고핫 자손인 고라 가문이고, 호사는 므라리 자손이다.

고라 가문 문지기는 고레의 아들(에비아삽의 자손)인 므셀레먀(살룸, 셀레먀)와 그의 아들들과 오벧에돔1과 그의 아들들이 맡았고,

스가랴
스바댜
야드니엘
엘람
엘여호에내
여호하난
여디아엘
사갈
느다넬
잇사갈
브울래대
스마야
여호사밧
요아와
암미엘
내 아들들이야. 듬직하지?
후훗! 여긴 내 아들들!

※오벧에돔1 : 하나님의 언약궤를 3개월간 보살펴서 복을 받은 인물. Link 4권 147p

또한 스마야(오벧에돔1의 아들)의 아들들도 맡았지.

내 아들들은 용맹해서
다들 자기 가문의
지도자가 되었어.
나 오벧에돔1의 집안에서
문지기를 한 사람은
총 62명이었지.
오드니
르바엘
오벳
엘사밧
엘리후
스마갸
우린 유능한
용사들이야.

므라리 가문의 문지기는 호사의 아들들이 맡았어.

나 호사의
집안에서는 14명!!
맏아들이 아닌데도 아버지께선
날 족장으로 삼았어.
시므리
힐기야
드발리야
스가랴
나 므셀랴먀의
집안에서는 18명!

성전 경비를 맡은 성전 문지기 반장들의 24반차는 다음과 같아.

순번	집안	반장	순번	집안	반장
1		스가랴	15		오드니
2		여디야엘	16		르바엘
3		스바댜	17	스마야	오벳
4	므셀레먀	야드니엘	18		엘사밧
5		엘람	19		엘리후
6		여호하난	20		스마갸
7		엘여호에내	21		시므리
8		여호사밧	22	호사	힐기야
9		요아	23		드발리야
10		사갈	24		스가랴
11	오벳에돔1	느다넬			
12		암미엘			
13		잇사갈			
14		브울래대			

성전을 세상과 구별해서 거룩하게 하는 것이 우리 임무야.
할례 받지 못한 이방인이나 죄인들의 출입을 금지시켰지.
스가랴
여디야엘

성전 문지기들은 큰 가문, 작은 가문 구별 없이, 제비를 뽑아 각 문을 맡았어.

담당자	맡은 구역	인원
므셀레먀(살룸, 셀레먀)	동쪽 문	6명
스가랴	북쪽 문	4명
오벳에돔1	남쪽 문	4명
오벳에돔1의 아들들	2개의 창고	각각 2명씩 4명
숩빔과 호사	서쪽 문, 살래겟 문	4명, 2명

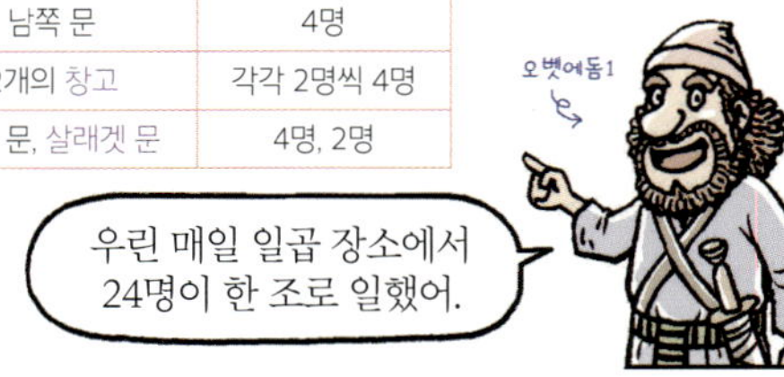
오벳에돔1
우린 매일 일곱 장소에서 24명이 한 조로 일했어.

※창고 : 거룩한 물건을 보관하는 성전의 창고로 성전의 남쪽 문 옆에 있었다.
※살래겟 문 : '피난 문' 혹은 '금지된 문'이라는 뜻. 위급할 때 피난하도록 만든 문으로 보기도 한다.
※숩빔 : 소개된 적이 없는 인물로 필사자의 실수로 보인다.

⑤ 성전 창고와 성물 창고

다음은 창고를 맡은 레위 사람들이야.

맡은 일	집안	담당자
창고 책임자	게르솜	스브엘
성전 창고	게르손	여히엘리(여히엘)와 그의 아들 세담과 요엘
성물 창고	엘리에셀	슬로못과 그의 가족들

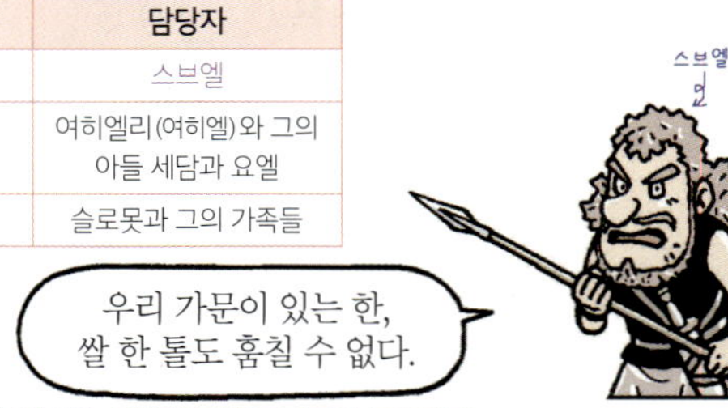
스브엘
우리 가문이 있는 한, 쌀 한 톨도 훔칠 수 없다.

※스브엘 : 모세의 장자 게르솜의 아들로, 성전 일을 맡은 가문의 조상이다.

tip 성전 창고와 성물 창고

성전 창고는 이스라엘 백성이 하나님께 바친 성물(헌물과 십일조 등)을 보관하는 창고로, 앞서 오벳에돔1의 아들들이 지키던(성전 비품 보관) 창고와는 다른 곳이다. 성물 창고는 다윗 왕과 족장, 천부장, 백부장, 군사령관들이 전쟁에서 빼앗은 물건을 보관하는 창고로 성전 건축과 보수에 사용되었다. 또한 선견자 사무엘과 기스의 아들 사울, 넬의 아들 아브넬, 스루야의 아들 요압이 구별하여 바친 물건도 성물 창고에 보관하여 슬로못과 그의 가족들이 관리했다.

⑥ 관리자

다윗 왕 재위 40년, 헤브론의 자손과 이스할의 자손은 이스라엘의 여러 곳에서 관리와 재판관으로 일했어.

업무 내용	집안	담당자
서기관과 재판관으로 일반 행정 담당	이스할	그나냐와 아들들
요단 강 서쪽의 이스라엘 관리, 하나님의 모든 일과 왕을 섬기는 일	헤브론	하사뱌와 그의 친족 1,700명의 용사
요단 강 동쪽의 이스라엘(르우벤과 갓, 므낫세 반쪽 지파) 관리, 하나님의 모든 일과 왕을 섬기는 일		여리야와 그의 친족 2,700명의 용사

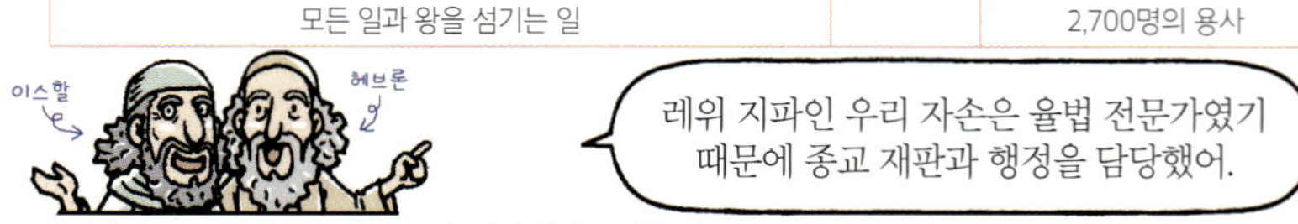
이스할
헤브론
레위 지파인 우리 자손은 율법 전문가였기 때문에 종교 재판과 행정을 담당했어.

※하나님의 모든 일과 왕을 섬기는 일 : 성전세와 국세를 거두는 일을 가리킨다.

27장 ⑦ 군대 행정 조직

다윗은 군대를 12반차로 나누어 1년에 한 달씩 근무하게 했지. 이때 1개의 반차는 족장, 천부장, 백부장, 서기관을 포함 2만 4천 명의 병사로 이루어졌어.

월	지휘관	월	지휘관
1월	야소브암	7월	헬레스
2월	도대	8월	십브개
3월	브나야	9월	아비에셀
4월	아사헬	10월	마하래
5월	삼훗	11월	브나야
6월	이라	12월	헬대(헬렙)

근무가 아닌 사람은 각자 자신의 생업에 종사했어.
난 이들을 통해 권력을 중앙으로 집중시켰어.

⑧ 지방 행정관

다윗은 각 지파에 지도자를 두었지.

관할 지파	영도자	관할 지파	영도자
르우벤	엘리에셀	납달리	여레못
시므온	스바댜	에브라임	호세아
레위	하사뱌	므낫세 반	요엘
아론 자손	사독	길르앗의 므낫세 반	잇도
유다	엘리후		
잇사갈	오므리	베냐민	야아시엘
스불론	이스마야	단	아사렐

※도대 : 다윗 때 활약했던 사람은 도대의 아들 엘르아살이다. Link 4권 210p. 이는 필사자의 오기로 보인다.

⑨ 왕실 재정 관리 조직의 정비

왕실의 재산을 투명하게 관리할 자들도 임명했어.

담당 업무	관리자	담당 업무	관리자
왕의 창고 관리	아스마웻	기름 창고	요아스
밭, 성읍, 마을, 요새의 창고 관리	요나단	사론에서 키우는 소 떼 관리	시드래
농부 관리	에스리	골짜기에 있는 소 떼 관리	사밧
포도원 관리	시므이	낙타 관리	오빌
포도원의 창고	삽디	나귀 관리	예드야
올리브 나무와 뽕나무 관리	바알하난	양 떼 관리	야시스

⑩ 다윗의 지략가들

다윗을 옆에서 도왔던 사람들의 명단이야.

직책	담당자
상담자, 서기관	요나단(다윗의 삼촌)
왕의 아들들의 가정교사	여히엘
왕의 친구	후새
왕의 고문	아히도벨, 여호야다, 아비아달
군사령관	요압

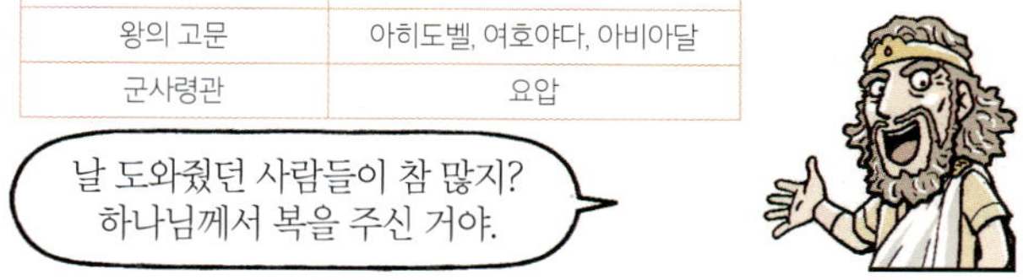

날 도와줬던 사람들이 참 많지?
하나님께서 복을 주신 거야.

인구조사

하나님께서 약속하시길…
이스라엘 백성을 하늘의 별처럼 많게 하겠다!
아브라함
천 년 전에 내게 약속하셨지!! 성경2.0 Link 1권 54p 를 봐.
성경2.0

그래서 다윗은 20세 이상의 남자의 수만 세었지. Link 4권 213p
20세 이하는 셀 필요 없소이다!
네… 알겠습니다.

스루야의 아들 요압이 인구조사를 시작했지만 하나님의 진노로 끝내지 못했어.
Link 4권 215p
다윗, 네 이놈!!
파지직!
아이고!!

결국 다윗 왕의 실록에는 인구조사 결과가 기록되지 못했지.
푸시시…
하나님의 뜻이 아닌 인구 조사이니 기록에 남기지 말거라!
타닥
네, 삭제할게요.

※다윗 왕의 실록 : 왕궁의 사관들이 기록한 문서로 현재는 남아있지 않다.

28~29장 다윗의 후기 생애 Link 5권 25~28p

다윗이 이스라엘의 모든 지도자를 불러 모아 말했어.
내가 성전 건축을 준비해왔지만, 하나님께서는 내 뒤를 이어 왕이 될 솔로몬이 성전을 건축할 것이며, 하나님의 율법과 명령을 잘 지키면 영원히 그의 나라를 세워줄 것이라고 하셨소!
여러분도 하나님의 명령을 잘 지키면 이 가나안 땅을 자손들에게 영원히 물려줄 수 있을 것이오!

그리고 솔로몬에게 성전 건축에 대한 당부와 예배의 양식에 대해 알려주었지.
하나님을 열심히 섬기고 나대신 성전을 꼭 짓도록 해라! 하나님과 모든 백성이 너를 도울 것이다. 그러니 두려워 말고 담대해라!!
네, 아버지!!
그럼요!!
우리만 믿으세요!!

성전 건축 헌금

다윗과 백성은 성전 건축을 위해 금, 은, 구리, 쇠, 보석 등을 바쳤어.
창고

그런 다음 다윗은 모든 백성 앞에서 여호와를 찬양했지.
와아아
와아

다윗의 말에 따라 모두가 조상의 하나님 여호와를 찬양하고 경배했어.
와아아아

다음날, 백성들은 주께 태워드리는 번제와 수천 마리의 수소, 숫양, 어린 양을 바치고, 부어드리는 전제물도 바치며 온 이스라엘을 위해 제사를 드렸지.
와아아아

그날, 백성들은 하나님 앞에서 먹고 마시며 크게 기뻐했어.
하하하
크하하

솔로몬이 왕이 되다

그리고 솔로몬에게 다시 기름을 부어 왕으로 세우고, 사독에게도 기름을 부어 대제사장으로 세웠지.
와아아아!
대제사장 만세!!
새로운 왕 만세!!

다윗의 뒤를 이어 왕이 된 솔로몬은 나라를 잘 다스렸기 때문에 모든 백성이 그를 따랐어.

여호와가 솔로몬을 크게 높여주시고 이전의 어떤 왕도 누리지 못한 영화를 베풀어주셨지.
우리 주 여호와와 이스라엘의 영광을 위하여! 건배!
와하하

다윗의 죽음

이새의 아들 다윗은 40년간 부와 영화를 누리며 이스라엘을 다스린 뒤 수명이 다하여 죽었어.

다윗의 역사는 처음부터 끝까지 선견자 사무엘의 기록과 선지자 나단의 기록, 선견자 갓의 기록에 들어있지.
갓
나단
사무엘

tip 선견자

선견자 또는 선지자를 표현할 때 다음 세 원어가 사용되었다.

① 사무엘에게는 '로에' : '눈으로 바라보는 자'라는 뜻. 하나님의 계시를 보는 역할을 강조한 표현.
② 나단에게는 '나비' : '대언자'라는 뜻. 하나님 말씀을 선포하는 역할을 강조한 표현.
③ 갓에게는 '호제' : '인지하는 자'라는 뜻. 하나님의 계시를 인지하는 역할을 강조한 표현.

그 기록에는 다윗의 통치와 무용담을 포함하여 당시의 이스라엘과 세상 모든 나라의 역사가 적혀있어.

역대하
●히스기야
유다의 13대 왕이다. 하나님께 순종하고 율법을 잘 지킨 왕으로 모든 백성에게 존경을 받았으며 나라를 부강하게 만들었다. 병들어 죽게 되었을 때 하나님께 기도하여 수명을 15년 연장 받게 된다.

앞서 말했듯이 역대상과 역대하는 에스라가 기록했어.
바로 나야.
후후
안녕하세요!
재미없게 또 보네요!

역대하는 통일 왕국 시대의 솔로몬 왕과 분열 왕국 시대의 유다 왕들에 대한 이야기야.
유다 왕들은 모두 다윗의 후손이란다.
이노옴, 버릇이 없구나!
버럭!
흑, 농담 한거라고.

※에스라 : 율법학자이자 제사장으로 유대교의 기초를 닦았고 민족을 지도했다.

역대하의 전반부는 솔로몬 이야기인데,
나야 나! 싸인해줄까?
솔로몬
아, 됐거든요!
성경2.0 Link 5권 17p 를 보면 이스라엘 분단의 원흉인데, 뭐.
솔로몬의 가장 큰 업적은 여호와의 성전을 건축했다는 것!!
그래도 제법 위대한 왕이잖아… 싸인해줄게.
응? 응?
흥!
인기 없거든요!

솔로몬과 이스라엘 백성은 성전에서 하나님을 예배하며 열심히 섬겼어.
이스라엘은 최고의 전성기를 맞이할 수 있었지.
그 덕분에 하나님께서 복을 주셨고,
망할 복! 버릴 수도 없고.
福
헉
헉

역대하의 후반부는 이스라엘이 분열된 뒤 유다 왕들의 이야기야.

순서	왕	순서	왕
1	르호보암	11	요담
2	아비야(아비얌)	12	아하스
3	아 사	13	히스기야
4	여호사밧	14	므낫세
5	여호람(요람)	15	아몬
6	아하시야	16	요시야
7	아달랴	17	여호아하스
8	요아스	18	여호야김
9	아마샤	19	여호야긴
10	아사랴(웃시야)	20	시드기야

※음영 처리된 왕은 신앙적으로 선한 왕이었음.

이 왕들의 이야기를 보면 한 가지 중요한 사실을 알 수 있어.
뭘요?
왕이 하나님을 열심히 섬길 때 유다는 풍요로웠어.
근데요?

근데 왕이 악한 짓을 하고 우상을 숭배할 때 유다는 하나님의 심판을 받아 고난에 빠졌지.
아, 그렇구나.
결국, 유다는 바벨론에 의해 멸망하고 백성들은 대부분 포로로 끌려가게 돼.
어떡해요?
에고
그러나 하나님은 백성들을 사랑하셔서 훗날 그들이 다시 예루살렘에 돌아오게 해주신단다!
아이고, 다행이네요.

1. 솔로몬의 성전 건축과 통치

1장 솔로몬 왕

다윗의 뒤를 이어, 그의 아들 솔로몬이 왕이 되었어.

솔로몬은 천 마리 짐승을 번제물로 드리며 하나님께 지혜를 구했지.
하나님! 나라를 잘 다스리려면 지혜가 필요합니다.

그러자 하나님이 솔로몬에게 지혜뿐 아니라 부귀영화도 주셨어.
지혜
부귀영화
아이고, 이렇게 큰 걸 어떻게….

※역대하의 솔로몬과 유다 왕들의 행적은 성경2.0 5권 열왕기 상·하에서 공통으로 다룬 내용이므로 간단하게 정리했음을 밝힌다.

2~7장 성전 건축

솔로몬은 성전을 건축할 일꾼을 뽑은 한편, 두로의 히람 왕으로부터 필요한 자재와 기술자를 제공받았지.
난 채석공!
난 짐꾼!
왕께서 품삯을 많이 주신대!

그리고 예루살렘의 모리아 산에 성전을 건축하기 시작했어.
위이잉

※두로 : 이스라엘의 북쪽 지중해 연안에 있는 항구 도시로 페니키아의 수도였다.

성전의 구조와 모양은 다윗이 전해준 양식에 따라 건축되었지.
7년 만에 완성했군.
만세!
하하하
와아아

제사에 필요한 성전 기구를 제작했고,

언약궤도 성전으로 옮겼어.

7년 만에 성전이 완성되자 솔로몬과 백성은 하나님께 감사하며 제사를 드렸지.
여호와는 선하시다~
그 인자하심은 영원하다~
뿌우우우~

그러자 여호와의 영광이 내려왔고, 솔로몬과 백성은 모두 감격하여 하나님을 찬양하며 예배했어.

※여호와의 영광 : 하나님을 상징하는 구름을 말한다. Link 5권 44p

8~9장 솔로몬의 업적

솔로몬은 각지에 국고성과 요새를 건축했지. 부족한 노동력은 가나안 족속을 노예로 만들어 충당했어.

※당시 이스라엘에 살았던 가나안 족속은 아모리, 헷, 브리스, 히위, 여부스 사람들이었다.

또한 절기와 율법을 철저히 지키며 하나님을 예배했지.
하나님! 항상 저희와 함께해주세요.

솔로몬이 하나님께 순종했기 때문에, 이스라엘은 정치, 경제, 외교적으로 매우 부강한 나라가 될 수 있었어.

tip 솔로몬의 업적

역대하는 열왕기상과는 달리 솔로몬의 잘한 점만 부각하고 우상숭배나 과도한 강압 정책 등의 문제는 기록하지 않았다. 이는 포로 귀환 세대에 속했던 저자 에스라의 관점을 반영하는 것으로, 솔로몬이 비록 불완전한 점이 있었지만, 근본적으로 여호와께 충성하여 큰 복을 받았다는 긍정적인 메시지를 전달함으로써 동시대를 살아가는 백성에게 희망을 주려는 의도로 해석될 수 있다.

2. 유다 왕들의 통치

10~12장 유다 1대 왕 르호보암

솔로몬이 죽자, 그의 아들 르호보암이 왕이 되었어.
르호보암
이제 내가 이스라엘의 짱이다!!
크하하하!
만세!
와아아!

르호보암은 백성의 요청을 무시했지.
여로보암
세금을 줄이고, 강제 노역을 금지해주시오.
흥이다!

결국 이스라엘은 북왕국 이스라엘과 남왕국 유다로 나뉘게 되었고,
뭐야? 넌 이제 우리 왕이 아니다!
뭐, 뭐야? 반역이냐?!

르호보암은 남왕국 유다의 1대 왕이 되었어.
졸지에 나라가 반쪽이 됐구나.
흑

tip 북이스라엘의 역사가 빠진 역대하

왕국이 분열된 뒤, 역대하는 남유다 왕국을 중심으로 이야기를 전개할 뿐, 북이스라엘의 역사는 전혀 언급하지 않는다. 그 이유는 이스라엘이 다윗의 언약을 어기고 성전을 떠났기도 했거니와 포로 귀환 당시 이스라엘 백성이 거의 없었기 때문이기도 하다. 당시 이스라엘 백성이 거의 없었던 이유는, 그들이 이방 민족과 섞여 하나님의 백성으로서의 정체성을 잃어버렸기 때문이다.

르호보암은 이스라엘을 정벌하려 했으나, 예언자 스마야가 말렸지.
스마야
음
하나님께서 형제와 싸우지 말라고 하셨습니다.
하나님께서?
집에 가자!
수군수군

그 후, 르호보암은 유다를 안정시키고, 곳곳에 요새를 세워 국방을 강화했어.
전 국토의 요새화로 천 년 유다의 토대를 만들겠다!

게다가 이스라엘에 있던 제사장들과 레위 사람들이 돌아왔기 때문에 유다는 더욱 강해졌지.
예루살렘 출입국장
예루살렘에 가면 차나 한잔...

※이스라엘 백성이 예루살렘에 가는 것을 막으려고 마음대로 제사장을 세우고 우상을 섬기게 한 여로보암의 정책에 반발하여 많은 레위 사람이 유다로 왔다.

그런데 르호보암은 왕권과 나라가 튼튼해지자, 하나님의 율법을 저버리고 우상을 숭배했어.
오빠, 왜 이제야 오셨어요~?
호호
깔깔깔
휙
성경2.0
아, 사업이 좀 바빠서.
그러자 하나님이 르호보암을 심판하셔서 이집트의 공격을 받게 했지.
와아아아!
물러서지 마라!
예루살렘까지 접수하자!

르호보암과 지도자들이 잘못을 뉘우치고 회개해서 멸망은 간신히 피했지만,
엉엉
흑흑
르호보암은 다시 악한 일을 했어.
징한 놈들이 물러나는군. 아세라 신당에 가서 소주나 한잔 걸쳐야지.
휴
자자, 축배를 들자고.
르호보암이 죽자 그의 아들 아비야가 왕이 되었지.
드디어 나의 시대가 열리는구나.

※악한 일 : 우상숭배를 말한다.

※아비야 : 열왕기하에는 아비얌으로 표기되었다.

Link 5권 69p

13장 유다 2대 왕 아비야

아비야와 여로보암이 큰 전쟁을 치렀는데, 여로보암의 군대는 아비야의 군대보다 2배나 많았지.
아이고, 병력이 우리 2배는 되겠네.
병력이 무슨 상관이야? 하나님만 의지하면 돼!

그러나 아비야가 하나님을 의지했기에 유다는 대승을 거두었어.
오옷! 여호와가 우리와 함께하신다!
두려워하지 마라!
으악!
크윽!
와아아아!

14~16장 유다 3대 왕 아사

아비야가 죽자, 그의 아들 아사가 왕이 되었지. 아사는 조상들이 만든 산당과 우상을 없애고, 하나님의 율법과 명령을 따르도록 했어.
쾅
쾅
우상한테 절하느니, 성경2.0을 한 번 더 읽어라!!

그러자 하나님이 유다 땅에 평화를 주셨지.
하하하
깔깔

하나님이 도우셔서 에티오피아와의 전쟁에서도 큰 승리를 얻었고,
와아아아아!
아사는 다시 한 번 종교개혁을 실행했어.
크르릉
유다 왕 아사 26년, 이스라엘이 위협하자 아사는 하나님을 의지하지 않고, 아람과 동맹을 맺었지.
하나님을 의지해서 에티오피아를 물리쳤습니다. 그런데 왜 아람을 의지합니까?
하나니
흥! 내 맘이야.

※26년 : 역대하에는 36년으로 기록되어 있는데 이는 필사자의 오류로 보인다. Link 5권 75p

또한, 하나님의 예언자를 감옥에 가두고, 이 일을 반대하던 백성을 학대했어.
다 감옥에 처넣어라!!
흥! 발병이나 나버려라!
결국, 아사는 발에 심한 병이 났지.
흠, 불치의 발병이… 하나님께 기도하세요.
퉁퉁
됐거든!
하지만 그는 의사들만 찾다가, 병든 지 2년 만에 죽었어.
참 나, 똥고집은….
흑흑
17~20장 유다 4대 왕 여호사밧
아사의 뒤를 이어 그의 아들 여호사밧이 왕이 되었어.
여호사밧은 종교개혁으로 우상을 없애고, 백성에게 하나님의 율법을 가르쳤지.
그 결과 유다는 솔로몬 시대의 번영에 버금가는 강성한 나라가 되었어.
그러나 여호사밧도 잘못이 있었는데, 이스라엘의 아합 왕과 동맹을 맺은 일과,
예언자 미가야의 말을 듣고도 아합과 연합하여 아람을 공격한 일이야.
결국, 그 전쟁에서 아합은 죽고, 여호사밧은 겨우 목숨을 건졌지.

이에, 여호사밧은 회개하고, 종교개혁을 실시했어.
온 유다를 돌아다니며 백성이 하나님께 돌아오게 했지.

그는 하나님을 의지했기에 모압, 암몬, 마온의 공격도 이길 수 있었으며,

그동안 유다는 늘 태평했지.
하하하

21장 유다 5대 왕 여호람

여호사밧이 죽자, 그의 아들 여호람이 왕이 되었어.
왕위를 위협할 요소는 싹 제거해야겠어.
그거 좋은 생각이네요.
여호람
아달랴

여호람은 왕권을 견고히 하고 독재 체제를 완성하기 위해 자기 형제들과 신하들을 숙청했지.
이게 무슨 짓이냐?!
으아악!
크악!
싹 쓸어버려!

그리고 여호람은 아내 아달랴의 영향을 받아 우상을 숭배했어.
여보, 바알 신이 어때요?
흠, 멋지네.

얼마 후 에돔과 립나가 반란을 일으켰는데, 그것은 하나님의 징계였지.
휴
반란군 잡으려다 겨우 살아남았네.

그럼에도 여호람은 악을 행했고 예언자 엘리야의 경고에도 회개하지 않았어.
뭐? 감히 날 협박하는 거냐? 엉?
북북
하나님의 말씀을 전한 것뿐이오.

※아달랴 : 이스라엘 아합 왕의 딸. 바알을 숭배하던 아버지의 영향을 받았다.

※에돔 : 다윗 시대에 정복되어 Link 4권 155p 여호사밧 때는 이스라엘에서 임명한 섭정 왕이 통치하고 있었다.
※립나 : 유다의 서남쪽 블레셋 변방에 위치했던 성읍으로 정확한 위치는 알 수 없다.

결국, 블레셋과 아라비아 사람들의 침략으로 유다는 예루살렘까지 유린당했고,
죽여라!
크하하
꺄악

그 후, 여호람은 창자가 몸 밖으로 빠져나오는 병으로 죽고 말았지.
삐이이이~
꼴까닥!
흑흑

22~23장 유다 6대 왕 아하시야

여호람의 뒤를 이어 그의 아들 아하시야가 왕이 되었어.
크크
저기서 형들이 모두 죽은 덕분에 막내인 내가 왕이 되었지.

역대하

그 역시 어머니 아달랴의 영향을 받아 악한 짓을 했지.
네 아빠도 여길 참 좋아했단다.
저도 좋아질 것 같네요.
헤헤
오빠 어서 와요
호호호
또한, 이스라엘의 요람 왕과 동맹을 맺어 아람 왕 하사엘과 전쟁을 치렀어.
그 후, 아하시야는 하나님의 심판을 받아 이스라엘 왕 예후에게 죽임을 당했지.
흑흑

유다 7대 왕 아달랴

아달랴는 아들 아하시야가 죽자 유다 왕족들을 죽이고, 우상숭배와 악행을 저질렀는데,
까하하하
왕위를 넘볼 만한 자들은 모조리 씨를 말려라!!
크윽!
우리가 뭘 잘못했다고??
다윗의 후손 중 요아스만 겨우 살아남아 6년간 성전에서 숨어 지냈어.
훌쩍

유다 여왕 아달랴 7년, 제사장 여호야다가 반역을 일으켜 요아스를 왕으로 삼았고,
아달랴는 병사들에게 끌려가 죽임을 당했지.
여호야다는 우상들을 파괴한 뒤, 제사를 회복시키고 왕권을 확립했어.

아달랴가 죽은 후, 예루살렘은 평화를 되찾았지.
24장 유다 8대 왕 요아스
요아스는 여호야다의 가르침에 따라 선정을 베풀고 성전을 보수했어.
그러나 여호야다가 죽자, 요아스는 우상을 숭배하고 예언자 스가랴를 처형했지.
쿵짝
쿵짝
호호호

하나님은 요아스의 죄악을 심판하기 위해 아람 군대를 보냈어.
요아스는 이때의 전쟁으로 심한 부상을 당했지.
그리고 자신의 신하들에게 배신을 당해 살해됐어.
푹!
25장 유다 9대 왕 아마샤
요아스의 아들 아마샤가 왕이 되어 선정을 베풀었어.
왕권이 확고해지자, 아마샤는 아버지 요아스를 살해한 신하들을 처단했지.
크윽!
그리고 여호람 때 유다를 배반했던 에돔을 정벌했어.
와아아아
아마샤는 에돔 사람들을 학살하고 그들이 섬기던 우상들을 가져와 섬겼지.
아마샤
오!
이에 크게 노하신 하나님이 이스라엘 왕 여호아스(요아스)를 보내 심판하셨고,
아마샤는 포로가 되어 이스라엘에 끌려갔어.
형님 한 번만 봐주세요.
닥쳐!
흑
그 후, 포로에서 돌아온 아마샤는 반역자들의 손에 최후를 맞게 돼.
죽여!
크윽!
26장 유다 10대 왕 웃시야
아마샤의 뒤를 이어 그의 아들 웃시야가 왕이 되었어.
자, 촬영 들어갑시다.
네 아빠처럼 삐딱선을 타면 안 돼.
후후
염려 마세요.
웃시야는 예언자 스가랴의 도움으로 하나님께 순종하며 나라를 다스렸지.
하나님께 순종하니 모든 게 좋네요.
분위기 좋군요.

※웃시야 왕은 '아사랴'라고도 불렸다.

※스가랴 : 예언자로 웃시야 왕의 개인 교사이자 고문으로 보인다.

웃시야는 하나님의 축복을 받아 영토 확장, 건축 및 농축 산업의 부흥, 군대 정비 등의 업적을 이루었어.
하지만 스가랴가 죽자 교만해진 웃시야는 성소 안에 있는 분향단까지 향을 피우러 들어가는 죄를 저질렀지.
이곳에 들어오면 안 됩니다!
비켜라!
결국 웃시야는 하나님의 징계를 받아 문둥병에 걸렸고, 죽을 때까지 별궁에 격리되었어.
크흐흐흑
27장 유다 11대 왕 요담
웃시야가 죽자, 그의 아들 요담이 왕이 되었지.
와아아아!
요담은 성전의 문과 성, 요새 등을 건축했고,
암몬과의 전쟁에서도 승리했어.
와아아아
요담이 하나님께 항상 복종하자 나라는 점점 강해졌지.
28장 유다 12대 왕 아하스
요담이 죽자, 그의 아들 아하스가 왕이 되었어.
왕이 된 기념으로 세계 최강의 우상을 만들 테다!!!
크하하
아하스는 자기 아들을 불에 태워 우상의 제물로 바쳤지.
우우우우
그러자, 하나님이 여러 나라를 보내 아하스를 공격하게 하셨어.
그럼에도 아하스의 악행이 멈추지 않자, 하나님은 크게 노하셨지.
내가 바로 유다 역사상 최고의 우상쟁이야.
자랑이다.
ㅋㅋㅋ

※레위 지파 중에 아론 자손만이 성소에서 분향할 수 있는 권한이 있다. Link 2권 175p

※하나님의 분노가 어떻게 표출됐는지는 알려진 바가 없다.

아하스는 죽어서 다윗 성에 묻혔지만 왕들의 묘지에는 묻히지 못했어.
징한 우상쟁이가 드디어 갔네!
저 밖으로 치워라. 재수 없다!

29~32장 유다 13대 왕 히스기야

아하스의 뒤를 이어 그의 아들 히스기야가 왕이 되었어.
종교개혁만이 유다가 살 길이야!
성경20

그는 가장 먼저 종교개혁을 실시했지.
① 성전 정화
② 성전 제사 제도 회복
③ 유월절 지킴
④ 우상 파괴
⑤ 제사장과 레위인의 조직 회복
⑥ 십일조의 헌납과 분배
할 일이 엄청 많군!

※유월절 : 이집트에서 죽음을 넘긴 것에 대해 기념하는 절기. Link 2권 47p

그 후, 앗시리아 왕 산헤립이 유다를 침략했어.

히스기야는 하나님께 부르짖으며 기도했지.
하나님 도와주세요!
Please!

그러자, 하나님이 천사를 보내 앗시리아 군대를 물리쳐주셨어.
콰르릉!

또한, 그는 죽을병에 걸렸지만 주께 간구하여 15년간 생명을 연장 받았지.
이제 이런 건 필요 없어. 이게 바로 기도의 힘이야!!
척!
?!

그러나 히스기야는 교만해져 예언자 이사야에게 책망을 받기도 했어.
제가 미쳤나 봅니다! 용서해주세요!
아이고!
크흐흑

33장 유다 14대 왕 므낫세

히스기야가 죽자 그의 아들 므낫세가 왕이 되었는데 그는 우상을 숭배했지.
달님, 별님께 비나이다.

심지어 성전 안 뜰에까지 우상 제단을 쌓았어.
쾅쾅

그리하여 하나님이 앗시리아 군대를 보내 므낫세를 치게 하셨지.
와아아아!

역대하

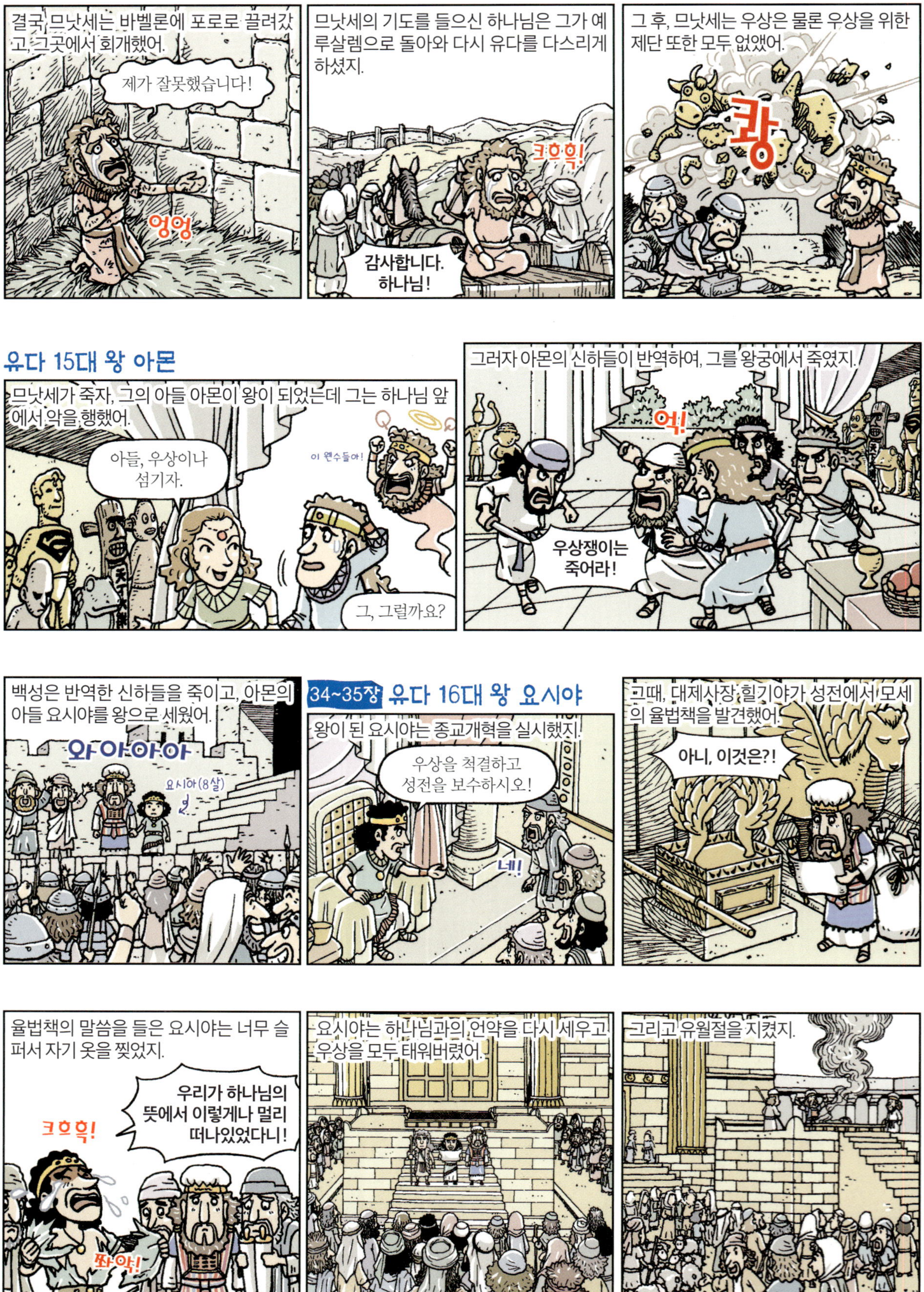
결국, 므낫세는 바벨론에 포로로 끌려갔고, 그곳에서 회개했어.
제가 잘못했습니다!
엉엉
므낫세의 기도를 들으신 하나님은 그가 예루살렘으로 돌아와 다시 유다를 다스리게 하셨지.
크흐흑!
감사합니다. 하나님!
그 후, 므낫세는 우상은 물론 우상을 위한 제단 또한 모두 없앴어.
쾅
유다 15대 왕 아몬
므낫세가 죽자, 그의 아들 아몬이 왕이 되었는데 그는 하나님 앞에서 악을 행했어.
아들, 우상이나 섬기자.
이 웬수들아!
그, 그럴까요?
그러자 아몬의 신하들이 반역하여, 그를 왕궁에서 죽였지.
억!
우상쟁이는 죽어라!
백성은 반역한 신하들을 죽이고, 아몬의 아들 요시야를 왕으로 세웠어.
와아아아아
요시야(8살)
34~35장 유다 16대 왕 요시야
왕이 된 요시야는 종교개혁을 실시했지.
우상을 척결하고 성전을 보수하시오!
네!
그때, 대제사장 힐기야가 성전에서 모세의 율법책을 발견했어.
아니, 이것은?!
율법책의 말씀을 들은 요시야는 너무 슬퍼서 자기 옷을 찢었지.
우리가 하나님의 뜻에서 이렇게나 멀리 떠나있었다니!
크흐흑!
짜악!
요시야는 하나님과의 언약을 다시 세우고, 우상을 모두 태워버렸어.
그리고 유월절을 지켰지.

그러나 요시야는 하나님의 말씀을 듣지 않고, 이집트 왕 느고와 므깃도에서 전투를 벌이다 전사했어.
와아아아
윽
36장 유다 17대 왕 여호아하스
요시야의 뒤를 이어 그의 아들 여호아하스가 왕이 되었지.
나는 고작 석 달간 유다를 다스렸어.
이집트가 침략했습니다!
후다닥
3개월 후, 이집트 왕 느고가 여호아하스를 사로잡고 폐위시켰어.
나한테 왜 그러세요?
나한테 반기를 들었잖아!
잉잉
확 그냥!
느고 왕은 여호아하스의 형, 엘리아김을 여호야김으로 이름을 바꾸어 왕으로 세웠지.
네 동생 여호아하스처럼 대들었다간 죽는다!
헤헤
네네, 저는 왕의 영원한 종입니다.
유다 18대 왕 여호야김
여호야김은 하나님 앞에서 악한 일을 했어.
이집트 우상을 섬기면 느고 왕이 더 예뻐해주겠지?
킥킥
그러자 바벨론 왕 느부갓네살이 쳐들어와 여호야김을 포로로 잡아갔지.
또한, 그는 성전 기구를 가져다가 바벨론의 신당에 두었어.
이건 압수다!
왜 꼽냐?
헤헤
아뇨.
유다 19대 왕 여호야긴
이어서 여호야김의 아들 여호야긴이 왕이 되었는데 그 역시 악했지.
아버지가 끌려간 것은 우상을 열심히 섬기지 않았기 때문이야.
참, 할 말없다.
그러자 다시 바벨론 왕 느부갓네살이 쳐들어와 여호야긴을 포로로 잡아가고,
왕 노릇 백 일 만에 포로 신세라니….
흑흑
남아있던 성전 기구도 다 가져가버렸어.
우상 따위나 섬기는 것들에겐 이 성전의 물건은 필요 없다!
싹 쓸어 와라!
부르르릉
바벨론 왕은 여호야긴의 삼촌 시드기야를 유다 왕으로 세웠지.
자, 이제 네가 왕 해라!
헤헤
탁
유다의 충견이 바로 접니다요.

역대하

유다 20대 왕 시드기야

시드기야도 왕이 되어, 하나님 앞에서 악한 일을 했어.
유다의 마지막 왕인데 멋있는 모습을 보여줘야 하지 않겠어?
후후
그러자, 제사장들과 백성도 이방 민족의 악한 일을 따라하며 죄를 지었지.
오오, 바알 신이여!
야호!
아세라 만세!
심지어 예루살렘의 성전을 우상숭배로 더럽히기까지 했어.
크오오오!
와오오오오
그럼에도 유다를 아끼신 하나님은 여러 예언자를 보내 회개를 촉구했지.
이게 무슨 미친 짓이냐?
이건 하나님을 배신하는 행위다!
이놈들아! 성전에서 우상숭배라니?
크르릉!
하지만 유다 백성은 예언자들을 조롱하고 비웃으며, 죄의 길에서 돌아오지 않았어.
어디서 공갈 협박이냐?!
크윽!
꺼져!!
아이고!
감히 바알님 앞에서!
결국, 하나님은 오래 참으시던 끝에 유다를 심판하기로 하셨지. 바벨론을 통해 유다를 멸망시키고 예루살렘 성을 파괴하기에 이른 거야.
와아아아!
크하하하!
으아아!
꺅!
컥컥
크윽..
시드기야와 유다 백성은 포로가 되어 바벨론으로 끌려갔고,
크흐흑!
바벨론은 예루살렘 성전을 완전히 파괴한 뒤 성전 기구를 모두 가져갔어.
우지끈!

고레스의 조서

그리고 약 49년 후, 페르시아 왕 고레스 1년, 하나님이 예레미야를 통해 하신 말씀을 이루려고 고레스의 마음을 움직이셨어.

내가 통치하는 국가들을 다스리려면 관대한 종교 정책이 좋을 것 같아.
좋은 생각입니다.
강압적인 정책은 반란만 생기니까요.

고레스 왕은 온 나라에 명령을 내리고, 글로 적은 조서를 돌렸지.

이 조서를 모든 사람에게 선포해라!

※고레스 : 메대와 페르시아를 통합하고 페르시아 제국의 기초를 세웠다.
※예레미야를 통해 하신 말씀 : 유다 백성이 바벨론으로 처음 포로로 끌려간 후 Link 5권 228p 70년이 지나면 회복될 것이라는 예언. Link 6권 110p

페르시아 고레스 왕의 조서는 다음과 같아.

나 페르시아 왕 고레스가 선포한다.
주 하늘의 하나님께서
세상의 모든 나라를 내게 주시고 다스리게 하셨다.
그리고 이제 유다의 예루살렘에
그분의 성전을 건축하라고 명령하셨다.
그러니 너희 중 하나님의 백성은 예루살렘으로 모두 올라가라.
너희 하나님께서 함께하시기를 바란다.

tip 고레스의 조서

시드기야 왕 때 유다는 완전히 멸망했는데, 이는 오래전부터 예고된 징벌이었다. 그러나 예루살렘 성전이 파괴되고(B.C.586) 약 49년이 지나(B.C.538), 고레스 왕은 유다 백성에게 예루살렘으로 귀환하라는 조서를 선포한다. 그 결과, 유다 백성은 예루살렘에 돌아와 유다를 재건할 수 있게 된다. 그리하여 유다의 정통성이 회복될 수 있었다.

와아아아아아!
하나님께서 약속을 지켜주셨다!
정말 예레미야의 예언처럼 70년 만에 해방됐어!!
야호!
만세!
할렐루야!
흑흑
드디어 고향으로 돌아가는구나!!

에스라

●스룹바벨

다윗의 자손으로 유다 왕족이며, 이스라엘 백성의 1차 포로 귀환 시 인솔했던 지도자다.
그는 유다의 총독으로 백성을 다스렸으며, 무너진 예루살렘 성전을 재건했다.

에스라가 기록한 에스라서 역시 역대기와 마찬가지로 포로 귀환 시대에 쓰였어.
나는 제사장이며 율법학자란다.
험
자주 등장하시네요.
에스라는 어떤 내용이죠?

역대기에서 언급했듯이 긴 포로 생활을 하던 이스라엘 백성이 드디어 예루살렘으로 돌아오게 되었지.
하나님께서 약속을 지켜주셨구나.
70년 만의 귀향이니 얼마나 좋을까?

tip 포로 귀환

순서	연도	포로의 지도자	페르시아의 왕	귀환자 수	결과
제 1차 귀환 Link 7권 59p	B.C.537.	스룹바벨, 예수아	고레스	49,897명	성전 재건 완공
제 2차 귀환 Link 7권 74p	B.C.458.	에스라	아닥사스다 1세	1,773명	신앙 개혁 운동
제 3차 귀환 Link 7권 119p	B.C.444.	느헤미야	아닥사스다 1세	기록 없음	예루살렘 성벽 재건

※1차 귀환자는 가족까지 포함한 수이며, 2차 귀환자는 성인 남성의 수만 계산한 것으로 보인다.

포로 귀환은 총 3차에 걸쳐 이루어졌는데, 에스라서에는 1, 2차 포로 귀환 때를 기록하고 있어.
1차 때는 스룹바벨이,
2차 때는 내가 백성을 예루살렘으로 데리고 왔지!
스룹바벨

역대하에서는 솔로몬의 성전 건축과 파괴가 줄거리라면, 에스라서에서는 스룹바벨의 성전 건축이 중심이 돼.
스룹바벨 성전이라고 부르지.
솔로몬 성전에 비하면 엄청 초라해요.
그러게.
또, 에스라서의 1부에서는 제1차 포로 귀환의 과정과,
드디어 도착했다!!!
와아아아
예루살렘이다!
예루살렘 성전을 다시 건축한 이야기를 다루고,
다시 예루살렘의 영광을!
다시 하나님의 영광을!
2부에서는 제2차 포로 귀환의 과정과,
고향으로 가자!
에스라의 신앙 개혁 운동을 다루고 있어.
이제 우리는 예루살렘에서 하나님의 말씀대로 살아야 합니다!
에스라는 제3차 포로 귀환자들에게 1, 2차 귀환자들이 어떻게 성전을 재건하고 신앙을 개혁했는지 알려주고,
지금부터 선발대로 들어온 백성들의 성과를 보고하겠습니다.
3차 귀환자들이 1, 2차 귀환자들의 잘한 점은 계승, 발전시키고, 잘못한 점은 개선해주길 바랐어.
지도자 회의에 웬 애들?
헤헤

1. 제1차 포로 귀환과 성전 재건

1장 고레스의 칙령

페르시아 왕 고레스 제1년,
흠, 나라가 번창하려면…

하나님은 예레미야를 통해 하신 말씀을 이루려고 고레스의 마음을 움직이셨어.
그래! 칙령을 내려야겠다!
?
불끈

고레스 왕은 모든 나라에 사신을 보내 명령을 내렸지.
내 말을 온 백성에게 전해라!
넵!
대충 넘어 갑시다.
…
저 사신이 맞아?

※고레스 제1년 : 고레스가 바벨론을 정복하고 페르시아 제국의 왕으로 통치한 B.C.538년을 가리킨다.

고레스의 조서는 다음과 같아.
나 페르시아 왕 고레스가 선포한다.
하늘의 하나님이신 여호와께서
내게 이 땅의 모든 나라를 주셔서 다스리게 하셨다.
그리고 이제 유다 땅 예루살렘에 올라가서
성전을 건축하라 명령하셨다.
이 나라에 사는 사람 중 하나님을 섬기는 백성은 모두
예루살렘으로 올라가서,
그곳에 계신 이스라엘의 하나님을 위해 성전을 지어라.
하나님께서 그 백성과 함께하시기를 빈다.
드디어 고향으로 돌아가는구나!
와아아아아!
예레미야의 예언이 맞았어!
성전을 지으라고?
허 참… 골치 아프게.

tip 하늘의 하나님이신 여호와

'하늘의 하나님'이란 페르시아 최고의 신 오르무즈드를 가리킬 때 사용하던 명칭이었으나 고레스는 이를 '여호와'라고 칭한다. 고레스가 여호와에 대해 어떤 신앙을 가졌는지는 알 수 없으나, 다만 그가 여호와 하나님의 존재를 알았던 것은 분명하며, 하늘에서 통치하는 신으로 인정하고 숭배했음을 짐작할 수 있다.

그들이 송환될 때 도움이 필요하면 그 이웃들은 도와줘라. 금은, 물품, 가축을 내주고, 예루살렘에 하나님의 성전을 세우도록 예물도 기꺼이 주어라!
아니, 우리가 왜!?
장난 하냐?!
버럭!

그러자 유다와 베냐민 가문의 지도자들과 제사장, 레위 사람들, 하나님께 감동받고 예루살렘에 성전을 지으려는 모든 사람이 길을 떠날 준비를 했어.
고향으로 돌아가자!
모두 짐 싸세요!
스룹바벨
세스바살
가기 싫어.
나도.
※유다와 베냐민 가문 : 남왕국 유다는 유다 지파와 베냐민 지파로 이루어져있었다.

tip 백성들의 미지근한 반응

이스라엘 12지파 중 10지파는 조서에 귀를 기울이지 않았고, 유다와 베냐민 지파에서도 지도자들과 제사장, 레위 사람들만 예루살렘으로 떠날 준비를 했다. 왜냐하면 70여 년간의 포로 생활에 잘 정착하고 있었던 백성들의 입장에서 예루살렘으로 돌아가는 길은 위험천만한 여정이었기 때문이다. 게다가 무너진 예루살렘 성에서 다시 정착해야 하는 부담감도 적지 않았을 것이다.

이웃 사람들은 여러 재물과 귀한 보물을 주며 그들을 도왔지.
이것들도 가져가시오!
오오!

고레스 왕은 재무관 미드르닷에게 명령했어.
예전에 하나님의 성전에서 가져왔던 그릇들을 꺼내 오시오.
네!
미드르닷

그 그릇들은 느부갓네살이 예루살렘에서 약탈했던 거야. Link 5권 234p

※이웃 사람들 : 바벨론 사람들과 바벨론에 머물기로 한 유다와 이스라엘 백성들.

※느부갓네살 : 유다를 멸망시켰던 바벨론 왕.

미드르닷은 성전 그릇을 낱낱이 세어서, 유다 총독 세스바살에게 주었어.
택배요. 싸인해주셔.
응? 뭐죠?
페르시아 택배

금 접시 30개, 은 접시 1,000개, 칼 29자루, 금 대접 30개, 은 대접 410개, 금은 그릇 5,400개, 그 밖의 다른 그릇 1,000개요.
허 참, 금방 부자 되겠네.

세스바살은 백성을 예루살렘으로 데려오며 이것들도 모두 가져왔지.
성전의 기구들도 가져가다니 정말 다행이야.

※세스바살 : 스룹바벨의 숙부로서 원로 총독이었으나 실제 총독 일은 스룹바벨이 했다.

2장 차 포로 귀환자 인구조사

바벨론에 포로로 끌려갔던 사람들이 드디어 고향인 예루살렘과 유다로 돌아왔어.
저기 예루살렘이 보인다!
오오!
저곳이 말로만 듣던 예루살렘!?

그들은 지도자 스룹바벨과 대제사장 예수아 등과 함께 돌아왔지.
아아! 하나님이 계시던 곳!
드디어 돌아왔구나!
스룹바벨
예수아
스라야
느헤미야
르엘라야
모르드개
빌산
미스발
르훔
비그왜
바아나

※지도자 : 스룹바벨(다윗의 자손)과 예수아(스라야의 손자)를 제외한 9명의 지도자들에 관해서는 알려진 바가 없다.

이때 돌아온 이스라엘 백성의 집안과 숫자는 다음과 같아.

구분	귀환자 명단	숫자(명)
가계별 일반 백성	바로스의 자손	2,172
	스바댜의 자손	372
	아라의 자손	775
	바핫모압의 자손(예수아와 요압 집안)	2,812
	엘람의 자손	1,254
	삿두의 자손	945
	삭개의 자손	760
	바니의 자손	642
	브배의 자손	623
	아스갓의 자손	1,222
	아도니감의 자손	666
	비그왜의 자손	2,056
	아딘의 자손	454
	아델의 자손(히스기야 집안)	98
	베새의 자손	323
	요라의 자손	112
	하숨의 자손	223
	깁발의 자손	95
지역별 일반 백성	베들레헴 사람	123
	느도바 사람	56
	아나돗 사람	128
	아스마웻 사람	42
	기랏여아림 사람, 그비라 사람, 브에롯 사람	743
	라마와 게바 사람	621
	믹마스 사람	122
	벧엘과 아이 사람	223
	느보 사람	52
	막비스 사람	156
	엘람 사람	1,254
	하림 사람	320
	로드와 하딧과 오노 사람	725
	여리고 사람	345
	스나아 사람	3,630
제사장	예수아 집안 여다야 자손	973
	임멜 자손	1,052
	바스훌 자손	1,247
	하림 자손	1,017
레위인 일반 레위인	호드위야 자손 (예수아 자손, 갓미엘 자손)	74
레위인 성가대	아삽 자손	128
레위인 문지기	살룸, 아델, 달몬, 악굽, 하디다, 소배의 자손	139
성전 막일꾼	느디님 사람과 솔로몬을 섬기던 종들의 자손	392
계보 불명	들라야, 도비야, 느고다의 자손	652
	하바야, 학고스, 바르실래의 자손	정확히 알 수 없음
기타 지도자들		정확히 알 수 없음
온 회중의 합계		42,360

※느디님 사람 : 성전을 섬기던 사람들로 성전 노예들의 후손이다.
※들라야, 도비야, 느고다의 자손 : 메소포타미아의 델멜라와 델하르사, 그룹, 앗단, 임멜에서 돌아왔지만 이스라엘 가문 사람인지 확인이 불가능한 사람들.

tip 하바야, 학고스, 바르실래의 자손

이들은 포로 귀환 후 자신들을 제사장 가문이라고 주장했지만 이는 족보에서 확인되지 않았다. 그래서 유다의 총독 스룹바벨은 그들에게 제사장 직분을 맡기지 않았고, 제사장들이 먹는 거룩한 음식도 먹지 못하게 했다. 다만, 우림과 둠밈 Link 2권 91p 을 가진 대제사장이 나타나면 그들이 제사장 자손인지를 확인하기로 했지만 우림과 둠밈은 바벨론에 의해 멸망할 때 분실되어 찾지 못했다. 바르실래는 길르앗 사람 바르실래 Link 4권 187p 의 딸과 결혼하여 장인 족보의 이름을 이어받은 경우였다. 원래는 남편 쪽 이름을 잇는 것이 관례였으나 당시 바르실래 집안이 유력했기 때문으로 보인다.

이스라엘 백성 수에 포함되지 않은 종들과 노래하는 사람들, 가축들은 다음과 같아.

구분	수	가축	수
남종과 여종	7,337명	말	736마리
		노새	245마리
노래하는 남자와 여자	200명	낙타	435마리
		나귀	6,720마리

※노래하는 사람들 : 부자들이 축제 때나 슬픈 일이 있을 때 노래하도록 고용했던 자들이다.

가문의 지도자 중 몇몇이 예루살렘에 있는 하나님의 성전 터에 도착했어.

이렇게 폐허가 되다니.
크흑
아아
다윗의 영광은 어디로 갔나?

그들은 하나님의 성전을 재건하려고 자원하여 예물을 바쳤지.

힘닿는 대로 건축 기금을 마련했습니다.
금 6만 1천 다릭과 은 5천 마네, 제사장 옷 100벌입니다.
허, 이렇게 많은…

※1다릭은 약 8.4g. 6만 1천 다릭 = 512.4kg.
※1마네는 약 570g. 5천 마네 = 2,850kg.

그런 후, 제사장과 레위 사람, 일부 백성은 예루살렘과 근처 마을에 자리를 잡았고,

난 이 집 찜!
아무 집이나 먼저 차지하는 사람이 임자다!

노래하는 이들, 문지기, 성전 막일꾼, 나머지 이스라엘 사람들은 각자 자기 고향 마을에 자리를 잡았어.
우리는 고향으로 돌아갑니다!
자리 잡거든 소식 전해!

※이스라엘 : 7권에서는 특별한 언급이 없을 경우, 유다와 이스라엘 모두를 가리킨다.
※고향 : 예루살렘뿐 아니라 그 주변의 여러 성(베들레헴, 아나돗, 여리고 등)을 말한다.

3장 제단을 다시 쌓음

여러 마을에 흩어져 자리를 잡은 지 7개월째, 이스라엘 백성들이 예루살렘에 모였지.
그간 잘 지냈어?
자리 잡느라 좀 바빴지!
하하

※이때 백성이 모인 이유는 초막절(장막절)을 지키기 위해서였다. 초막절은 7월 15일부터 22일까지다. Link 2권 202p

예수아(요사닥의 아들)와 그의 동료 제사장들과 스룹바벨(스알디엘의 아들)이 제단을 쌓기 시작했어.
번제단이 부서졌으니, 임시로 제단을 쌓자고!
그럼, 모세의 율법대로 번제를 다시 드릴 수 있겠구먼.

※예수아 : 당시 대제사장. 여호수아라고도 불렸다.
※스룹바벨 : 유다 왕족 출신으로 세스바살의 뒤를 이어 총독의 역할을 했다.

그들은 그 땅에 사는 백성이 두려웠지만, 옛터에 열심히 제단을 쌓았지.
저것들 뭐하는 거야?
확 엎어 버릴까?

※그 땅에 사는 백성 : 예루살렘 멸망 후 이주해온 이방 민족들.

tip 귀환한 백성들의 두려움

바벨론에서 돌아온 이스라엘 백성은 소수에 불과했다. 그에 비해 예루살렘 멸망 후 이주해온 이방 민족은 다수였으며 다양한 우상을 섬겼다. 이런 이유로 여호와 하나님만을 섬기는 이스라엘 백성에게 이방 민족은 큰 위험 요소였다. 이방 민족은 자신들이 믿는 신들을 부정하는 신을 좋게 받아들일 리 없었기 때문이다.

그리고 아침저녁으로 하나님께 번제를 드렸어.
하나님! 저희가 이제야 여기서 다시 예배를 드립니다.

초막절이 되자, 그들은 율법대로 그 절기를 지켰고,
와아아
까르르

※초막절(장막절) : 이스라엘이 이집트를 탈출하여 광야에서 장막 생활을 한 것을 기념하는 절기. Link 2권 202p

그 기간 동안 규례에 따라 날마다 정해진 횟수대로 번제를 드렸지.
오늘은 어떤 놈을 잡을까?
흐흐

※초막절 규례에 의하면 수송아지의 경우 첫날 13마리로 시작하여 마지막 날 1마리에 이르기까지 총 71마리를 드려야 했다. Link 2권 202p

초막절이 끝난 뒤, 그들은 상번제 Link 2권 200p 외에도 달의 첫날에 드리는 초하루 제사 Link 2권 201p 와 거룩한 하나님의 모든 절기와 자원 예물을 바칠 때마다 번제를 드렸어.
속죄제는 성전이 없으니 드릴 수가 없네.

※모든 절기 : 유월절, 오순절, 나팔절, 초막절을 말한다. Link 2권 201p

tip 속죄제

이때 백성들은 7월 10일에 드리는 속죄제 Link 2권 201p 를 드릴 수 없었는데, 그 이유는 속죄제를 드리려면 성전에서의 피 뿌림과 성전 기구들이 있어야 하고, 대제사장이 들어가야 할 지성소와 향단이 있어야 하는데 성전이 파괴되어 이런 조건이 마련되지 않았기 때문이다. 따라서 자연스럽게 성전 건축의 필요성을 느낄 수밖에 없었다.

아직 성전의 기초는 놓지 않았지만, 그들은 7째 달 첫날부터 여호와께 번제를 드렸지.
이제 시작이야! 이곳에 성전을 다시 지을 거야!

※7째 달 첫날 : 7월 1일에 희생제사를 회복하고, 초막절(7월 15일~22일)을 계기로 제사 제도를 완전히 정비했다.

성전 건축

그 후, 그들은 석공과 목수에게 품삯을 주고 일을 시켰어.
성전 건축을 준비합시다!
네!
드디어 취직되는구나!

또한, 시돈과 두로 사람에게 먹을 것, 마실 것, 기름을 주어 레바논에서 욥바 항구까지 백향목을 실어오게 했지. 그것은 페르시아 왕 고레스가 허락한 일이야.

※두로 : 시돈과 함께 페니키아 지역의 주요 도시 국가. 지중해 연안에 위치하여 무역이 매우 활발했다.
※욥바 : 예루살렘 서북쪽 56km 지점에 위치한 이스라엘 항구.

이스라엘 백성이 예루살렘 성전으로 돌아온 지 2년째 되던 해 둘째 달, 스룹바벨, 예수아, 동료 제사장과 레위 사람, 그리고 귀환한 모든 백성이 성전 공사를 시작했어.
이제 성전 건축을 시작할 것이오!
와아아아

※성전으로 돌아온 지 2년째 되던 해 둘째 달 : 성전 재건에 필요한 터전과 재료를 준비한 지 7개월이 지난 후이기도 하다.

그들은 20세 넘은 레위 사람을 성전 건축 감독으로 세웠지.
예수아와 그의 아들들과 친족
호다위야의 자손 갓미엘과 그의 아들들
헤나닷의 아들과 손자와 친족들

※다윗 시대부터 레위 사람이 일할 수 있는 나이는 20세 이상으로 바뀌었다. Link 7권 33p

일꾼들이 성전의 기초를 놓을 때,
첫 번째 기초석 놓기!
영차, 영차

예복을 입은 제사장들이 나팔을, 레위 사람 중 아삽의 자손들이 제금을 들고 다윗의 규례대로 주님을 찬양하려고 자리에 섰어.
자자, 준비!
탁탁

※아삽 : 다윗 왕 때 여호와의 성전에는 3조의 성가대가 있었으며, 지휘자는 각각 아삽, 헤만, 에단이었다. Link 4권 149p, 7권 34p

tip 다윗의 규례

다윗의 규례라 함은 다윗이 정한 찬양대의 직무 및 악기 사용의 규정을 가리킨다. Link 4권 149p 그러나 이때는 다윗의 규례를 지킬 수 없었다. 왜냐하면 수금과 비파가 준비되지 않았고, 포로로 생활하는 동안 레위인의 연주 실력도 많이 떨어졌기 때문이다. 하지만 포로 귀환 후 벅찬 감동에서 우러나오는 진정한 찬양이었던 만큼 내용면에서는 매우 아름다운 찬양이었다.

그들은 서로 화답하면서 하나님을 찬양하고 감사의 찬송을 불렀지. 성전 기초가 놓인 것을 본 백성들도 소리 높여 하나님을 찬양했어.
여호와는 어지시다!
언제나 한결같이 이스라엘을 사랑하신다~♪
뿌우우우

솔로몬의 아름다운 성전을 보았던 나이 많은 제사장과 레위 사람들, 지도자들은 크게 통곡했고,
크흐흑!
참담하구나. 솔로몬 성전의 영화는 어딜 가고!
우리 죄 때문에 성전이 이런 꼴이 되다니!
엉엉엉

한쪽에서는 많은 백성이 기뻐하며 즐거이 노래했어.
성전이 세워진다!
말로만 듣던 성전을 우리가 직접 세우다니!!
와아아아!

그 소리가 어찌나 컸는지 멀리서도 들릴 정도였으나 환성인지 통곡인지 구별할 순 없었지!
우오오오오오!
이게 무슨 괴성이야?
축구 시합하는 것 같은데?

4장 성전 재건 공사 방해

유다와 베냐민의 적들이 포로 귀환자들에 대한 소식을 들었어.
그들이 이스라엘의 하나님, 여호와의 성전을 짓는대!!
뭣? 그냥 둬야 하나?
뭔가 조치를 취해야 하지 않을까??

tip 유다와 베냐민의 적들

이러한 적들에는 이스라엘 민족도 있었지만 대개는 이교도인 사마리아인이었다. 사마리아인은 앗시리아가 북이스라엘을 멸망시킨 후 그곳에 이민족을 이주시킨 정책 Link 5권 198p 으로 생겨난 혼혈 족속이다. 다신론자인 이들은 귀환한 이스라엘 백성이 여호와 하나님만을 섬기는 것을 못마땅하게 여겼고 그들이 성전을 재건하는 일을 방해하고자 했다.

그들은 스룹바벨과 이스라엘의 지도자들에게 말했지.
앗시리아 왕 에살핫돈에 의해 우리가 이곳에 왔을 때부터 지금까지, 우리도 당신들처럼 하나님께 제사를 드렸소.
그러니, 당신들과 함께 우리도 성전 짓는 일을 돕게 해주시오.
뭐요?
엥?

※에살핫돈 : 산헤립의 뒤를 이은 앗시리아의 왕. B.C.669년 이방인을 사마리아로 이주시킨 장본인이다. Link 5권 198p

성전 건축은 우리가 할 일이고 당신들과는 관계없는 일이오.
고레스 왕도 우리한테 성전을 지으라고 했소.
우린 뒤끝이 질긴데.
우리의 호의를 무시하는 거요?

그러자 그들은 성전 건축을 방해하며, 유다 백성의 사기를 꺾었지.
알파 팀은 폭약을 설치하고, 델타 팀은 통신선을 차단해라!
혼나봐라!
크크

※어떤 식으로 방해했는지는 알 수 없으나, 그 결과 이스라엘 백성은 성전 건축에 힘을 쏟지 못했다.

또한, 고문관들을 매수하기도 했어.
화끈한 훼방을 부탁합니다.
건축법으로 시비를 걸면 되겠는데.
헤헤
흠

그들의 성전 건축 방해는 페르시아 왕 고레스 때부터 다리우스 1세 때까지 이어졌고, 결국 다리우스 1세 2년까지 공사가 중단되었지.
벌써 16년째 공사가 중단됐어.
나쁜 놈들!

※고문관들 : 페르시아 수도인 수산 성에 있는 왕의 책사를 말한다. 사마리아인들은 뇌물로 성전을 건축하지 못하도록 압력을 행사했다.

※페르시아 왕의 계보 : 고레스-캄비세스-수메르디스-다리우스 1세-아하수에로-아닥사스다 순으로 이어진다.

사마리아인들의 고소

아하수에로가 페르시아의 왕이 되자, 적들은 유다를 고발하는 편지를 썼어.
이스라엘 백성이 반란을 꾸민다고 써!
쿠데타라고 해!

그 후, 아닥사스다가 왕이 되었을 때도 비슬람, 미드르닷, 다브엘과 동료 관리들이 아람어로 편지했지.
말이 편지지, 고소장이야.
크크
아람어로 써야 하는데…?
번역기에 돌리면 되지 뭐.

※아하수에로 : 페르시아의 5대 왕.

※아닥사스다 : 아하수에로의 아들로 페르시아의 6대 왕.
※아람어 : 당시 중근동 지역에서 통용되던 공용어.

tip 고발 편지

이 두 번의 편지는 성전 건축이 완료된 이후의 것으로 성전 건축이 아닌 예루살렘 성벽 건축과 관계된 고발이었다. 에스라가 이 시점에 이 편지 이야기를 꺼낸 이유는 사마리아인들의 악함을 드러내고자 한 까닭이었다. 사마리아인들은 이스라엘이 예루살렘 성벽을 건축하도록 방치한다면 그들이 페르시아에 반역을 도모할 것이라고 허위 사실을 날조했고, 더욱이 사마리아에 파견되었던 페르시아의 관리들을 매수하여 서명까지 받아냈다.

사령관 르훔과 서기관 심새가 그 편지를 아닥사스다 왕에게 보냈어.
이게 왕에게 전달될 수 있도록 해주십시오.
이건 약소하지만 선물입니다.
호오!
르훔
와우!
심새
뭐, 이런 것까지.

※사령관 르훔 : 사마리아 주재 페르시아의 행정관.
※서기관 심새 : 지방 행정관을 도와 그 지방의 소식을 왕에게 보고하는 직책.

이 편지에는 서기관 심새와 중요한 관리들 외에도 디나, 아바삿, 다블래, 아바새, 아렉, 바벨론, 수산, 데해, 엘람 사람들과 오스납발이 이주시킨 사람들의 이름도 서명해서 보내겠소.
역시 프로는 다르네!
그런 보너스까지!
오!
헤헤

※오스납발 : 앗시리아 왕 에살핫돈 다음의 앗수르바니팔을 말한다. 에살핫돈의 강제 이주 정책을 마무리한 왕이다.

tip 서명한 사람들

르훔과 심새와 함께 이스라엘 백성을 고소한 자들의 출신지가 언급되었다. 디나, 아바삿, 다블래, 아바새(페르시아), 아렉, 바벨론, 수산, 데해(그리스), 엘람은 모두 지명으로 이방인들이 예루살렘에 강제 이주되기 전 살던 곳이다. 오스납발이 이주시킨 사람들은 사마리아 성과 유프라테스 강 서쪽의 다른 지방(팔레스타인의 모든 지역)에 강제 이주했던 사람들을 가리킨다.

그들이 아닥사스다 왕에게 보낸 상소문은 다음과 같아.

유프라테스 강 서쪽 지방의 신하들이 아닥사스다 왕에게 아룁니다.
여러 지방에 흩어져 살던 유다 백성이 저희가 사는 예루살렘에 자리를 잡고, 범죄와 반역을 일삼던 악한 예루살렘을 다시 세우고 있습니다.
성벽이 완성되고 성이 재건되면, 그들은 세금과 조공, 관세를 바치지 않아 틀림없이 국고에 손해를 끼칠 것입니다.
나라의 녹을 먹는 저희는 왕께 불명예스러운 일이 일어나는 것을 보고만 있을 수 없기에 이렇게 상소문을 올립니다.
이전 왕들이 남기신 기록을 살펴보시면 이 성이 반역을 일삼던 곳이었음을 알게 될 것입니다.
예부터 이곳에서는 반란이 자주 일어나 왕들을 괴롭혔고, 다른 여러 지방까지도 피해를 입혔습니다.
이전 왕들께선 바로 그런 반역 때문에 이 성을 없앤 것입니다.
성벽 쌓는 일이 끝나고 이 성이 재건되면, 왕께서는 유프라테스 강 서쪽 지역을 잃게 되실 것입니다.

※유프라테스 강 서쪽 지방 : 구 시리아와 팔레스타인 및 이집트에 이르는 지역을 가리킨다.

tip 반역의 성 예루살렘

과거 다른 나라의 속국이었을 때 유다는 종종 반란을 일으켰다. 특히, 느브갓네살 왕 때 여호와김, 여호야긴, 시드기야 왕이 바벨론의 속박에서 벗어나려고 노력했었다. 고소하는 자들은 바로 이러한 역사를 들먹여 예루살렘(유다)이 반역을 일삼는 패역한 도시라고 표현하고 있다. 당시 페르시아는 속국들의 반란으로 골머리를 앓고 있었기 때문에, 이 고소문은 아닥사스다 왕의 심기를 자극하기에 충분히 효과가 있었다.

상소문을 읽은 아닥사스다 왕이 답장을 보냈어.
감히 반역을?!
요새 속국들의 반란으로 기분이 안 좋으신데.
파바바박!

상소문대로 그 성의 백성은 예부터 왕실에 반기를 들었으며, 그 성은 반란의 소굴이었다. 한때 강한 왕들이 예루살렘을 다스리며, 유프라테스 강 서쪽을 장악했음이 확인되었다. 이제, 경들은 그 일을 중단시켜라. 내가 다시 명령할 때까지, 성을 재건하지 못하게 해서 왕실이 손해를 보거나 화를 입는 일이 없도록 하라.

??
??
??
??

작전 성공이다!!
지화자!
아싸!

※강한 왕들 : 다윗과 솔로몬을 가리킴.

그 후, 르훔과 심새 등은 예루살렘 성벽을 더 이상 쌓지 못하도록 무력을 써서 막았어.
공사를 중단하라, 왕명이다!
집어치워라!
뭐야?
무슨 일이야?

5장 재개된 성전 공사

성전 공사가 멈춘 지 16년이 지났지.

그때 예언자인 학개와 스가랴(잇도의 손자)가 유다와 예루살렘에서 이스라엘 하나님의 이름으로 예언했어.
성전이 아직도 폐허로 남아있다!
근데 너희만 멋진 집에서 사는 것이 좋냐?
학개
스가랴
그러자 스룹바벨(스알디엘의 아들)과 예수아(요사닥의 아들)가 하나님의 성전을 다시 건축하기 시작했지.
그동안 우리가 너무 안일했어.
우리의 믿음이 부족했던 거야.
다시 시작하자!

※학개: 포로 이후 최초의 선지자 Link 7권 160p
※스가랴: 학개와 함께 B.C.520년경에 활약했다. Link 7권 166p

하나님의 예언자들도 도움을 주었어.
적들에게 겁먹지 마시오!
하나님을 믿으라고!
그때, 유프라테스 강 서쪽 지방의 총독 닷드내, 스달보스내와 관리들이 왔지.
누구 허락으로 성전을 다시 짓고, 성벽 공사를 하느냐?
성전 재건의 책임자는 세스바살이오.
닷드내
스달보스내
세스바살이 뭔데?
고레스 왕이 명한 책임잔데?
뭐? 고레스 왕은 돌아가셨다고!
버럭

※하나님의 예언자들: 성전 재건 동안 백성을 위로하며 도운 학개와 스가랴를 가리킨다.
※스달보스내: 닷드내의 서기관으로 보인다.
※관리들: 서쪽 지방의 중요한 관리들로 스달보스내의 동료.

하나님이 유다의 장로들을 돌봐주셔서, 닷드내와 그의 부하들은 다리우스 1세 왕의 회답을 받을 때까지 성전 건축을 막지 못했어.
못 믿겠으면 직접 확인해보든가.
왕명을 어길 수 없으니 일단은 놔두고 확인해보자.
꺼져!
낑!
총독 닷드내와 스달보스내, 동료 관리들이 다리우스 1세 왕에게 편지를 보냈지.
우선 왕의 안부를 묻고 자초지종을 알아보자.
불러 주세요!

※유다의 장로들: 성전 건축 일꾼들을 통솔하는 사람들을 가리킨다.
※다리우스 1세: B.C.522~486년 페르시아를 크게 부흥시킨 왕으로 B.C.490년 헬라와의 마라톤 전투에서 크게 패하기도 했다.

저희가 유다 지방에 가보니
그곳 백성이 크신 하나님을
모시려고 성전을 짓고 있었습니다.
저희는 그들의 장로들에게
누가 성전을 재건하라고 했는지,
책임자는 누구인지 물었습니다.
왕께 보고할 생각이었지요.
누구 허락으로 성전을 다시 짓고, 성벽 공사를 하느냐?
성전 재건의 책임자는 세스바살이오.
그들이 말하길…
우리는 하늘과 땅을 다스리시는 하나님을 섬기는 사람들입니다. 이 성전은 우리의 조상이 하나님을 분노케 하여 갈대아 사람 바벨론 왕 느부갓네살의 손에 넘어갔으며, 그는 이 성전을 허물고 백성을 바벨론으로 잡아갔습니다.
그러나 고레스 왕께서 바벨론 왕이 된 첫해, 하나님의 성전을 지으라는 칙령을 내렸습니다.
하지만 저희는 그 일을 아직까지 다 마치지 못했습니다.

※크신 하나님 : 여호와를 믿었던 게 아니라, 페르시아인의 신에 대한 일반적인 표현이다.

※바벨론 왕 : 페르시아가 바벨론을 정복하고 스스로 바벨론의 계승자임을 자처한 까닭에 바벨론 왕이라고도 불렀다.

왕이시여!
바벨론 왕실 기록을 살펴서,
고레스 왕의 칙령을 알아보시고
이 일을 어떻게 할지 알려주십시오.
흠

tip 총독 닷드내의 상소

아닥사스다 시대의 사마리아인들의 고소장과 비교할 때, 이번 닷드내의 편지는 비교적 공정하다. 닷드내는 이스라엘 백성의 주장대로 고레스 왕이 예루살렘 성전 재건에 관해 조서를 내린 사실이 있는지 확인해줄 것을 요청하면서, 성전 재건에 관한 다리우스 1세 왕의 뜻이 무엇인지 문의하고 있다.

6장 다리우스 1세의 명령

옛 문서를 보관하는 바벨론의 서고를 뒤져서 고레스 왕의 칙령을 찾아라!!
네!

얼마 후, 메대 지방 악메다 성에서 두루마리 하나가 발견되었어.
찾았다!!
딱!

tip 악메다 성

악메다는 메대 제국의 수도이자 페르시아 왕들의 여름 휴양지였다. 당시 페르시아 왕들은 계절에 따라 살기 좋은 도시에 이주하며 제국을 통치했다. 가령, 겨울에는 바벨론 성, 봄에는 수산 성, 여름에는 악메다 성에서 보내는 식이었다. 따라서 문서 보관소도 각 성마다 따로 있었다. 다리우스 1세 왕은 바벨론 성부터 시작해, 모든 성의 문서 보관소를 뒤지라고 명령했고, 결국 악메다 성에서 관련 조서를 찾아냈다.

거기에는 이런 내용이 적혀있었지.
고레스 왕 제1년,
왕께서 예루살렘 성전에 관해
칙령을 내리시다. 희생제사를 드리던
그곳에 성전을 다시 짓고,
비용은 국고에서 대주어라.

※희생제사를 드리던 그곳 : 예루살렘을 가리킨다.

성전의 기초를 튼튼히 다지고,
높이와 너비는 각각 60자가 되게
하라. 벽은 돌 세 겹에 나무 한
겹씩 쌓아라. 또, 느부갓네살이
예루살렘 성전에서 바벨론으로
가져온 금은 그릇도 돌려보내서
성전 안 본래 자리에 두어라.
고레스 왕의
칙령이
사실이었군.
그렇습니다.

다리우스 1세 왕은 다음과 같은 답장을 보냈어.
유프라테스 강 서쪽 지방의 닷드내 총독과 스달보스내,
그리고 관리들은 건축 공사장에 접근하지 말라.
유다의 총독과 원로들이 옛터에 성전을 짓도록 그대로 둬라.
또한, 성전 공사 비용은 국고에서 댈 것이니,
그 지방에서 거둔 세금을 줘서 일이 중단되지 않게 하라.
예루살렘의 제사장들이 하늘의 하나님께 번제를 드리는 데 필요하다는
것은 무엇이든지 요구하는 대로 내주어라. 그래서 그들이 하나님께
희생제사를 드리게 하고, 왕과 왕자들이 잘 살도록 기도하게 하라.
맙소사, 유다 놈들의
성전 건축 비용을
대라니…!!
그러게 칠칠맞게 왜
편지를 보내서.
거기 편지가 한 장
더 있는데?
편지를 슬쩍
고칠까요?

※왕과 왕자들 : 다리우스 1세 자신과 그의 아들들을 가리킨다.

누구든지 이 칙령을 고치는 자는
그의 집 들보를 뽑아 거기에 매달고
그의 집은 거름더미로 만들어라.
어떤 왕이나 민족이나 이 칙령을 거역하여
고치거나 예루살렘 성전을 파괴하면,
그곳에 이름을 두신 하나님이 그들을 없애버릴 것이다.
편지에 수작질하다간
우리 모두 절단 나겠소.
하여간 오지랖
넓은 인간하고 노는
게 아닌데.
헉!

tip 하나님이 없애버릴 것이다

다리우스 1세는 자기 사후든, 자기 손이 미치지 않는 곳에서든, 하나님의 성전을 파괴한 자는 하나님이 없애버릴 거라고 엄포했다. 이 저주는 역사 속에서 다음과 같이 나타난다.

① B.C.167년 성전을 더럽힌 안티오코스 에피파네스는 3년 만에 정신병자가 되어 죽었다.

② 자기 이름을 높이려고 성전을 확장한 헤롯(B.C.37~A.D.4) 역시 질병으로 죽었다.

③ A.D.70년 성전을 완전히 파괴한 로마인들은 나라를 잃어버렸다.

내가 이 명령을 내리니,
경들은 지체 없이….
자, 어서 왕명을
수행하러 가자!
그럼 그럼,
빨리 가자!
푸하하
아름다운
날이야.

※매달고 : 나무에 묶어서 들어 올린 후 날카로운 창으로 꿰는 형벌을 가리킨다.
※거름더미 : 집을 파괴한다는 의미.

성전 완공

닷드내 총독과 스달보스내, 동료 관리들은 다리우스 1세의 지시를 신속하게 처리했어.
약소하지만 이걸 공사하는 데 보태세요.
더 필요한 게 있으면 말하세요.
헤헤
딱!
이것들이 약을 먹었나?
뭐지?

유다 장로들은 예언자 학개와 잇도의 아들 스가랴의 격려를 받으며 성전 공사를 순조롭게 진행했지.
하나님을 믿으면 그분이 함께해주십니다!
힘내라, 힘!!
아, 말만 하지 말고 삽질이라도 거들어!

다리우스 1세 왕 6년 아달월 3일, 하나님의 명령과 페르시아 왕 고레스, 다리우스 1세, 아닥사스다의 칙령에 따라 성전 건축이 끝났어.
다 털렸어.
우린 이제 거지야.
크흑
봉헌식 시작한대. 쇼 준비해!

※아달월 : 유대력으로 12월, 태양력으로 2~3월을 가리킨다.
※아닥사스다 : 페르시아 6대 왕. 성곽 재건과 관련이 있고, 성전 제사를 허락했다.

제사장들과 레위 사람들, 잡혀갔다 돌아온 사람들, 모든 이스라엘 백성이 기뻐하며 성전 봉헌식을 올렸지.
와아아아!
여호와 만세!!
드디어 성전이 완공되었다!!

※봉헌식 : 하나님께 성전을 바치는 제사.

그들은 봉헌식에서 수소 100마리, 숫양 200마리, 어린 양 400마리를 제물로 바쳤고 모든 이스라엘을 위한 속죄제물로 지파의 수대로 숫염소 12마리를 바쳤어.
이 성전을 하나님께 바칩니다!!!

tip 봉헌식

솔로몬이 성전 봉헌식 Link 5권 45p 때 화목제물을 바친 것처럼 이번에도 소와 양을 화목제물로 바쳤을 뿐만 아니라, 이스라엘 12지파를 의미하는 숫염소 12마리도 속죄제물로 바쳤다. 솔로몬 때에 비하면 외형적으로 아주 적은 제물이었으나 이 봉헌식은 특별한 의미가 있었다. 즉 성전 재건의 과정에서 도와주신 하나님께 감사드리고, 이후로는 하나님께 순종하겠다는 의지를 표현한 의식이었다. 다시 말해, 하나님과의 언약을 파기한 대가가 솔로몬 성전의 파괴였음을 회상하며, 이제 성전을 재건함으로써 언약이 갱신되고 이스라엘이 회복될 것임을 선언하는 봉헌식이라 할 수 있다.

그런 뒤, 그들은 제사장과 레위 사람들에게 반차대로 임무를 맡겼지.
여러분은 모세의 책에 적힌 대로 예루살렘에서 하나님을 섬겨야 합니다.
넵!

※반차 : 다윗에 의해 조직된 제사장 및 레위인의 순번을 가리킨다. Link 7권 33p

유월절

1월 14일, 유다 백성이 유월절을 지켰어.
오늘 유월절을 시작하겠습니다!
와아아아

제사장과 레위 사람들은 몸을 깨끗이 하고 정결 예식 Link 2권 119p 을 치렀지.
이 핏물을 7번 뿌리고, 속죄제를 드리면 돼.
살살 뿌리세요.

그런 다음, 레위 사람들은 귀환한 모든 사람과 동료 제사장들과 함께 유월절 양을 잡아서 먹었어.
유월절엔 복장을 다 갖추고 빨리 먹어야 해.
아우, 배불러.
하하

※유월절 : 이집트를 탈출한 것을 기념하는 절기로, 스룹바벨이 성전을 완공한 후 5주가 지난 때이다. Link 2권 47p

이방 민족의 부정한 관습을 버리고 하나님을 찾아온 사람들도 함께 유월절 양고기를 먹었지.
뭐야? 치사하게 자기들만 먹다니.
먹는 걸로 그러는 건 아니지!
하하하
우헤헤
어서 와!

※하나님을 찾아온 사람 : 이방 사람들과 어울려 살며 우상을 숭배했다가 회개한 이스라엘의 후손을 가리킨다.

그리고 유월절 이후, 7일 동안 기쁘게 무교절을 지켰어.
무교절은 이집트를 떠나는 걸 기념하는 날이야.
누룩 없는 빵 드세요!

※무교절 : 1월 14일 유월절 다음날인 15일부터 7일 동안이다. Link 2권 48p

이처럼 하나님께서 앗시리아 왕 다리우스 1세의 마음을 돌이켜 호의를 베풀도록 하셨고,
그러니까 나와 내 아들들을 위해서 꼭 기도해줘!
생각해 보고요!!

※다리우스 1세는 페르시아 왕이지만 앗시리아 영토까지 통치하고 있었기 때문에 앗시리아 왕이라 칭했을 것이다.

이스라엘 백성은 하나님의 성전을 다시 지을 수 있어서 한없이 기뻤어.
빈털터리가 됐는데 우리도 제사 음식 좀 얻어먹읍시다.
닥쳐! 염장질 할래?
하하하
와아아
하하하
모든 것이 하나님 뜻대로 되었구나.

2. 제2차 포로 귀환과 개혁 운동

7장 2차 포로 귀환과 에스라

그 후, 페르시아 왕 아닥사스다 때에 에스라라는 사람이 있었어.
드디어 내가 등장할 차례가 왔군.
후후

에스라의 족보는 다음과 같아.

아론
2권·92P
엘르아살
2권·196P
비느하스
아비수아
북기
웃시엘(웃시)
스라히야
므라욧
아사랴
5권·113P
아마랴
아히둡
사독
살룸
5권·220P
힐기야
아사랴
5권·234P
스라야
에스라
험험
이 몸은 뼈대 있는 대제사장 집안의 후손이라고.

※그 후 : 성전을 재건하고 58년 후.
※아닥사스다 : 페르시아 6대 왕.

바벨론에서 돌아온 에스라는 모세 율법에 정통한 학자로 하나님의 율법을 깊이 연구하고 지켰어.
음! 하나님 말씀의 깊이는 끝이 없구나.

※학자 : 서기관을 뜻한다. 당시 서기관은 문서 정리뿐 아니라 성경을 가르치는 선생이기도 했다.

또한, 이스라엘 사람들에게 율례와 규례를 가르치는 일에 헌신했지.
역시 에스라의 강의가 최고야!
흠

※율례 : 제정된 법률, 즉 입법화되거나 성문화된 법.
※규례 : 예배와 헌신 등 제사 의식에 전통적인 규범.

아닥사스다 왕이 에스라에게 보낸 편지

에스라가 바벨론에 있을 때 페르시아 왕 아닥사스다가 칙령을 내렸어.
제사장이자 율법학자이며, 하나님의 계명과 율례의 전문가 에스라에게 아닥사스다 왕이 칙령을 내리셨소.
엥? 왕께서요?

아닥사스다 왕의 칙령은 다음과 같아.
내 나라에 있는 이스라엘 사람 중 그대와 함께 예루살렘으로 갈 사람은 누구든지 가도 좋다. 제사장과 레위 사람도 괜찮다.
오오! 이런 파격이?!

※이 칙령 Link 에스라 7장 11~26절 은 2차 바벨론 포로 귀환 전에 보내졌기 때문에 포로 귀환 이야기 Link 에스라 7장 6~9절 와 순서를 바꿨다.

나의 참모 일곱 보좌관과 의논했으니, 그대는 유다와 예루살렘에서 하나님의 율법이 잘 지켜지는지 살펴라.
하나님의 율법은 에스라가 전문이죠.
무조건 에스라 입니다.
흐음

※참모 일곱 보좌관 : 왕의 측근에서 정책에 관해 조언하는 고위 관리이며 왕국의 최고 재판부이다.

tip 에스라를 예루살렘으로 보내는 이유

페르시아 왕은 에스라에게 예루살렘과 유다의 정치적 상황과 종교적 상황을 살필 수 있는 권한을 주었다. 이것은 오늘날의 국무장관직에 상당하는 권한이다. 다시 말해, 에스라는 페르시아의 관리로서 페르시아의 이익을 도모하기 위해 파견되었다. 이때 에스라가 적용해야 할 원칙으로 하나님의 율법이 주어진 것을 보면 그의 송환에는 종교적 목적이 크다는 것을 알 수 있다.

나와 나의 보좌관들이 예루살렘에 계시는 이스라엘의 하나님께 드리는 금과 은, 그리고 바벨론의 모든 지방에서 주는 금과 은도 가지고 가라. 또, 백성과 제사장이 바칠 자원 예물도 가지고 가라.
헐, 저게 다 재물들이라니!!
택배 왔습니다!
아자! 우린 이제 부자다!
부르릉
그리고 금은으로 번제물, 소제물, 전제물을 사서 예루살렘의 성전 제단에 함께 바쳐라.
양과 소가 하나도 없다니? 오늘 저녁에 바비큐 파티를 해야 하는데!
버럭
이스라엘 사람들이 싹 쓸어갔으니….

※바벨론의 모든 지방에서 주는 금과 은 : 귀환민들이 본토인에게서 받는 일종의 포로 변상금인 것으로 보인다.

※전제물 : 부어드리는 제물로 포도주나 독주를 말한다.

남은 금은은 하나님의 뜻에 따라 좋은 일에 쓰고, 그대에게 맡긴 모든 그릇은 예루살렘의 하나님께 바쳐라.
부르릉
왕께서 보낸 기물들이오!
또?
놔둘 곳도 없는데.
그 밖에 하나님의 성전을 위해 필요한 것이 있다면 국고에서 갖다 써라.
여기 적힌 목록대로 물건을 내주시오!
뭐? 니가 뭔데?
나 아닥사스다가 유프라테스 강 서쪽 지방의 창고 출납관들에게 명령한다.
왕명인데, 싫어?
척!
뭐? 정말?

※유프라테스 강 서쪽 지방 : 구 시리아와 팔레스타인 및 이집트에 이르는 지역을 가리킨다.

에스라가 요청하는 것은 무엇이든지 내주어라. 은은 100달란트까지, 밀은 100고르까지, 포도주와 올리브기름은 100바트까지, 그리고 소금은 무제한이다.
헉! 진짜네!
자자, 빨랑 내놔!
낄낄
하늘의 하나님의 성전에 관하여 하나님께서 정하신 것은 어김없이 지켜라. 나와 내 자손이 다스릴 나라에 하나님의 분노가 내리도록 할 수는 없지 않느냐!
많기도 해라. 다 털어가는구만.
크흑
우히히

※100달란트 = 약 3,400kg. 100고르 = 약 2만 2,000ℓ. 100바트 = 약 2,270ℓ.

※하나님의 성전에 관하여 : 여기에서는 '성전에서 드릴 희생제물의 원활한 공급을 위하여'라는 의미로 해석된다.

에스라

tip 하나님의 분노

아닥사스다 왕이 실제 두려워한 것은 신적 존재의 분노였다. 아닥사스다가 이스라엘 민족을 예루살렘에 보내주게 된 결정적인 동기 역시 하나님의 분노에 대한 두려움 때문으로 보인다. 이처럼 하나님은 당시 근동의 통치자들이 일반적으로 가졌던 신적 존재에 대한 공포감을 자극하여, 구원의 역사를 뜻대로 이뤄나갔다.

※너희 : 유프라테스 강 서쪽 지방의 관리들.

그리고 너희는 제사장들과 레위 사람들, 노래하는 사람들, 문지기들, 성전 종들과 성전에서 일하는 막일꾼들에게 어떠한 세금도 내게 해선 안 된다.
뭐야? 뜯어가기만 하고 세금은 안 내고.
부아앙
국정 감사를 해야 해!
안녕! 잘 쓸게!
특혜 의혹이?

※막일꾼 : 느디님 사람들. '바쳐진 사람들'이란 뜻이며 원래는 전쟁 포로로서 성전에서 봉사했던 사람들로 보인다.

에스라는 하나님에게서 받은 지혜에 따라 율법을 잘 아는 사람들 중에 법관과 판사를 뽑아서 그들이 유프라테스 강 서쪽의 백성을 재판하게 하라.
컨닝하다가 들키면 바로 퇴장이다. 모든 전자기기 사용도 금지다!
제 1차 사법고시

그리고 무지한 사람들에게는 율법을 가르쳐라. 율법과 왕명을 어기는 자들에게는 벌을 내릴 것이다.
그 벌로 죽이거나 귀양을 보내거나 재산을 빼앗거나 감옥에 가둔다고 했소.
에스라의 율법 학교

하나님이 에스라를 보살펴주셨기에 왕은 그의 요청을 모두 다 들어주었어.
트럭 몇 대가 필요한데, 대출 좀.
대출은 무슨? 필요하면 그냥 쓰라니까.

※요청 : 이스라엘 백성의 귀환 자금과 에스라의 정치적 권한 등이 포함된 요청으로 볼 수 있다.

아닥사스다 왕 7년 1월 12일, 에스라와 이스라엘 자손, 제사장, 레위 사람, 노래하는 사람, 성전 문지기, 성전 막일꾼들이 바벨론을 떠났지.
자, 출발!

※1월 1일에 집결해 3일간 인구조사를 실시했고, 레위 사람이 없음을 확인한 뒤 그들이 올 때까지 9일간 머물러서 최종 출발일은 1월 12일이다. Link 에스라 7장 9절, 8장 31절

그리고 5월 1일, 하나님의 도우심으로 그들은 예루살렘에 무사히 도착할 수 있었어.
도착했다! 예루살렘에…!
와아아아아!
와아! 이곳이 예루살렘이구나!!
만세!

tip 2차 포로 귀환

바벨론에 살고 있던 이스라엘 백성 중 제사장, 레위 사람, 성전에서 노래하는 사람, 문지기, 성전 일꾼인 느디님 사람 일부가 예루살렘에 돌아왔다. 이 사건을 가리켜 제2차 바벨론 포로 귀환이라 말한다. 이때 장정 1,773명을 포함해 약 9천 명에 이르는 사람들이 에스라와 함께 돌아왔지만, 여전히 바벨론에 남아있는 이스라엘 사람이 더욱 많았다.

페르시아 왕에게
예루살렘에 있는
하나님의 성전을
높이려는 마음을
주신 우리 조상의
하나님 여호와를
찬양하시오!
하나님의 은혜 덕분에, 나는 왕과 보좌관들,
권세 있는 고관들에게 신임을 받을 수 있었고,
또 용기를 얻어 이스라엘의 지도자들과 함께
예루살렘으로 올라올 수 있었소!
와아아아
하나님
만세!!
에스라
만세!!

8장 2차 귀환자 인구조사

에스라와 함께 바벨론을 떠나 예루살렘으로 돌아온 각 집안의 지도자들과 그들의 족보를 알아볼게.
2차 포로 귀환자
인구조사를 하겠습니다.
우선 지도자들 나와주시오.
저희요?
쑥스럽게.

먼저 제사장 집안과 다윗 집안의 지도자들이야.
저는 비느하스
자손입니다.
저는 다윗 자손으로
다윗 왕가의 승계자이죠.
스룹바벨님의 4대손입니다.
게르솜
다니엘
핫두스
나도 비느하스의
자손이지.
저는 이다말
자손입니다.

※비느하스 : 아론의 셋째 아들.
※이다말 : 아론의 넷째 아들.

다음은 집안별 지도자들과 족보에 기록된 백성의 숫자야.

집안	집안의 지도자	숫자(명)
바로스의 자손	스가랴	150
바핫모압의 자손	스라히야의 아들 엘여호에내	200
삿두(스가냐)의 자손	야하시엘의 아들 스가냐	300
아딘의 자손	요나단의 아들 에벳	50
엘람의 자손	아달리야의 아들 여사야	70
스바댜의 자손	미가엘의 아들 스바댜	80
요압의 자손	여히엘의 아들 오바댜	218
바니의 자손	요시뱌의 아들 슬로못	160
베배의 자손	베배의 아들 스가랴	28
아스갓의 자손	학가단의 아들 요하난	110
아도니감의 자손	엘리벨렛, 여우엘, 스마야	60
비그왜의 자손	우대, 사붓	70
합계	지도자들 15명 + 백성 1,496명 = 1,511명	

tip 족보의 소개

에스라의 주도하에 이루어진 2차 포로 귀환자들의 수는 이 표에 기록된 1,511명과 잇도에서 데려온 262명(다음 쪽 참조)을 포함해서 1,773명이다. 이것이 성인 남자의 수임을 감안하면, 한 가족의 인원을 평균 5명으로 가정할 때 전체 인원을 약 9천 명 정도라고 볼 수 있다. 이 숫자는 1차 귀환자의 수에 비교할 때 겨우 1/5정도에 지나지 않는다. 그 이유는 1차 포로 귀환 이후 80년이라는 세월이 지났기 때문으로 볼 수 있다. 즉 당시 바벨론 지역에 거주하던 유다 백성은 모두 그곳 태생이었고 따라서 성전과 예루살렘에 대한 열망이 그리 강하지 않았을 것이다.

2차 귀환 전 준비 작업들

아닥사스다 왕 7년 1월 1일, 에스라는 예루살렘으로 돌아갈 사람들을 아하와 강가로 불러 모았어.
출발 전에 참여
인원을 파악해볼까?

※아하와 : 바벨론에 인접한 평야와 마을 이름. 정확한 위치는 알 수 없다.

그곳에서 장막을 치고 3일간 지내는 동안 에스라는 모인 사람들을 살펴보았지.
백성과 제사장들만 있고,
레위 사람은 아무도 없네?
허참

tip 불참한 레위 사람들

2차 포로 귀환 당시, 아하와 강가에 모두 모여 3일간 유숙하며, 먼 여행길을 준비하던 때의 일이다. 1차 귀환 때도 제사장에 비해 레위 사람의 숫자가 적었는데 2차 귀환 때는 레위인이 단 한 명도 없었다. 이는 포로 기간 동안에 자신의 직무를 수행할 수 없게 된 레위 사람들이 다른 직업을 가졌기 때문으로 보인다. 또한 완전히 복구되지 않은 유다 땅으로 돌아가서 겪게 될 고생이 두려워 많은 레위 사람이 망설였을 것이다.

그래서 에스라는 지도자들과 학자들을 불렀어.
안녕하세요! 이장입니… 아니 에스랍니다. 지도자 엘리에셀, 아리엘, 스마야, 엘라단, 야립, 엘라단, 나단, 스가랴, 므술람!! 그리고 학자인 요야립과 엘라단은 집합하세요!
날 부르는데? 가야겠어.
뭐야?
오!
장이라고 장! 다 이긴 판인데 어딜 가?!
버럭

에스라는 그들을 가시뱌 지방의 지도자 잇도에게 보냈지.
잇도와 그곳에 사는 성전 막일꾼인 잇도의 친척들에게 부탁하여 성전에서 하나님을 섬길 사람을 데려오시오.
출장비는 선불입니다.
밥은 좋은 거 먹고 싶소만.

※가시뱌 : 정확한 위치는 알 수 없으나 티그리스 강 근처인 것으로 보인다.

그들은 하나님의 도우심으로 원하는 사람들을 데려올 수 있었어.
임무 완수!
오, 벌써? 한 컷 만에?
마흘리의 자손 세레뱌입니다.
세레뱌

※마흘리 : 므할리, 말리라고도 하며, 므라리(레위의 셋째 아들)의 맏아들로서 이집트 탈출 당시 성전 기구를 책임졌다.

그들이 데려온 사람들은 다음과 같았고, 이들 모두 족보에 기록되었지.

집안	지도자와 숫자		합계(명)
므라리 자손	마흘리 자손	세레뱌와 그의 아들과 친족 18명	21
		하사뱌	
	여사야와 그의 형제들과 그의 아들 20명		21
성전 막일꾼	220명		220
총합			262

그런 후, 에스라는 예루살렘으로 떠나기 전 금식을 선포했어.
우리 모두 재산을 가지고 안전하게 돌아갈 수 있도록 금식하며 하나님께 빌어야 합니다!
벌써 배고파진다야!
아이고, 쫄쫄 굶게 생겼군.

※성전 막일꾼 : 느디님 사람들. 다윗 시대에 레위 사람을 도우는 직책으로 임명되었다.

에스라가 금식을 선포한 것은 아닥사스다 왕에게 귀환 길을 지켜줄 호위병을 내달라고 요청하기가 부끄러웠기 때문이야.
가는 길에 나쁜 놈들이라도 만나면 큰일이잖소.
왕에게 보병과 기마병으로 호위해달라고 합시다.
이미 큰소리를 쳤으니 무조건 기도밖에는 없다.
낑

사실, 에스라는 이미 왕에게 이렇게 말했거든.
군대 따윈 필요 없습니다. 하나님을 배신하는 자는 그분의 노여움을 피하지 못하지만, 하나님을 찾는 사람은 그분께서 보살펴주시기 때문이죠.
오! 역시 만군의 하나님을 섬기는 사람의 패기란!
후후

tip 금식 기도

에스라는 아닥사스다 왕에게 군대를 요청하는 것을 부끄럽게 생각했다. 왜냐하면 그것은 하나님의 권능을 믿지 못하는 처사라고 생각했기 때문이다. 사실 노약자와 함께 많은 금은보화를 가지고 떠나는 여행이란 그 자체가 큰 위험에 노출되는 일이었다. 그러나 에스라는 세상의 힘에 의지하는 것이 부끄러워 하나님의 보호하심을 입증해달라고 열심히, 겸손히 간구했다.

그들은 금식하면서 간절히 기도했고, 하나님은 그 기도를 들어주셨어.
무조건 기도! 기도밖에 없다!
주여, 저희 기도를 들어주소서!

에스라는 제사장 중 지도자 12명과 레위 사람 중 세레뱌, 하사뱌 그리고 그들의 친척 10명을 뽑았어.
24명이 모두 모였습니다.
당신들에게 금 100달란트와 은 650달란트, 은그릇 100달란트를 맡기겠소.

※100달란트 = 3.4t. 650달란트 = 22.2t.

tip 에스라가 뽑은 24명

Link 에스라 8장 24절 에는 제사장 가운데 뽑힌 지도자가 세레뱌와 하사뱌, 또 그들의 친척 10명으로 되어있다. 그러나 세레뱌와 하사뱌는 제사장이 아닌 일반 레위 사람이었다. 결국, 제사장 가운데 12명과 세레뱌, 하사뱌 그리고 그 형제 10인을 따로 세운 것이다. 즉, 성전 예물을 취급하는 책임자로 제사장을, 이를 운반하는 책임자로 레위인을 따로 세운 것으로 보아, 여기서는 에스라가 24명을 뽑았다고 정리했다.

그리고 무게 1천 다릭 되는 금그릇 20개와 놋그릇 2개도 잘 챙겨주시오!
우와! 엄청나네!

이것들은 왕과 보좌관들과 관리들, 바벨론의 모든 이스라엘 사람이 하나님의 성전 건축에 쓰라고 바친 것들이니 절대 잃어버리면 안 되오.
목숨 걸고 지켜야겠습니다!
엄청 부담돼요.

※1천 다릭 = 약 8.4kg.

여러분은 하나님께 속한 거룩한 사람들입니다.
잘 알죠.
우리가 거룩의 표본이랄까.
하하

이것들은 우리 조상의 하나님께 바쳐진 자원 예물로, 이 역시 하나님께 속한 거룩한 기물입니다.
예루살렘의 성전 창고로 가져가서 제사장과 레위 사람과 각 족장들 앞에서 넘겨줄 때까지 잘 지켜야 하오.
넵!
반드시 미션을 완수하겠습니다!

※하나님께 속한 거룩한 사람들 : 제사장과 레위 사람들이 거룩한 것을 다루기에 합당한 자들이라는 뜻.

에스라

제사장과 레위 사람들은 예루살렘에 있는 하나님의 성전으로 가져갈 금은과 집기들을 넘겨받았어.
거기 꽉 묶어!
조심해서 다뤄!
아닥사스다 왕 7년 1월 12일, 드디어 이스라엘 백성은 아하와 강을 떠나 예루살렘으로 출발했지.
※12일 : 1일에 모여 3일간 인구조사를 실시했고, 레위 사람이 없음을 확인한 뒤 그들이 올 때까지 9일간 머물렀다.
가는 길에 적들의 습격을 받기도 했지만,
짜잔!
우린 강도다!
가진 거 다 내놔!!
깍낑
하나님이 보살펴주셔서 적의 손아귀를 벗어날 수 있었어.
누구냐? 저놈들을 털자고 한 게.
숫자는 제대로 셌냐?
흑흑
그리고 5월 1일, 마침내 에스라와 백성은 예루살렘에 도착했지.
3일간 쉬면서 여행의 피로를 푸시오!
와아아아!
4일째 되던 날, 에스라는 바벨론에서 가져온 금은과 집기들을 제사장 므레못(우리야의 아들)에게 넘겨주었어.
일일이 무게를 달아보아야 하는데 엄청 많군요!
이 제사장들이 증인이 되어줄 것이오.
므레못
엘르아살
요사밧
노아댜
그들은 개수와 무게를 일일이 확인하고, 전체의 무게를 적었지.
어김없군요. 딱 맞습니다.
이방 땅에서 돌아온 포로 귀환자들은 그제야 이스라엘의 하나님께 번제를 드렸어.
이스라엘 백성을 위하여 수소 12마리, 숫양 96마리, 어린 양 77마리를 바치고, 속죄제물로는 숫염소 12마리를 번제로 바쳤소.
진짜 꼼꼼하시네.
그리고 에스라는 왕의 칙령을 왕의 대신들과 유프라테스 강 서쪽 지방의 총독들에게 보냈지.
총알 배송 부탁하오.
넵!

무슨 왕명이
이 따위야?
뭐? 필요한 거
있으면 다 주라고?
어쨌든 왕명이니
할 수 없잖아.
왕의 명령을 받은 관리들은 포로 귀환자들이 하나님의 성전을 다시 지을 수 있도록 도왔어.
뭘 이렇게 많이?
조금만 줘도 되는데.
당신이 이렇게
달라고 했잖아!
빨리
싸인이나
해주쇼!
우히히
버럭
쿵

※성전을 다시 짓는 일 : 성전은 이미 완공되었고 Link 7권 69p 여기서는 성전 보수나 성벽 쌓는 일을 말한다.

9장 에스라의 기도

이 일이 있은 후, 지도자들이 에스라에게 말했어.
에스라님께 드릴
말씀이 있습니다.
고자질 좀
할랍니다.
??
이스라엘 백성들이 이방인과 관계를 끊지 않고,
가나안, 헷, 브리스, 여부스, 암몬, 모압, 이집트,
아모리 사람들의 역겨운 짓을 따라 해요.
그게 무슨
말이오?
헉!
찔끔
비겁하게
고자질을?!

그들이 이방인의 딸을
아내나 며느리로
맞아들인답니다.
그래서 이방인의
피가 거룩한 핏줄에
섞이고 있어요.
정말이오?
아니, 어디서
그런 뜬소문을?!!
말도
안 돼!

tip 거룩한 핏줄

이스라엘 백성은 비록 죄를 범했지만 제사장 나라의 거룩한 백성 Link 2권 72p 으로 이방 여인과의 결혼이 율법으로 금지돼있었다. 이방 여인과 혼인하면 우상을 숭배할 위험이 컸기 때문이다. 특히 당시는 포로 귀환 후 선민 공동체를 회복하고 여호와 유일 신앙을 복원해야 할 아주 중요한 시기였으므로 거룩한 핏줄을 유지하는 일은 그 어느 때보다도 중요했다.

※선민 : 하나님께 선택된 민족.

심지어 이스라엘의 지도자와 관리,
그리고 제사장과 레위 사람마저도
그런 짓을 하고 있습니다.
이… 이럴 수가!?
아… 아니
그게….
아이고, 다
들켰다.
에스라는 너무 기가 막혀 겉옷과 속옷을 찢고, 머리카락과 수염을 뜯으며 주저앉았어.
크흐흐흑!
헉!

※지금까지 동족의 범죄를 방관했던 이들이 에스라의 솔선수범하는 모습을 보고는 자기 죄를 깨닫고 에스라에게 보고하고 있다.

※겉옷 : 제사장의 정규 복장.
※속옷 : 겉옷 바로 안에 입는 옷.

tip 주저앉은 에스라

에스라가 이처럼 괴로워한 이유는 이스라엘이 심판받아 멸망하고 바벨론 포로로 잡혀가게 된 직접적인 원인이 바로 이민족과의 결합이었기 때문이다. 이스라엘 백성은 이방인들과 결혼하면서 우상숭배에 빠졌고, 하나님께 죄를 지어 멸망당한 경험이 있음에도 불구하고, 귀환한 지 얼마 안 된 시점에 조상들과 똑같은 범죄를 저질렀던 것이다. 이에 에스라는 극도의 우려와 허탈감에 빠졌다.

그러자 하나님의 말씀을 두려워하는 사람들이 에스라에게 모였지.
에스라님도 이방인과의 결혼을 알게 됐구나.
잘됐지. 큰 문제였는데.
또 하나님의 심판을 받을 수 있는데 쉬쉬하고 넘어갈 수는 없지.
찔끔

※이들은 포로 생활을 마치고 돌아온 지 얼마 안 돼 죄를 범한 사람들 때문에 에스라와 같은 심정으로 슬퍼하며 분노했다.

저녁 제사 때가 되자 에스라가 자리를 털고 일어났어.
!?
그리고 무릎을 꿇고 두 팔을 들고서 하나님께 기도했지.
주여! 너무나 부끄럽고 민망해서 주님 앞에서 차마 얼굴을 들 수 없습니다.
우리의 죄악은 하늘까지 닿았고 우리가 감당할 수 없을 만큼 불어났습니다.
크흑!
흐흐흑!

※저녁 제사 : 오후 3시경에 드리는 소제(곡식제물을 바치는 제사)를 가리킨다.

조상 때부터 지금까지, 우리의 죄가 너무 큽니다. 그 죄 때문에 우리는 물론이고 우리의 왕과 제사장들까지 다른 나라 왕들에게 죽거나 포로가 되어 약탈당하고 온갖 수모를 겪었습니다.
그러나 하나님이 잠시 자비를 베푸셔서 우리 중 살아남은 자를 두시고, 하나님이 거룩하게 여기시는 곳에 든든한 터전을 마련해주셨습니다.
하나님은 우리에게 생기가 돌게 하시고, 잠시나마 종살이에서 벗어나게 해주셨습니다.
하나님은 우리를 종살이하도록 버려두지 않으시고 오히려 페르시아 왕들에게 사랑받게 하셨습니다.
여호야긴
에윌므로닥
다리우스
다니엘
에스라
아닥사스다

또 하나님의 성전을 다시 짓고 무너진 곳을
다시 쌓아 올리게 하셨고, 유다와 예루살렘에서
보호받으며 살 수 있게 해주셨습니다.
튼튼하게
잘 쌓아라!
주께서 주신
요새다!
하나님께서 이렇게까지 해주셨는데,
우리가 주님의 계명을 저버렸으니
무슨 할 말이 있겠습니까?

하나님은 일찍이 하나님의 종인
예언자들을 통해 명령하셨습니다.
우리가 차지할 가나안 땅은
이방 민족이 더럽힌 땅이다!
그들의 역겨운 짓 때문에
그 땅 구석구석까지 부정한
것들로 가득 찼다!
그러므로 우리의 딸을
그들의 아들에게 시집보내지
말고, 그들의 딸을 며느리로
맞아들이지도 말 것이며,
그들과 동맹을 맺어서도
안 된다! Link 2권 102p
그래야 우리가 강해져서
그 땅에서 나는 좋은 것을 먹고,
우리 자손에게 그 땅을 영원한
유산으로 물려줄 수 있다!
그들이 번성하지
못하도록 조그만 틈도
주지 않겠습니다!
네, 절대 상종하지
않겠습니다!
와아아아

※예언자들 : 모세를 비롯해 이스라엘 역사 가운데 등장한 여러 예언자를 말한다.

우리가 당한 일은 모두 우리의 죄악 때문입니다.
우리는 하나님의 계명을 어기지 말아야 했으며, 역겨운
짓을 하는 이방인과 결혼도 하지 말아야 했습니다.
이제 분노하신 주님이 우리를 한 명도
남기지 않고 모두 멸망시키는 게
당연하지 않겠습니까?
우르릉!

에스라

하지만 주님은 너그러우셔서 우리의 죄악보다
가벼운 벌을 내리셨고, 우리를 이렇게 구원해주셔서
오늘처럼 살아남게 하셨습니다.
이제 우리가 주님 앞에, 우리의 죄악
앞에 있으니 우리 중 어느 누구도 감히
주님 앞에 나설 수 없습니다.
하나님,
용서해주세요!!
우리가 죄를
지었습니다!!
크흐흑!
엉엉!

10장 이스라엘 백성의 개혁

성전 앞에서 에스라가 죄를 고백하자, 주변에
있던 남녀, 어린아이 할 것 없이 많은 이스라
엘 백성이 큰 소리로 슬피 울었어.
저희를
용서해
주세요!
잘못했어요!!
오, 주여!
크흐흑
엉엉엉!

※에스라는 이스라엘 자손의 죄악을 고백하고 하나님의 처분만 기다리며 기도하고 있다.

이때, 엘람 자손 여히엘의 아들 스가냐가 에스
라에게 말했지.
맞습니다! 우리가
이방 여자와 결혼해서
죄를 지었습니다!
?!
그러나
이스라엘에 아직
희망은 있습니다!
희망?!
어떻게?
이제 우리는 하나님을 두려워하며
섬기는 분들과 에스라 제사장님의
충고에 따라야 합니다!

※스가냐: 엘람 자손은 지도자나 제사장 집안이 아닌 평민 집안으로, 스가냐 역시 특별한 인물은 아니었다.

이방 여자들과 그 자식들을
모두 외지로 보냅시다!
율법대로 말이죠!!
뭐?
쫓아내자고?
웅성 웅성
그러니, 일어나시오! 당신이
이 일을 맡으면 우리도 도울
테니 용감하게 하십시오!
음!
여러분은 스가냐의 말대로
할 것을 맹세할 수 있소!?
네, 맹세합니다!
그대로
하겠습니다!

에스라는 성전 앞을 떠나 엘리아십의 아들 여호하난의 방으로 들어갔지.
혼자 있고 싶소.
휴! 상심이 크신가 보다.

※여호하난의 방 : 성전의 바깥 건물에 있는 제사장의 방 중 하나로 유명한 사람의 이름을 붙이곤 했다.

에스라는 그 방 안에서 밤새 먹지도 마시지도 않고 포로 귀환자들이 지은 죄 때문에 슬피 울었어.
주여! 이 악한 백성을 용서하소서!

※물도 마시지 않는 극도로 고통스러운 금식을 했다.

그리고 온 유다와 예루살렘에 명령이 내려졌지.
포로 생활을 마치고 돌아온 모든 사람은 3일 안에 예루살렘에 모여라!
이방인들과 결혼한 일 때문인 것 같은데?
뭐야?

그렇지 않으면 지도자와 원로들의 결정에 따라 재산을 빼앗기고, 포로 귀환자들의 모임에서도 쫓겨날 것이다!!
분위기가 살벌해. 빠졌다간 큰일 나겠어.

그래서 유다와 베냐민의 모든 사람이 3일 안에 예루살렘에 모였어. 때는 9월 20일이었지.
아! 이런 날에 비까지….
분위기 정말 꿀꿀하군.

하필 이때 큰비까지 내려 모든 백성은 하나님의 성전 앞뜰에 모여 떨고 있었어.
하나님이 많이 화나셨나?
또 다른 나라한테 침략당하는 거 아냐?

tip 빗속에서 떨 수밖에 없던 이유

① 외부적인 요인은 추위와 동반된 비 때문이었다. 이스라엘 종교력 9월은 태양력의 12월에 해당된다. 이때는 겨울 우기로서 때때로 찬비가 억수같이 퍼붓곤 했다.

② 내부적 요인은 하나님의 진노에 대한 두려움 때문이었다.

여러분은 이방 여자들과 결혼해서 죄를 지었소. 그 때문에 이스라엘의 죄가 더욱 커졌소!

이제 우리 조상의 하나님께 죄를 자백하고, 그분의 뜻을 따라야 합니다! 이방 아내들과는 물론이고 이방인과의 관계도 끊어야 해요!
옳습니다!
당신 말씀대로 하겠습니다!
쏴아아아아아
하나님께 용서를 빌어야 합니다!

근데 여기 모인 사람이 너무 많은데다 장맛비까지 내리니 이렇게 계속 서있을 수가 없습니다!
덜덜덜
아우! 정말 추워.
주최 측이 너무한 거 아냐?

이 일로 죄지은 사람이 많아 하루 이틀에 해결될 문제가 아닙니다. 우선 대표를 뽑아서 이 일을 맡깁시다!
하나님께 용서받기도 전에 멸망하고 말 거야.
덜덜덜
맞아, 이렇게 계속 비 맞으며 서있을 순 없어.

그래서 각 마을마다 날짜를 정해서 이방 여자와 결혼한 사람들을 원로와 재판장들과 함께 예루살렘에 오게 하는 겁니다. 그래서 하나님의 진노를 풀어드리는 거죠!
우리가 여기서 멸망하기 전에 그렇게 합시다!
그게 좋겠다!
덜덜덜
덜덜덜

알겠소! 그렇게 하도록 합시다!
집에 가자!
뜨뜻한 아랫목에서 단팥죽이나 한 그릇 해야지!
만세!

하지만 요나단(아사헬의 아들)과 야스야(디과의 아들)가 반대했고,
전 반대합니다!
저도요!!
뭐야? 멸망 직전이구만.
요나단
야스야
엥?
덜덜덜

tip 무엇에 반대했나?

① 문제 해결을 위한 기간을 늘리자는 의견에 반대함.
② 이방인과의 결혼을 파기하고 쫓아내자는 에스라 개혁 조치에 반대함.

백성들 대부분이 에스라의 개혁에 찬성했고 이를 반대할 때 사법권자인 에스라에게 큰 벌을 받을 가능성이 있었던 만큼, 이들은 단순히 개혁을 시행하는 방법에 반대했을 것으로 추정된다.

므술람과 레위 사람 삽브대가 그들을 도왔어.
저희는 에스라님을 따를게요!
저도요!
덜덜덜
므술람
삽브대

※그들 : 여기서 그들은 에스라 편 아니면 요나단과 야스야 편일 수 있지만 성경 2.0에서는 에스라 편으로 해석한다.

그리고 대부분의 사람들은 많은 쪽 의견을 따랐지.
대표를 뽑아서 해결합시다!
옳소!
집에 가자!

에스라는 각 가문의 집안마다 한 사람씩 대표를 뽑아 책임을 맡겼고,
대표 선수들답게 잘 처리해주시오.

이 일에 대한 조사는 10월 1일에 시작해 다음해 1월 1일에 끝났지.
휴! 드디어 끝났다.
석 달이나 걸렸네요.

※많은 쪽 : 문제를 해결할 대표를 뽑아 기일을 두고 해결하자는 쪽.

tip 에스라의 개혁 운동

아무리 이방인이지만 함께 살던 아내를 쫓아낸다는 것은 가장 근본적인 공동체인 가정을 파괴하는 매우 잔인한 처사였다. 그럼에도 이렇게 강경한 정책을 펼친 이유는 이민족과 결혼한 이스라엘 백성이 이방인의 우상과 풍습에 물들고 심각한 영적 타락에 빠질 우려가 있었기 때문이다. 그러한 타락은 궁극적으로 하나님과의 관계 단절과 심판으로 이어졌다. 특히 당시는 무너졌던 이스라엘을 재건하고 여호와의 신앙을 다시 회복해야 하는 중요한 시점이었기 때문에 좀 더 강경한 대처가 필요했다.

이방 여인과 결혼한 사람들의 명단

제사장의 무리 중에 이방 여자와 결혼한 자는 요사닥의 아들 예수아와 그 형제들의 자손 중에 마아세야, 엘리에셀, 야립, 그달리야였어.
딱 걸렸어! 등본 떼면 다 나온다고!!
케케케
헉!
들켰다!

※예수아 : 스룹바벨과 함께 예루살렘으로 돌아왔던 대제사장 Link 7권 59p 으로 이 당시에는 사망한 것으로 보인다.

그들은 모두 아내와 헤어지겠다는 서약을 하고, 그 죄에 대한 속죄제를 드리기 위해 숫양 1마리씩을 잡았지.
제사장 자손들이 모범을 보이지는 못하고….
쯧쯧
죄송합니다.
면목 없습니다.

이방 여인과 결혼한 사람들의 명단은 다음과 같아. 그중 몇몇은 이방 아내와의 사이에 자녀를 두기도 했어.

제사장 집안	예수아의 자손	마아세야, 엘리에셀, 야립, 그달리야
	임멜의 자손	하나니, 스바댜
	하림의 자손	마아세야, 엘리야, 스마야, 여히엘, 웃시야
	바스훌의 자손	엘료에내, 마아세야, 이스마엘, 느다넬, 요사밧, 엘라사
레위 사람	일반 레위인	요사밧, 시므이, 글라야(글리다), 브다히야, 유다, 엘리에셀
	노래하는 사람	엘리아십
	성전 문지기	살룸, 델렘, 우리
일반 백성	바로스의 자손	라먀, 잇시야, 말기야, 미야민, 엘르아살, 말기야, 브나야
	엘람의 자손	맛다니야, 스가랴, 여히엘, 압디, 여레못, 엘리야
	삿두의 자손	엘료에내, 엘리아십, 맛다니야, 여레못, 사밧, 아시사
	베배의 자손	여호하난, 하나냐, 삽배, 아들래
	바니의 자손	므술람, 말룩, 아다야, 야숩, 스알, 여레못
	바핫모압의 자손	앗나, 글랄, 브나야, 마아세야, 맛다니야, 브살렐, 빈누이, 므낫세
	하림의 자손	엘리에셀, 잇시야, 말기야, 스마야, 시므온, 베냐민, 말룩, 스마랴
	하숨의 자손	맛드내, 맛닷다, 사밧, 엘리벨렛, 여레매, 므낫세, 시므이
	바니의 자손	마아대, 아므람, 우엘, 브나야, 베드야, 글루히, 와냐, 므레못, 에랴십, 맛다니야, 맛드내, 야아수, 바니, 빈누이, 시므이, 셀레먀, 나단, 아다야, 막나드배, 사새, 사래, 아사렐, 셀레먀, 스마랴, 살룸, 아마랴, 요셉
	느보의 자손	여이엘, 맛디디야, 사밧, 스비내, 잇도, 요엘, 브나야

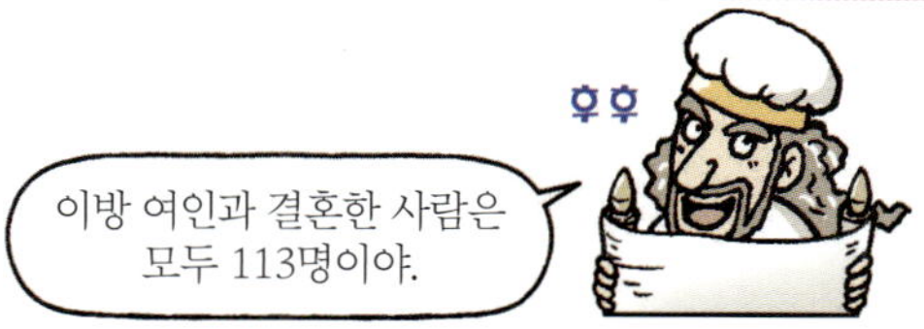
후후
이방 여인과 결혼한 사람은 모두 113명이야.

에스더

●에스더

본명은 하닷사. 왕비가 되면서 에스더라고 개명했다. 어렸을 때 부모를 잃고 사촌 오빠인 모르드개의 양육을 받던 중 페르시아 5대 왕 아하수에로에게 간택되어 왕비가 되었고, 목숨을 걸고 아하수에로 왕에게 간언하여 유다 백성을 죽음에서 구했다.

에스더서는 누가 썼는지 알 수 없으나, 에스더가 활약한 시대는 1차 포로 귀환과 2차 포로 귀환 사이야.
안녕, 내가 에스더야!
누나 완전 예뻐요!!!
우왕
참 나, 자기도 남자라고.
에스라서는 1, 2차 포로 귀환 때의 얘기지만 난 2차 포로 귀환 때부터 활약했지.
에스더서는 포로였던 유다 여인 에스더가 페르시아의 여왕이 되기까지의 일과,
오로지 이 미모로 왕비가 됐다고!!
호호
하나님의 도우심도 잊지 말아요.
별로 예쁘지도 않구만.
흥

※에스더서는 페르시아에 오래 거주했던 한 익명의 저자가 하나님의 영감을 받아 기록한 것으로 보인다.

부림절 이야기를 담고 있어.
부림절? 그게 뭐야?
유월절, 장막절 같은 명절인가요?
부림절에 대해 간단히 설명해줄게.
페르시아의 2인자 하만에 의해 포로 생활을 하던 이스라엘 백성은 모두 죽임당할 위험에 처했지만,
유다 놈들, 모두 죽여버리자!
와아아아
에스더의 목숨을 건 활약으로 오히려 하만과 원수들이 모두 소탕됐지.
야아압!
으아악!
크윽!
그리고 다음날 축제를 열었는데, 이날을 부림절이라고 해.
누나 혼자 그들을 다 죽인 거예요?
무적의 여검사?
설마! 만화니까 그렇게 표현한 것뿐이야.
와우
호호
에스더서는 고향에서 쫓겨나 힘든 포로 생활을 하던 이스라엘 백성에게,
다 죽여버리자!
흐흐
아이고!
후덜덜
부림절 사건을 통해 하나님의 구원과 사랑을 알려줌으로써,
이것들이 어디서 감히!
흐흑
잘못했어요.
신앙과 용기를 잃지 말라고 다독이고 있어.
이 책을 보면 두려워할 필요가 없다는 걸 알게 될 거야.
고맙습니다.
감사요!
하하
에스더
우리는 에스더서를 통해 두 가지 사실을 알 수 있는데.
첫째, 하나님은 시간과 공간을 초월하여 자기 백성을 보호하고 사랑하신다는 것!!
오!
둘째, 어떤 어려움과 위기에서도 하나님만을 믿고 섬겨야 한다는 것!
시험 빵점 받았을 때도?
넌 이제 큰일 났다.
덜덜덜
이것도 성적이냐?
엄마, 잘못했어요!
크아아!
킥킥
하나님이 함께 하시니까 힘내!

1. 유다 사람들의 위기

1장 아하수에로 왕의 잔치

아하수에로 왕 때 일어난 일이야.
아하수에로

※아하수에로 : 페르시아의 5대 왕. 다리우스 1세의 아들인 크세르크세스를 가리킨다.

인도에서 에티오피아까지 127개 지역을 다스리던 아하수에로 왕이 페르시아의 수도인 수산 성에서 나라를 다스리던 때의 일이었지.
왕이 훌륭하니, 나라가 날로 번창하네.
캬아~

※수산(수사) : 울라이 강 상류, 바벨론 동쪽 320㎞ 지점에 위치. 무역이 성행하고 교통이 편리한 곳이었기 때문에 제국의 심장부 역할을 했다.

아하수에로 왕 3년, 왕은 페르시아와 메대의 모든 신하와 장수들, 귀족, 각 지방의 총독을 왕궁에 초대하여 잔치를 베풀었어.
뿌우우우
하하하

※장수들 : 1만의 보병, 2만의 기병, 2만의 창병으로 구성된 군대의 상위 지휘관.
※총독 : 20구역으로 나뉜 지역의 총독.

tip 잔치의 목적

아하수에로 왕이 잔치를 베푼 것은 당시 동맹을 맺고 점차 국력을 키워가던 그리스를 점령하기 위해 군사력을 점검하려는 의도였다. 그러나 B.C.480년 그리스 연합군과의 전쟁에서 페르시아군은 참패하게 된다. 이때의 전쟁은 영화 <300>의 배경이기도 하다. 페르시아와 메대는 원래 독립된 두 나라였으나 고레스 왕에 의해 메대가 페르시아에 자연스럽게 합병되었다(메대 왕은 고레스의 외삼촌이었다). 그리고 페르시아와 메대는 동등한 권리를 행사했다. '페르시아와 메대'라는 표현으로도 이를 알 수 있다.

잔치는 180일이나 계속되었고, 아하수에로 왕은 왕국의 영화로운 부와 찬란한 위엄을 과시했지.
페르시아를 위해 모두 건배!!!
건배!

※왕국의 영화로운 부 : 당시 페르시아는 많은 전쟁에서의 약탈과 공물로 풍요로웠다. 역사가 헤로도토스는 왕실에서만 매년 황금 14,560달란트의 공물을 받았다고 한다.

그 잔치가 끝난 뒤, 왕은 빈부귀천을 가리지 않고 수산 성에 사는 모든 백성을 왕궁 정원에 초대하여, 7일 동안 잔치를 베풀었어. 술잔은 모양은 저마다 달랐지만 모두 금이었고, 왕이 내리는 술은 풍성했지.
이게 웬 날벼락 같은 호강이냐?!
우하하
하하하
부어라, 마셔보자!
백성들이 원하는 대로 술을 내줘라!!!
알겠습니다!
하하하!
마셔!
통도 크셔!
그날은 어전 음주법을 따르지 않고 각자 원하는 만큼 마셨고,
마시자!
더 부어라!
오늘 니가 죽나, 내가 죽나 보자!
하하하

※어전 음주법 : 당시 페르시아인은 잔에 따른 술을 단숨에 마셔야 해서 폭음하는 사람이 많았다. 이에 음주를 강권해서는 안 된다는 법이 있었다.

왕비인 와스디도 부인들을 초대해 궁궐 안에서 잔치를 베풀었어.
우리 여자들도 신나게 놀아요!!
왕비님 만세!
까악!
와스디
7일째 되는 날, 술에 취해 기분이 좋아진 왕은 일곱 명의 내시에게 말했지.
지금 와스디 왕비에게 관을 씌워 내 앞에 데려와!
세달
빅다
하르보나
비스다
므후만
??
가르가스
아박다
왕은 미인인 왕비를 백성과 대신들에게 자랑하고 싶었어.
갑자기 왕비를 왜?
남자들의 술자리에 여자가 오면 안 되잖아?
어때? 왕이 곧 법인데.
후후

※페르시아에서는 특별한 경우가 아니면 남녀가 어울려서 술이나 음식을 먹지 않았다.

내시들이 와스디 왕비에게 왕의 명령을 전했지.
왕께서 찾으십니다.
왕비의 관을 쓰고 나오시지요.
왕께서 나를?
그러나 왕비는 이를 거절했어.
페르시아 법도에는 여자가 남자들 술자리에 가면 안 되니 못 간다고 전해라!
취한 남자들 사이에서 뭐하려고?
네!?
그러자 왕은 몹시 화가 났지.
왕비님이 안 오시겠다고….
뭐라고!?
버럭

왕은 불같은 분노가 치밀어 올랐어.
감히,
내 명령을
거절해?!
깡
잔치가 끝난 후, 왕은 법률 전문가들과 이 일을 의논했지. 왕이 법률과 규례를 잘 아는 이와 의논하는 것은 페르시아의 관례였거든.
흠, 와스디 왕비가
내시들이 전달한 내
명령을 따르지 않았소.
이를 어찌
처리해야 하오?
가르스나
세달
아드마다
다시스
메레스
마르스나
므무간
그들은 페르시아와 메대의 일곱 대신으로 항상 왕 곁에 있었으며 가장 높은 신분이었어.
와스디 왕비는 왕뿐 아니라,
이 나라의 모든 신하와 백성에게도
잘못을 저질렀습니다.
끄덕
끄덕
그렇지.
맞아.
왕비로 인해 페르시아와 메대의
여자들이 자기 남편을 업신여길
것이기 때문입니다.
아버지, 와스디 왕비가
아하수에로 왕의 말을
무시했다면서 저 사람도
말을 듣지 않아요.
흥!
흐흑
험
흠, 여자는 우리가 이해할
수 있는 생명체가 아니란다.

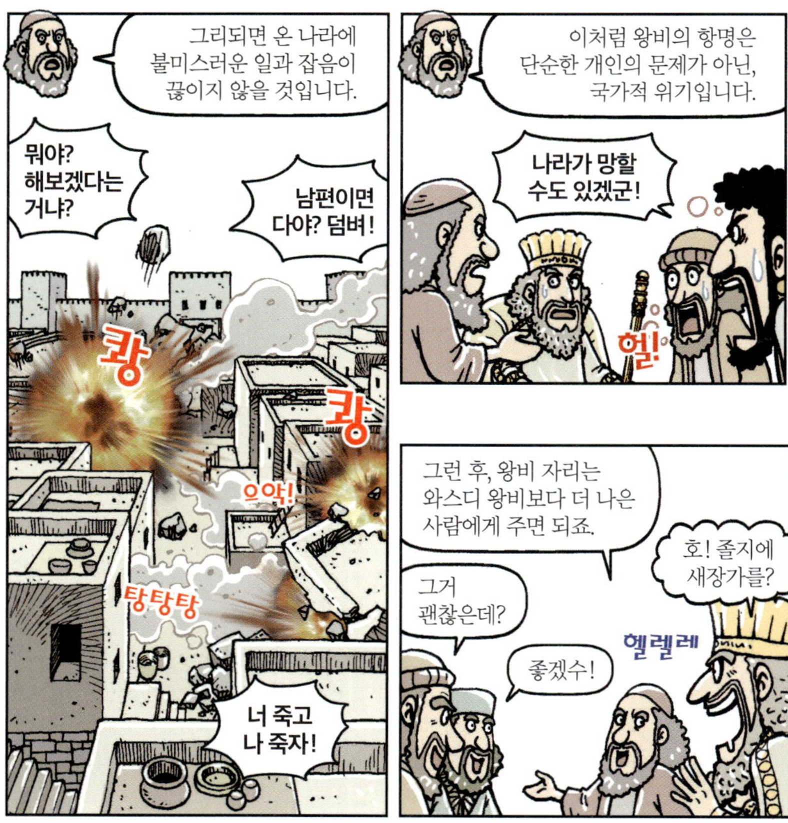
그리되면 온 나라에
불미스러운 일과 잡음이
끊이지 않을 것입니다.
뭐야?
해보겠다는
거냐?
남편이면
다야? 덤벼!
쾅
쾅
으악!
탕탕탕
너 죽고
나 죽자!
이처럼 왕비의 항명은
단순한 개인의 문제가 아닌,
국가적 위기입니다.
나라가 망할
수도 있겠군!
헐!
그런 후, 왕비 자리는
와스디 왕비보다 더 나은
사람에게 주면 되죠.
호! 졸지에
새장가를?
그거
괜찮은데?
좋겠수!
헬렐레

그러므로 어명으로 다시는
와스디 왕비가 왕 앞에 나오지
못하게 하시고, 이를 법으로 정해
고치지 못하게 하십시오.
흠!
반역죄로
해버릴까?

tip 므무간의 주장

므무간은 왕비가 왕의 명령을 거역한 한 사건 때문에 페르시아 전국의 도덕질서가 무너질 것이므로 왕비를 징계해야 한다고 주장하고 있다. 그런 주장을 한 배경은 다음 두 가지로 짐작해볼 수 있다.

① 이미 징계 의지를 굳힌 왕의 비위를 맞추려는 의도.

② 평소 잔인한 성품의 왕비를 제거하려는 의도.

왕의 조서가 온 나라에 선포되면, 지위가 높든 낮든 모든 여자가 자기 남편에게 정중히 대할 것입니다.
좋소! 그럽시다. 허나, 나라의 기강을 세우기 위함이지 결코 새장가 가고 싶어서가 아님을 명심하시오.
우헤헤
누가 뭐래?
근데 저 해맑은 표정은 뭐니?

왕은 각 지방마다 그 지역의 언어로 조서를 내렸어.
남편이 각 가정을 다스려야 하며, 남편이 쓰는 언어를 그 가정의 일상 언어로 삼아라!!
복사해서 마누라한테 보여줘야지.
오늘부터 때리기만 해봐라!

※조서에는 왕비 폐위를 알리는 내용뿐 아니라 이민족과 결혼할 경우에는 남편의 언어를 사용하라는 법령까지 포함되었다.

2장 왕비가 된 에스더

그 후, 아하수에로 왕은 분노가 가시자 와스디 왕비가 생각났지.
아! 전쟁도 완전히 말아먹었고… 왕비라도 옆에 있었으면….
예구, 내 팔자야.

그리고 왕비가 한 일과 그 때문에 조서까지 내린 게 맘에 걸렸어.
그때 왕비한테 너무 심했던 거 같기도 하고.
아따, 날씨도 좋네.

tip 그 후

아하수에로 왕이 왕비 와스디를 폐위시킨 이후를 가리킨다. 와스디 폐위 사건은 아하수에로 3년 일이었고 에스더의 간택은 아하수에로 7년 일이었으므로, 비교적 긴 시간이 흐른 뒤였다. 그 사이 페르시아는 그리스와 전쟁을 치렀고 살라미스 해전(B.C.480)에서 대패했다.

그때, 왕을 섬기는 젊은이들이 왕의 마음을 알고 말했지.
왕을 위해 젊고 아름다운 처녀를 찾아보는 게 어떨까요?
아름다운 처녀?

간단한 일입니다. 설명 드리죠.
① 전국 각 지방 관리를 임명해서 아름답고 젊은 처녀를 데려옴.
② 후궁에서 궁녀를 돌보는 내시 헤개에게 맡김.
③ 처녀들의 몸을 가꿀 수 있도록 화장품을 보냄.
④ 왕의 마음에 드는 처녀를 왕비로 정함.
ㅋㅋㅋ
흠, 괜찮은데? 네가 이대로 해봐!
알겠습니다. 슈퍼모델 급을 찾아내겠습니다.

※젊은이들 : 왕의 수행원으로 왕의 감정을 가장 잘 살필 수 있는 위치에 있었다.

그때 수산 성에는 모르드개라는 유다 사람이 있었는데 그는 베냐민 지파 사람이었어.
모르드개

※모르드개 : 야일의 아들, 시므이의 손자, 기스의 증손자.

그는 바벨론 왕 느부갓네살에 의해 유다 왕 여고냐와 다른 백성들과 함께 포로로 끌려왔지.
Link 5권 230p

※여고냐 : 유다 19대 왕으로 여호야긴, 또는 고니야라고도 불렀다.

tip 모르드개

모르드개가 여호야긴 왕과 함께 포로로 끌려왔다는 것(바벨론의 2차 침략)은 시차적으로 오류다. 왜냐하면 그때 끌려왔다면 모르드개의 당시 나이는 최소 114세 이상이어야 했기 때문이다. 그러나 왕궁 문지기의 나이가 100살이 넘는다는 것은 말이 되질 않는다. 따라서 바벨론 2차 침략 때 끌려왔던 사람은 모르드개의 할아버지 기스였고, 모르드개는 포로 3세로 보는 것이 합당하다.

모르드개에게는 하닷사라는 사촌 동생이 있었는데, 그녀의 부모가 죽자 그녀를 자기 딸로 삼았어.
내가 널 돌봐주마!!
고마워요.
에스더라고도 불렸던 하닷사는 미모가 아주 뛰어났지.
헉! 완전 연예인 급이야!
자체 발광이네!

※에스더: '별'이라는 뜻의 바벨론식 이름. '하닷사'는 히브리 이름이다.

왕의 조서가 공포되자, 많은 여자가 수산 성으로 올라왔고 그녀들은 궁녀를 담당하는 내시 헤개에게 맡겨졌어.
이중에 한 명이 왕비가 될 것이다. 잘 챙겨야 한다.
네, 염려 마세요.
이때 에스더도 왕궁으로 들어갔는데 헤개가 에스더를 좋게 봤지.
흠, 괜찮은데? 딱 왕이 좋아하는 스타일이야.
네?

※왕비 간택을 위한 공모의 성격으로 볼 때 에스더는 강제로 왕비 후보에 등록된 것은 아닌 걸로 보인다.

헤개는 에스더를 후궁의 가장 좋은 곳에서 지내게 했고,
이제부터 여기에서 머무를 것이오.
와! 예뻐요.
귀한 음식과 화장품을 주었을 뿐 아니라, 시녀 7명의 시중도 받게 했어.
갑자기 웬 호강을!
와아
하지만 에스더는 누구에게도 자기 민족과 가문에 대해 말하지 않았지.
87번 후보의 출신지는 어디신지?
그건 일급비밀!
월간 왕비열전 독점 인터뷰

※가장 좋은 곳: 왕과 가까이 할 수 있는 특별한 장소로 보인다.

모르드개가 그것을 밝히지 말라고 단단히 일러두었기 때문이야.
그건 절대 말하면 안 된다 알았지?
네, 걱정 마세요.
모르드개는 날마다 후궁 근처를 서성거렸어.
얘가 잘 있을까? 무슨 일이 있는 건 아냐?
처녀들은 아하수에로 왕 앞에 나갈 때까지 12개월 동안 몸을 가꿔야 했지.
6개월은 몰약 기름, 6개월은 향유와 각종 화장품을 줄 것이오.
네!
비싼 거 실컷 써봐야지!

※유다인은 유일 신앙과 민족 우월주의가 있어서 페르시아인들에게 좋은 인상을 받지 못했다.

※모르드개는 왕실 문지기였기 때문에 후궁 근처까지 출입이 가능했지만 에스더를 직접 만날 수는 없었던 것으로 보인다.

왕 앞에 나갈 때는 처녀가 원하는 것은 무엇이든 다 주었고, 그것을 왕궁으로 가져갈 수 있었어.
어차피 난 안 될 테니 단단히 한몫 챙기기나 해야지.
오! 좋은 방법인데?
나도 닥치는 대로 달라고 해야지.
저녁때 왕궁으로 들어간 처녀가 다음날 아침에 나오면, 후궁들을 담당하는 내시 사아스가스가 별궁으로 데리고 갔지.
사아스가스
오늘부터 내 통제하에 지내면 되오.
※처녀가 원하는 것 : 미를 돋보이게 할 의류 또는 보석, 액세서리 등을 가리킨다.
※별궁 : 왕과 잠자리를 같이 한 첩들만 모여 사는 궁궐로 보인다.
그리고 왕이 그녀를 불러주지 않으면 다시는 왕에게 나갈 수 없었어.
헉! 그럼 전 평생 생과부로?
대신 여기서 호화로운 생활을 하게 될 거요.
드디어 모르드개의 수양딸 에스더가 왕에게 나갈 차례가 되었지.
에스더는 어디 있느냐?
날 보면 왕이 아이스크림처럼 녹을 텐데.
웃겨! 꼴에 무슨.
나 정도면 모를까.
에스더는 헤개가 하라는 것 외에 다른 어떤 것도 꾸미지 않았어.
저, 여기 있어요.
그럼에도 그녀는 누가 보아도 아름다웠지.
뭐야?
너무 예쁘잖아!
아하수에로 왕 7년 10월(데벳월), 에스더가 왕의 침전으로 불려갔어.
에스더라고 합니다.
어… 어…!
왕은 다른 어떤 여자보다 에스더를 사랑했고, 많은 은총을 내렸지.
어… 어디서 이런 보물이…?
아잉
※데벳월 : 태양력으로 12~1월 사이.
아하수에로 왕은 에스더의 머리에 관을 씌워주고, 와스디를 대신할 왕비로 세웠어.
오늘부터 그대가 이 나라의 왕비요!!
와아아아
짝짝짝!!
왕은 에스더를 위해 큰 잔치를 베풀고, 귀족과 신하들을 모두 초대했지.
오늘을 기념하여 모든 세금을 면제하고 내 이름으로 사정없이 많은 상을 내리겠다!
왕비님 만세!!!
왕 만세!
와아아아!
※상 : 귀족과 신하뿐 아니라 일반 백성에게까지 선물을 주었다.

에스더

음모를 발견한 모르드개

두 번째로 처녀들을 모집할 때, 모르드개는 왕궁에서 일하고 있었어.

tip 두 번째로 처녀들을 모집하다

에스더가 왕비가 된 후에 나온 말이라 해석하기 어렵다. 다음처럼 추정해볼 수 있다.

① 에스더가 왕비가 되기 전 사건이다.
② 에스더를 반대한 신하들이 다시 처녀들을 모집했다.
③ 왕비 간택이 2차례 있었는데 에스더의 발탁은 2차였다.
④ 왕이 에스더에게 싫증이 나자, 새로 처녀들을 모았다.

아하수에로 왕이 에스더를 아주 아꼈음을 볼 때 ① 혹은 ③의 견해가 타당해 보인다. 한편, 모르드개가 일한 장소는 왕궁의 출입문으로 왕이 백성과 만나며 정사를 돌보던 곳이었다. 또한 왕궁에서 일을 맡았다는 기록으로 보아 그는 문지기 이상의 지위였다고 추정할 수 있다.

※에스더 2장 19~20절은 에스더가 왕비가 되기 전 이야기로, 앞서와 중복된 내용이 있고 흐름이 매끄럽지 않아서 생략한다.

에스더

모르드개가 왕궁 문에 앉아있을 때,
두런두런
?

문을 지키는 내시 빅단과 데레스가 원한을 품고 왕을 죽이려는 음모를 꾸민다는 것을 알게 되었어.
아하수에로 왕을 죽여버릴 거야.
다 준비됐으니 실행만 하면 돼.

바… 반역이다!
꿀꺽!

※이 대목은 에스더 2장 21절로 여기서부터는 에스더가 왕비가 된 후의 이야기다.

※문 : 왕궁 문이 아니라 왕의 침소 부근의 문이다. 따라서 이 두 신하는 왕의 침소를 관할하는 자들이었다.
※빅단 : Link 7권 89p 에 등장하는 일곱 명의 내시 중 빅다와 같은 인물. 필사자의 오류로 보인다.

모르드개는 에스더에게 이 사실을 알려주었고,
빅단과 데레스가….
어머!
속닥속닥

에스더가 왕에게 보고했지.
왕궁 문지기 모르드개가 전하길 빅단과 데레스가 왕을 죽이려 한답니다.
뭐?!

tip 암살 음모를 밝히다

에스더는 모르드개가 자신의 사촌이라는 사실을 밝히지 않았지만 암살 음모를 적발한 사람이 모르드개였음은 밝혔다. 이는 모르드개의 존재를 왕에게 뚜렷이 각인시키기 위함이었다. 모르드개가 이 역모를 에스더를 통해 왕에게 알린 것은 다른 경로를 통하면 정보가 유출될 위험도 있었고 무엇보다 에스더의 위상을 높이려는 의도가 컸다.

곧 사실을 조사하니 음모가 밝혀졌고,
제발 용서를!
너 같으면 용서하겠냐?
크흐흑

결국, 그들은 나무에 매달려 죽임을 당했어.

그리고 이 모든 것은 왕이 보는 앞에서 왕궁 일지에 기록됐지.
잘 적었냐?
네네! 적고 있습니다!
파파팍!

3장 하만의 음모

얼마 후, 아하수에로 왕은 아각 사람 함므다다의 아들 하만에게 신하 중에 가장 높은 지위를 주었어.
이제부터 하만은 나 다음이니, 왕궁 문에서 근무하는 신하들은 하만에게 무릎을 꿇고 절을 하도록 해라!
네? 제가 2인자라고요?
헉! 완전 초고속 승진이야.
하만
왕부럽다야.
짝짝짝

tip 아각 사람

아각이란 아말렉의 모든 왕에게 공통적으로 붙여지던 왕의 칭호였다. 하만이 아말렉의 왕손이었다는 얘기다. 아말렉 족속은 이집트를 탈출한 이스라엘을 르비딤에서 기습 공격한 Link 2권 66p 이후, 하나님의 적이자 이스라엘의 원수가 되었다. 저자가 하만이 아말렉의 후손임을 밝힌 이유는 그가 이스라엘 백성에게 적대적이었던 이유를 알려주기 위해서다.

※저자 : 성경에서 엄밀한 의미의 저자는 성령 하나님이다.

이에 왕궁 문에서 근무하던 신하들은 하만 앞에서 무릎을 꿇고 절을 했지.
험!
하지만 모르드개는 무릎을 꿇지도, 절을 하지도 않았어.
킁!

tip 모르드개가 절하지 않은 이유

페르시아인에게 왕 앞에 꿇어 절하는 것은 '신적인 경외'를 상징하는 표현이었지만 유다 사람들에게는 '단순한 예의'에 불과했다. 그런데도 모르드개가 하만에게 절하지 않은 이유는 하만이 자신에게 신적인 경외를 요구했기 때문으로 보인다. 여호와 하나님만을 섬기던 모르드개는 하만에게 신적인 경외를 드러낼 생각이 없었다.

그러자 다른 신하들이 모르드개를 나무랐지.
너는 왜 절 안 해?
무슨 배짱이냐?
내 맘!
동료들이 날마다 타일렀으나, 모르드개는 듣지 않았어.
저는 유다 사람입니다.
근데 뭐?
유다 사람이 어쨌다고?
건방진 놈!
좋아! 이 일이 어떻게 될지 하만님에게 말해보자!
흥!

그들이 하만에게 가서 말했지.
하만님께 절하지 않는 인간이 있습니다.
완전 무시하는 거라고요!
뭐!?
그런 발칙한 놈이 있나? 감히 날 무시해?
그러게요. 미친 인간이죠.
천한 족속이라 그런 겁니다.
모르드개는 유다 사람이거든요. 그래서 하나님께 외에는 절을 안 한답니다.
뭐? 유다 사람?!

에스더

원수는 외나무다리에서 만난다더니… 모르드개만 죽이는 것으론 모자라. 이 왕국에 있는 유다 사람을 모조리 없애버릴 방법을 찾아볼 테다!!
부들
부들

tip 하만의 분노

하만은 모르드개가 자신에게 수차례 복종하지 않는 것을 보고도 참았다. 그러나 그가 유다 사람이라는 사실을 안 순간 분노가 폭발하고 말았다. 하만이 유다 사람과 적대 관계였던 아말렉 사람이었기 때문이다. 이 일을 빌미로 '유다 사람 대학살'을 계획한 것만 보아도 하만이 유다 사람을 철천지원수로 생각했음을 알 수 있다.

아하수에로 왕 12년 1월, 곧 니산월에,
오늘 부르(주사위)를 던져 몇 월 며칠에 유다 사람들을 죽일지 날을 받을 거요.
던집니다.

※니산월 : 태양력으로 3~4월.

12월인 아달월로 거사가 낙점됐어.
아달월입니다.
11개월 남았네!!
흥, 기간이 많이 남았군!
하만이 아하수에로 왕에게 말했지.
왕께서 다스리는 여러 지방에 흩어져 사는 한 민족이 있습니다.
그런데?
그들의 법은 다른 민족들과 다르고, 왕께서 내리신 법도 지키지 않습니다.
뭐? 내가 내린 법을 지키지 않아?

※아달월 : 태양력으로 2~3월.

그러니 그들을 그대로 두는 것은 왕께 좋을 게 없습니다.
흠, 그럼 어떻게 하는 게 좋겠소?
왕께서 좋으시다면, 그들을 모두 없애도록 조서를 내려주십시오.
뭐? 모두 없앤다고?
그냥 벌을 줘서 고치면 되잖아!
그러면 제가 은 1만 달란트를 왕의 재정을 맡은 관리들에게 주어, 왕의 창고에 넣겠습니다.
은… 은 1만 달란트씩이나?!
헉!

tip 은 1만 달란트

은 1만 달란트는 340,000kg(340톤)에 해당하는 것으로 당시 페르시아가 1년간 거둬들이던 총 수입의 약 65%에 달하는 거액이었다. 하만이 아하수에로 왕에게 이 막대한 금액을 뇌물로 바치려고 했던 것은 자신의 계획을 밀어붙이고 아하수에로 왕의 변덕을 미연에 방지하기 위해서였다. 또한 뇌물로 바친 금액은 유다 사람에게 갈취할 재물로 충당하겠다는 속셈도 있었다.

왕은 인장 반지를 빼 하만에게 주었어.
이 반지를 가져가게.
오! 감사합니다.
뭐든 말씀하세요. 고객님.
그 돈과 그 백성은 그대에게 맡길 테니 알아서 하시오.
넵!!
척!

※인장 반지 : 공문서 결재 시 왕의 권위를 부여하기 위해 사용했던 일종의 옥새.

※그 돈 : 유다 사람들의 재산

에스더

1월 13일, 왕의 서기관들은 하만의 말대로 조서를 써서, 왕의 대신과 각 지방 총독, 그리고 각 민족의 귀족에게 보냈어.
왕의 조서를 불러주겠소. 각 지방과 각 민족의 말로 쓰시오.
타다닥
타다닥
pan
Colombia
Korea
USA
하만은 작성된 조서에 왕의 인장 반지로 도장을 찍었지.
왕명이라는 증거다!! 유다 놈들아!
낄낄

※왕의 서기관 : 페르시아 제국 내에 있는 각 민족의 통역관들을 가리킨다.

그런 후, 특사를 보내 모든 지방으로 급히 조서를 보냈어.
아자!
아말렉의 원수를 내 손으로 쓸어버리는구나!
부다다당
조서의 내용은 다음과 같아.
12월인 아달월 13일 하루 동안, 남녀노소 할 것 없이 모든 유다 사람을 죽이고 전 재산을 빼앗아라!
웅성
웅성
각 지방에서는 이 조서를 선포하고, 백성에게 그날을 대비하게 했어.
조서 봤어?
무슨 일인데?
웅성
웅성

※아달월 : 태양력으로 2~3월.

왕과 하만이 술을 마시는 동안,
제가 보낸 은은 잘 받으셨죠?
덕분에 나라의 재정이 아주 풍성해졌어.
헤헤
하하하!
그 조서가 나붙은 수산 성도 술렁거렸지.
뭐야? 이거 너무 엽기적인데?
맙소사! 다 죽이라니?
유다 놈들 큰일 났네.
웅성
웅성

tip 술렁거린 민심

유다 외의 민족들도 혼란에 빠진 건 마찬가지였다. 제3자인 그들이 보기에도 조서 내용은 정당한 이유가 없는 터무니없는 학살 명령이었기 때문이다. 다른 지역보다 특히 수산 성의 주민들이 더욱 당황했는데, '살인'은 당시 페르시아 제국의 국교였던 조로아스터교의 교리에도 반하는 일이었기 때문이다.

※조로아스터교 : 예언자 조로아스터의 가르침을 종교적·철학적 기반으로 두며, 유일신 아후라 마즈다를 믿는 고대 페르시아 종교.

4장 유다 백성의 위기

이 일을 알게 된 모르드개는 옷을 찢고 굵은 베옷을 걸치고, 재를 뒤집어쓴 채 큰 소리로 울었어.
엉엉엉
뭐야? 행색이 말이 아니군.

그러나 굵은 베옷을 입고 왕궁 안으로 들어갈 수 없었기 때문에 왕궁 문 밖에 주저앉았지.
이 사실을 에스더에게 전해야 하는데.
크흐흑!
자네, 이게 무슨 일인가?

※페르시아에서 굵은 베옷은 장례 때 입는 불결한 옷이었으므로 이 옷을 입고는 왕궁에 들어가지 못했다.

다른 유다 사람들도 크게 슬퍼하고 금식하며 통곡했어.
말도 안 돼! 우릴 다 죽이라니?
우리가 무슨 죄를 졌다고?!
엉엉엉
크흐흑!
그들 모두 굵은 베옷을 입고 재 위에 누웠지.
살고 싶다고!!
뭐야? 사형 선고잖아!!
끌끌
으아앙!
내시와 시녀들이 에스더에게 모르드개에게 일어난 일을 알렸어.
뭐?! 베옷을 입고 재를 덮어 쓰셨다면 아주 큰일이 생긴 거야!
그러게요. 아주 통곡을 하고 있네요.

놀란 에스더가 옷을 보냈지만 모르드개는 입지 않았지.
거친 베옷을 벗고 평상복으로 갈아입으세요.
왕비님께서 걱정하고 계십니다.
크흐흑
에스더는 왕이 자기를 돌보라고 보낸 내시 중 하닥을 불렀어.
무엇 때문에 괴로워하는지, 왜 그러는지 알아봐주세요.
하닥
네!

tip 에스더의 궁금증

에스더는 모르드개가 통곡하고 있다는 소식만 들었지 그 이유는 아직 몰랐다. 이는 에스더가 국정에 전혀 관여하지 못했기 때문으로, 아하수에로 왕의 폐쇄성을 말해주는 대목이기도 하다. 그러한 상황을 알고 있던 모르드개는 에스더에게 자초지종을 알리기 위해 베옷을 고집했으며 사람들 앞에 슬픔을 드러내어 조서의 부당함을 호소하고자 했다.

하닥은 왕궁 문 앞, 도성 광장에 있는 모르드개에게 갔지.
엉엉엉!
모르드개는 모든 일을 빠짐없이 하닥에게 말했어.
유다 백성의 학살은 사실 저 때문에 시작됐습니다. 저와 하만과의 문제 때문이었죠.
크흐흑
흠, 그랬군요.
하만은 사적인 감정으로 유다 백성을 죽이려고, 왕의 금고 출납을 맡은 관리들에게 무려 은 1만 달란트를 주겠다고 약속했다고요.
헉!
그렇게나 많이?!

모르드개는 수산 성에 내려진 조서의 사본을 하닥에게 주었지.
이 조서를 에스더 왕비에게 보여주고 모든 걸 설명해주시오.
알겠습니다!
그리고 에스더 왕비가 왕께 가서 자기 민족을 위해 간청해야 한다고 전해주시오.
그러겠습니다.
하닥은 에스더에게 가서 모르드개가 한 말을 그대로 전했어.

※모르드개가 하닥에게 에스더의 민족을 언급한 것은 그가 에스더의 심복임을 믿었기 때문일 것이다.

다시 가서 이렇게 전해주십시오.
잠시만요.
왕이 부르지도 않았는데 안뜰에 계신 왕께 다가가면 남녀 지위 불문하고 누구나 죽습니다.
REC
에스더의 말이 모르드개에게 전해졌어.
다만 왕이 금홀을 내밀 때만 살 수 있는데, 왕이 저를 부르지 않은 지 벌써 30일이나 되었습니다.

※금홀 : 왕이 항상 휴대하던 지팡이로 권위를 상징한다.

tip 에스더의 두려움

페르시아 제국은 왕을 보호하고 왕권을 강화하기 위한 법을 제정했는데, 왕의 명령 없이 누구도 왕을 알현할 수 없다는 법이 그것이었다. 따라서 유다 민족을 위해 에스더가 아하수에로 왕에게 간청하려면 죽음을 각오해야 했다. 에스더가 모르드개에게 이처럼 구차한 법률 이야기를 꺼낸 것은 아직 죽음을 각오하는 결단을 내리지 못했기 때문이다.

그러자 모르드개가 다시 하닥을 시켜 에스더에게 말했지.
왕비께서 왕궁에 계신다고 해서 유다 백성이 겪을 재난을 피할 수 있을 거라 생각합니까?
헉헉
왕비께서 침묵하셔도, 유다 백성은 다른 도움으로 구원받을 겁니다. 그럼 왕비와 왕비의 집안은 멸망하겠지요.

※모르드개는 굳이 에스더를 통하지 않더라도 하나님이 유다 민족을 구원해주실 것을 의심하지 않았다.

그러니 생각해보세요. 왕비께서 지금 그 자리에 오른 것이 바로 이때를 위한 것인지 누가 압니까?
!!
에스더가 다시 모르드개에게 전했어.
수산 성에 있는 모든 유다 백성과 함께 나를 위해 금식해주세요. 3일간 밤낮으로 먹지도 마시지도 마세요. 나와 내 시녀들도 금식하겠습니다.
헉헉
그런 뒤, 법을 어기고서라도 왕께 나가겠습니다.
아아!

그러다가 죽게 되면 죽으렵니다!
에스더야, 고맙구나….
크흐흑!
모르드개는 모든 유다 백성과 함께 에스더가 말한 대로 했지.

2. 유다 백성의 승리와 부림절

5장 왕 앞에 나아간 에스더

금식한 지 3일째 되던 날,
이제, 왕을 만나자.
에스더는 왕비의 예복을 입고 왕의 집무실이 마주 보이는 안뜰에 섰어.
그때, 왕은 왕좌에 앉아 문 쪽을 바라보고 있었는데,
?!
뜰에 서있는 에스더를 보고 기뻐했지.
오! 왕비가 아닌가? 미스코리아 뺨치게 예쁘네!
…
왕이 금홀을 내밀었고, 에스더는 다가가 금홀 끝에 손을 댔어.
무슨 일이오? 무슨 부탁이라도 있소? 당신이 원한다면 나라의 절반이라도 주겠소.
오늘 제가 왕을 위해 잔치를 준비했으니, 왕께서 허락하신다면 하만과 함께 와주세요.

※금홀 : 금홀을 내미는 것은 '용서'와 '승낙'의 의미다. 여기서는 왕의 허락 없이 왕 앞에 나온 것을 용서한다는 의미다.
※금홀 끝을 만진 행위는 그리스인이 상대방의 옷자락을 만지던 행위처럼 용서받았을 때 하는 감격의 표시다.

지금 하만을 데려와라. 왕비의 말대로 하겠다.
아니, 우주 개발 계획은 어쩌고…?
회의하다 말고 무슨 잔치를…?
왕과 하만은 에스더가 준비한 잔치에 갔어.
내 왕비가 우주 최강 미모 아닌가?
하하하
그럼요.
헤헤
함께 술을 마시던 왕이 에스더에게 말했지.
그대가 바라는 것이 무엇이오? 나라의 절반이라도 뚝 떼어준다니까!
헬렐레
제 소원은 별 거 아닙니다.

왕께서 절 예뻐하시고 소원을 들어주시겠다면, 내일도 잔치를 열겠으니 하만과 함께 와주세요.
내일도?
저도요?
내일 왕의 분부대로 제 소원을 말씀드리겠습니다.
좋아 좋아! 내일도 오마!
저도요!
하만의 음모
그날, 하만은 즐거운 마음으로 왕궁을 나섰어.
왕비님이 날 너무 맘에 들어 하시는 것 같아.
룰루랄라~♬
그런데 문 앞에 있던 모르드개는 여전히 일어나지도, 인사하지도 않았지.
저놈이 아직도 절을 안 해?
하만은 화가 잔뜩 치밀어 올랐지만 꾹 참고 집으로 갔어.
피바람이 몰아칠 때 네가 어쩌나 두고 보자!
쿵!
하만은 자기 아내 세레스와 친구들에게 자랑했지.
난 재산도 많고 아들도 많아. 왕은 날 존중해서 누구보다 더 높은 지위를 줬어.
자기 멋져!
호호
니 똥 굵다!
부럽네.
심지어 왕비가 베푼 잔치에 왕과 함께 초대받은 사람은 나밖에 없다고!
어머? 정말요?
와우, 대박!
왕비께서 내일도 나더러 왕과 함께 오라고 하셨네.
역시 왕비님은 사람 보는 눈이 있으셔.
왕부럽!
푸하하
짱부럽!
하지만 왕궁 문에 있는 모르드개라는 유다 녀석만 보면 그 모든 게 만족스럽지 않아!!
아, 그놈! 죽일 놈!
또 모르드개인가요?
탁!
여보, 50규빗 되는 장대를 세워서 내일 아침에 왕께 모르드개를 거기에 매달자고 하세요.
그러고 나서 왕을 모시고 잔치에 가면 되겠네.
오! 아름답고 창의적인 생각입니다.
흠
하만은 그 말을 좋게 생각하여 장대를 세우라고 명령했어.
여기에 모르드개를 매달아 수치와 능멸을 당하게 할 테다!
처절한 복수를 하게나!
크크
감히 우리 자기를 무시하다니!

※50규빗 = 약 23m.
※장대 : 말뚝이나 십자가 형태로 만들어 세운 처형용 나무.

6장 모르드개를 높이는 왕

그날 밤, 왕은 잠이 오지 않았어. 그래서 신하에게 자신의 통치 일지를 읽게 했지.
빅다와 데레스의 반역을 모르드개의 고발로...
흠. 맞아, 그런 일이 있었지!
근데 모르드개에게 어떤 상을 주었느냐? 마땅한 대우를 했던가?
나라에서는 아무것도 해주지 않았습니다.

※빅다: 빅단 Link 7권 94p 과 동일 인물이다.

뜰에 누가 있느냐?
하만이 와있습니다.
그때, 모르드개를 죽일 허락을 받기 위해 하만이 왕궁 바깥뜰에 와있었어.
오늘 모르드개 그놈을 반드시 처형해버리겠다.

tip 바깥뜰에 와있다

당시 페르시아는 이른 아침부터 국무를 시작했다. 따라서 하만이 왕실 앞에 도착한 시간은 최소한 새벽 이후였을 것이며, 아하수에로 왕은 왕궁 일지를 들으며 밤을 샜음을 알 수 있다. 또한 하만이 모르드개 처형을 위해 이른 아침부터 나온 것으로 보아 그의 집념과 분노가 대단했음을 알 수 있다.

밤을 새셨다고 하던데…?
아! 내가 특별히 높이고 싶은 사람이 있는데 어떻게 해주면 좋을까?
하만은 속으로 생각했지.
왕이 특별히 높이고 싶은 사람이라면, 나?
?
우헤헤
먼저 왕의 의복과 말을 내오고, 그 말의 머리를 관으로 꾸미십시오.
그런 다음엔?

그런 후 가장 높은 신하를 시켜 그 사람에게 왕의 옷을 입혀 말에 태워 성안 거리를 지나게 하면서 이렇게 외치게 하십시오.
왕께서는 높여주고 싶은 사람에게 이렇게까지 하신다!
와아아아!
흠! 그럼 그대가 내 옷과 말을 가지고 왕궁 문을 지키는 유다 사람 모르드개에게 가시오.
쿵!

왜 그러시오? 안색이?
아… 아… 아닙니다!
하하하!
하만은 왕의 명령대로 모르드개에게 왕의 옷을 입히고 왕의 말에 태워 성안 거리를 지나며 외쳤어.
왕께서는 높여주고 싶은 사람에게 이렇게까지 하신다!
역시 우리 왕은 사람을 높일 줄 안다니까!
훌륭한 왕 밑에 훌륭한 신하가 나는 법이지!!
와아아아!
와아아아!
공을 세우면 확실히 대우해주신다고!
그리고 그대가 말한 대로 하나도 빠짐없이 실행하시오.
아… 네네!
하하하!
그런 뒤, 모르드개는 다시 왕궁 문으로 돌아갔고,
오, 멋지던데?
앞으로 잘 부탁해요!
하만은 근심이 가득한 얼굴로 자기 집으로 가버렸지.
하만은 아내 세레스와 친구들에게 방금 겪은 일을 빠짐없이 이야기했어.
장대가 뭐야! 여태 모르드개가 탄 말을 끌다 왔다고!
씩
씩
하만의 지혜로운 친구들과 아내 세레스가 말했지.
당신은 유다 사람 모르드개에게 굴욕을 당했으니 이제 그를 이길 수 없어요.
크으으으
그는 분명 높은 지위를 얻을 거고, 그럼 자넬 가만두지 않을 걸세.
계속 맞선다면 틀림없이 망할 거야.
그런데 그들의 말이 끝나기도 전에 내시들이 하만을 서둘러 데려갔어.
왕비님의 잔치가 곧 시작될 겁니다.
아! 그… 그렇지.

※왕궁 문으로 : 모르드개의 지위가 아직 변동되지 않았음을 의미한다.

에스더

7장 하만의 죽음

왕과 하만은 에스더가 차린 잔치에 갔어.
어서 오십시오!
둘째 날에도 왕은 술을 마시면서 에스더에게 물었지.
당신의 소원이 무엇이오? 내가 싹 다 들어주겠소. 나라의 절반이라도 떼어주리다.
왕께서 제게 은총을 내리시고, 절 어여삐 보신다면, 제 목숨을 살려주십시오.
흑
!?
뭐요?
그리고 제 민족도 살려주십시오. 이것이 제 소원입니다.
그게 무슨 소리요? 누가 감히 나의 왕비를 해치려 한단 말이오?
??
저와 제 민족이 팔려서 다 죽고 망하게 되었습니다. 우리가 종으로 팔려가는 정도라면 잠자코 있었을 겁니다. 그만한 일로 왕께 걱정을 끼쳐드리지는 않았을 거예요.
감히 누가 그런 짓을 하려고 하오?
그가 누구요? 어디에 있소?
우리의 적, 그 원수는 바로 저 흉악한 하만입니다!
켁!
그 말이 끝나자, 하만은 사색이 되었어.
왕비의 말이 사실이냐?
덜 덜
아… 아니, 그게… 저….
화가 머리끝까지 난 왕은 술잔을 내려놓고 왕궁 안뜰로 나갔지.
에잇!!!

tip 자리를 떠난 왕

얼마 전 자신이 허락한 유다 백성 대학살 계획에 왕비가 포함되었을 줄은 상상조차 하지 못했던 아하수에로 왕은 하만이 왕비를 살해할 음모를 세웠다는 사실을 깨닫고 분노를 주체할 수 없었다. 가장 신뢰하던 신하에게서 기만당했다는 배신감이 컸던 것이다. 따라서 왕은 그 분노를 가라앉히기 위해 잠시 자리를 떠났다.

하만은 왕이 자신을 벌하기로 결심했음을 깨닫고 에스더에게 빌었어.
아이고, 왕비마마! 제발, 목숨만! 제발!
크흐흑!
흥!
왕이 돌아와 보니, 하만이 에스더가 눕는 침상에 엎드려있는 거야.
아니 저놈이?!

그 모습을 보고 왕이 소리쳤어.
내가 왕궁에 있는데도 저놈이 왕비를 욕보이려는구나!!
네!?

tip 아하수에로 왕의 분노

분노를 채 가라앉히지 못하고 돌아온 아하수에로 왕 앞에는 그 분노를 더욱 부채질할만한 광경이 펼쳐져 있었다. 신하가 왕비의 옷자락에 함부로 손댄다는 것 자체가 왕을 무시하는 행동이었는데, 더욱이 누워있는 왕비의 옷자락을 잡고 흔드는 모습은 마치 옷을 벗기려는 시도처럼 보였을 수 있다.

그러자 내시들이 달려들어 하만의 얼굴을 가렸지.
헉!

※얼굴을 가리다 : 페르시아에서 사형 집행을 위한 준비 단계로 얼굴을 가리고 동여매는 것을 말한다.

그때, 내시 하르보나가 말했어.
하만이 자기 집에 높이 50규빗이 되는 장대를 세워 놓았습니다.
장대는 왜?
왕을 해치려는 음모를 알려준 모르드개를 매달아 죽이려고 준비한 것입니다.
뭐!? 그 충신을 매달아 죽이려고?
하만을 거기에 매달아라!
제발! 한 번만 용서해주세요! 잘못했습니다!
으아아아

※50규빗 = 약 23m.

하만은 모르드개를 매달려고 자신이 세운 바로 그 장대에 매달렸고, 그런 뒤에야 왕의 분노가 가라앉았지.
제국의 넘버 2였는데.
인생사 참 알 수가 없어.
권력의 횡포는 비참한 결말을 가져올 뿐!

8장 유다 민족을 돕는 왕

그날, 왕은 유다의 원수인 하만의 모든 재산을 에스더에게 주었고,
이제부터 하만의 전 재산은 왕비의 것이다!
에스더가 모르드개와의 관계를 밝히니 모르드개는 왕 앞에 나갈 수 있었어.
뭐? 그대의 사촌이라고?!
네! 사촌이지만 절 수양딸로 삼아주셨어요.
왕은 하만에게서 되찾은 자신의 인장 반지를 모르드개에게 맡겼고,
자네를 페르시아의 새로운 수상으로 임명하네. 이제 자네가 2인자야.
헉!
감사합니다!!
에스더는 하만에게서 빼앗은 모든 재산을 모르드개에게 맡겼지.
하만의 재산을 관리해주세요.
알겠습니다.

에스더가 다시 왕의 발 앞에 엎드려 울면서 간청했어.
제발, 하만이 유다 사람을 학살하려고 꾸민 악한 음모를 막아주세요!

tip 에스더의 간청

하만이 이미 제거되었지만 에스더는 유다 민족이 살아남을 수 있도록 아하수에로 왕에게 계속 눈물로 간청했다. 왜냐하면 페르시아 전역에 유다 사람을 말살하라고 배포했던 조서가 여전히 유효했기 때문이다. 페르시아 법률에 의하면 이미 반포된 조서는 취소할 수 없었다. 따라서 에스더는 법 제정자이기도 한 왕에게 최선을 다해 간구한 것이다.

왕이 금홀을 내밀자, 에스더가 일어나서 말했지.
하만이 유다 백성을 학살하려는 음모로 쓴 조서를 취소해주세요.

※금홀을 내미는 것은 '용서'와 '승낙'의 의미를 가진다. 여기서는 에스더의 간청을 승낙한다는 의미다.

제 민족과 가족이 죽는 것을 제가 어찌 그냥 볼 수 있겠습니까?
나는 하만이 유다 사람을 죽이려 했기 때문에 그를 매달고 그의 재산을 왕비에게 주었소.
이제 왕의 이름으로 그대들에게 유리한 내용의 다른 조서를 쓰고 내 인장 반지를 찍으시오. 내 이름으로 쓰고, 내 인장 반지로 도장을 찍은 조서는 아무도 취소할 수 없소.
아! 왕이시여!
감사합니다!

tip 아하수에로 왕의 조치

에스더가 하만에 의해 내려진 조서를 철회해달라고 요청하자 아하수에로 왕은 새로운 조서를 쓰라고 답했다. 이는 왕의 이름으로 서명되고 인장 반지로 봉인된 조서는 아무도 취소할 수 없다는 페르시아의 법 때문이었다. 아하수에로 왕은 왕비의 요청을 들어주고 싶었으나 법을 어길 수는 없었다. 따라서 유다 사람 스스로 위기에서 벗어날 방법을 마련하라고 기회를 준 것이다.

3월, 시완월 23일, 소집된 서기관들은 모르드개의 말대로 조서를 썼어.
내가 불러주는 대로 작성해주시오!!
조서는 유다를 포함한 각 지방의 글과 각 민족의 언어로 기록되었지.
어느 지방의 민족이든 군대를 일으켜….
탁 탁 탁
슥슥

※시완월 : 태양력으로 5~6월.

모르드개는 왕의 이름으로 조서를 쓰고 왕의 인장 반지로 봉인한 다음,
왕의 일을 위해 기른 특별한 말에 특사들을 태워 조서를 보냈어.
지체 없이 각자 맡은 곳으로 가라!
두두두두
조서는 인도부터 에티오피아에 이르기까지 127개 지방에 보내졌지.
두두두두

조서의 내용은 다음과 같아.
모든 성에서 유다 백성이 모여 스스로를 보호하는 것을 허락한다! 다른 민족이 유다 백성을 공격한다면 그들을 무찌르고, 그들의 아내와 자식들을 죽이고 재산까지 빼앗아도 된다!
다만 그날은 12월, 즉 아달월 13일 하루뿐이다!
도대체 이게 무슨 말이야?
유다 사람을 죽이려 했다간 다 털린다는 얘기잖아!
각 지방에서는 그 조서를 법령으로 공포하고 모든 민족에게 알렸어.
무슨 일이야?
왕명이다!
전쟁이라도 나나?
두두두두
그래서 유다 사람은 적에게 원수를 갚을 준비를 했지.
자, 모두 완전 무장해라.
우리를 치는 놈들은 그 즉시 처절한 복수를 당할 것이다!

※아달월 : 태양력으로 2~3월로 13일은 하만이 보낸 조서에서 유다 사람 대학살의 날이다.

그리고 수산 성에도 조서가 나붙었어.
학살을 일으킬 필요가 없구나!
왕의 조서입니다. 유다 사람 죽이려다가는 그날로 다 죽습니다!
와아아아
오, 다행이야!
그때, 모르드개는 머리에 큰 금관을 쓰고, 보라색과 흰색의 궁중 예복에 붉은색 고운 모시옷을 걸친 채 왕 앞에서 물러났지.
축하합니다.
헤헤
어르신 잘 부탁합니다.

tip 보라색과 흰색으로 된 궁중 예복

이 예복은 수상이 입는 옷이다. 모르드개가 이 옷을 입고 왕 앞에서 물러났다는 것은 그가 수상이 되었음을 암시한다. 한편, 수산 성 사람들은 유다 민족 대학살에 관한 조서가 발표되었을 때는 매우 당황했지만, 유다인이 무사하고 유다 출신이 수상이 되었다는 소식을 듣고는 기쁨을 감추지 못했다. 왜냐하면 그들 대부분이 조로아스터교 신도들로서 살상을 피해갈 수 있었기 때문이다.

그러자 수산 성 사람들이 기뻐하며 즐거워했어.
모든 일이 잘 해결됐네요!
수상 되신 것도 축하드립니다!
와아아아

그날은 유다 사람들에게 즐겁고 기쁘고 영광스런 날이었지.
우리 민족 출신이 수상이 되었고, 우리 역시 죽음을 면했어!
하나님께서 기적을 주셨어!
와아아아!
좋겠다, 유다는!
왕부럽!
짱부럽!
왕의 조서가 전달된 지역의 유다 사람들도 모두 기뻐하며 잔치를 벌였고, 그날을 축제일로 삼았어.
하나님을 찬양해라!
인생 역전이야!
하하하
하하하
심지어 다른 민족들이 유다 사람을 두려워하여 스스로 유다 사람이 되기도 했지.
유다로 망명하자. 빨리 짐 싸!
9장 유다 민족의 승리
12월 아달월 13일, 드디어 왕이 내린 조서를 지켜야 하는 날이 되었어.
이제부터 24시간 동안 작전 시작이다!
※아달월 : 태양력으로 2~3월.
그날은 원래 원수들이 유다 사람을 없애려고 한 날이었지만 이제는 유다 사람이 그 원수들을 없애는 날로 바뀌었지.
유다를 적대시하는 놈은 누구든 용서하지 않겠어!
모든 지방 각 성의 유다 사람들은 자기를 해치려는 사람들을 공격하려고 모였어.
공격이 최선의 방어다!
기다리지 말고 선제공격한다!
와아아아!
모든 민족이 유다 사람을 두려워했기 때문에 누구도 그들을 막지 못했지.
하만의 아말렉 족속은 살려두지 마라!
와아아아
유다 놈들의 습격이다!

게다가 각 지방의 대신과 제후, 총독과 왕의 행정관들도 유다 사람들을 도왔어.
우린 모르드개를 존경하는 사람들이오!
지구의 평화를 지키는 유다 사람들과 함께하고 싶소!
다각
다각

사실 그들도 모르드개가 두려웠거든.
지금이라도 유다 쪽에 발을 담가야 살 수 있소.
모르드개에게 확실히 같은 편이라는 신호를 줘야 하오.
괜히 미적대다간 몰살당할 수 있다니까!

당시 실권을 잡고 있던 모르드개의 세력은 막강했고, 그의 명성 또한 온 나라에 자자했어.
흠! 확실히 모르드개는 유다의 자랑이지요.
그럼요. 저는 그분 팬클럽에도 가입했습니다.
저도 가입했어요!
전 그분의 영원한 종입니다!

※도움 : 유다 사람을 격려하는 것은 물론이고, 군사비나 병력을 지원했다는 의미다.

유다 사람들은 모든 원수를 칼로 쳐 죽이고, 자기를 미워하던 자들에게 하고 싶은 대로 했지.
너희가 우릴 죽이려 했으니 그 대가를 받는 거다!
크윽!
으아악!

그렇게 죽은 자들이 수산 성에서만 500명이었어.
살려주세요!
너희라면 우릴 살려줬겠냐?
으아아
흥!

이때 유다 사람의 원수인 하만(함므다다의 아들)의 아들 10명도 죽었지.
하만의 아들인 바산다다, 달본, 아스바다, 보라다, 아달리야, 아리다다, 바마스다, 아리새, 아리대, 왜사다. 이상 10명을 사살했습니다.
흠!

그러나 그들의 재산을 빼앗지는 않았어.
우리의 목적은 그들의 재산이 아니니 손대지 마라.
알겠습니다.

tip 재산을 빼앗지 않다

새로운 조서는 유다의 원수의 재산을 탈취하는 것도 허락했지만 유다 사람들은 재산에는 손대지 않았다. 이는 자신들이 결코 재산이 탐나서 보복하는 것이 아님을 보여 주기 위해서였다. 따라서 주인 없는 재산은 왕에게 속한다는 페르시아의 법에 따라, 아하수에로 왕은 하만의 자식들의 재산뿐만 아니라 유다 사람들에게 대적했던 많은 사람의 재산까지 획득하게 되었다.

그날, 수산 성에서 죽은 사람의 수가 왕에게 보고되었지.
수산 성에서만 500명과 하만의 아들 10명이 죽었소. 그러니 다른 지방에서는 어땠겠소?
그렇군요.
이제 당신의 남은 소원을 말해보시오. 무엇이든 원하는 대로 해주겠소.
왕께서만 좋으시다면….
수산 성에 사는 유다 사람들이 내일도 오늘처럼 하게 해주십시오. 그리고 하만의 아들들의 시체는 장대에 매달아주십시오.
뭐, 그럽시다.

tip 에스더의 청원

수산 성이 페르시아의 수도였던 만큼 이곳의 원수들을 완전히 멸망시킨다면, 제국 전역에 자연스럽게 소식이 퍼져 다시는 유다 사람을 없애려는 시도가 일어나지 않을 거라 에스더는 생각했다. 하만의 아들들의 시체를 장대에 매달아 전시하길 부탁한 것 역시 다시는 아무도 유다 사람에게 적대감을 품거나 위협하지 못하게 하려는 조치였다.

하만의 아들 10명의 시체가 장대에 매달렸고 수산 성에 조서가 내렸어.
이로써 하만의 집안은 완전 몰락이군.
끌끌! 그러게 왜 말도 안 되는 짓을 해서….

아달월 14일에도 수산 성에 사는 유다 사람들이 원수 300명을 더 죽였고,
아말렉의 씨를 말려라!
왜 오늘까지?!
끝난 거 아니었어!?
와아아아아!
으아악
그러는 동안, 다른 지방의 유다 사람들도 자신을 보호하기 위해 모여서 7만 5천 명이나 되는 원수를 죽였어.
으아악
다시는 유다를 깔보지 못하게 철저히 보복해야 한다!

하지만 그 누구도 원수들의 재산에는 손대지 않았지!
재물은 손대지 마라! 혼난다!
헤헤

부림절

아달월 13일의 사건이 있고 난 뒤, 14일에는 쉬며 잔치를 열고 기뻐하는 날로 삼았어.
할렐루야!
이제 끝났다! 하나님께 감사하며 찢어지게 놉시다!
와아아아아아!

※아달월 : 태양력으로 2~3월.

성벽이 없는 작은 마을의 유다 사람들은 아달월 14일을 명절로 정해서 잔치를 벌이고, 서로 음식을 나눠 먹었지.
고생했어!
하하하
다 하나님의 은혜죠.

하지만 수산 성의 유다 사람들은 아달월 13~14일에 싸웠기 때문에, 15일에 쉬면서 잔치를 열고 기뻐하는 날로 삼았어.
2일 동안 수고 많았소! 오늘은 마음껏 먹고 마십시다!!
즐거운 파티다!
만세!!
와아아아아

※성벽이 없는 작은 마을 : 수산 성을 제외한 전역을 뜻한다.

모르드개는 이 모든 일을 기록했지.
원수를 격퇴한 일, 다음날 축하 잔치를 베푼 일 등을 기록해두자!

그리고 아하수에로 왕이 다스리는 지방의 모든 유다 사람에게 편지를 보내 해마다 아달월 14일과 15일을 절기로 지키게 했어.
이랴!
두두두두

유다 사람이 원수를 물리친 그날은 슬픔이 기쁨으로, 초상집이 잔칫집으로 바뀐 날이야.
하나님이 아니었으면 다 지옥에 앉아있었겠지.
와아아아아
하하하
다들 수고 많았어!

이에 모르드개는 그 이틀 동안을 명절로 정하고 서로 음식을 나누며, 가난한 사람들에게 선물을 주게 했어.
내가 이번에 담근 김치야.
하하하
난 양을 한 마리 잡았어.

tip 가난한 자들을 위한 선물

여기서 선물은 단순히 가난한 사람들에게 물품을 나눠주는 것이 아닌 그들을 구제해주는 의미가 있다. 부림절에 구제 행위를 넣은 것은 하나님이 곤경에 처한 유다 백성을 구제해주셨음을 기념하기 위해서였다. 고난과 역경을 함께 겪으면서 공동체 의식이 싹트게 된 유다 백성은 다른 사람의 삶에도 큰 관심을 갖게 되면서 구제에 관한 지시를 성실히 지킬 수 있었다.

유다 사람들은 모르드개의 지시대로 그 명절을 해마다 지켰지.
이제부터 부림절을 시작합니다!
와아아아아아!
우릴 구원하신 하나님을 기억하라!

※명절 : 부림절을 가리킨다. 처음엔 승리의 기쁨에 자연스럽게 잔치를 베풀었지만 그다음 해부터는 규례가 되어 현재까지 지켜지고 있다.

할아버지, 근데 왜 부림절이라고 해요?
아, 그거?
유다 사람의 원수였던 아각 사람 하만이 모든 유다 사람을 없앨 음모를 꾸몄어.
그때 부르라는 주사위를 던져 유다 사람을 학살할 날을 받았단다.
그런데 에스더 왕비가 그 음모를 왕께 고했고, 왕은 유다 사람을 해치려고 꾸민 음모가 하만 자신에게 돌아가게 하셨지.
또한 하만뿐만 아니라 그의 10명의 아들까지도 장대에 매달도록 했어.
그래서 주사위의 일종인 '부르'라는 말을 따라 그 이틀을 부림절이라고 한단다.
아하! 그래서 부림절이구나.
유다 사람들이 직접 보고 겪은 이 모든 일을 모르드개가 기록했어.
정말 명백한 증거네요.
그래서 유다 사람들은 그 이틀을 해마다 정해진 때에, 그들의 자손들과 귀화한 모든 사람에게 반드시 지키게 했어.
이번 부림절은 잘 준비해야지.
하하하
유다에 속한 모든 사람은 부림절을 지켜야 한다!
그 이틀은 유다 사람이면 어느 곳에 살든지 모든 집안마다 대대로 기억하고 지켜야 하는 날이 되었지.
유다 사람들은 이틀 동안 부림절을 반드시 지켜야 해.
유다의 자손들은 오늘날까지 지키고 있지.
아비하일의 딸 에스더는 모르드개와 함께 두 번째 편지를 써서 부림절을 확정했어.
유다 사람들이 부림절을 꼭 지키도록 정성을 다해 편지하세요.
그래, 내용도 좀 더 추가하고.

※부림 : 제비나 추첨을 뜻하는 고대 페르시아어 '부르'의 복수형이다.

에스더

위로와 격려가 담긴 그 편지는 아하수에로 왕국의 127개 지역에 사는 유다 사람에게 보내졌지.
다시 한 번 부탁하네!
방금 돌아왔는데….
작작 시켜먹어라!

편지에는 이틀간의 부림절을 확정짓고, 모르드개와 에스더를 비롯한 모든 유다 사람이 금식하며 슬피 울도록 했어.
잔칫날인데 왜 금식해야 돼?
심지어 슬피 울면서 보내라니?
팁을 봐야 할 것 같아!

tip 부림절의 금식

부림절의 금식은 부림절 내내 아무것도 먹지 않는 것이 아니라 금식 시간을 별도로 마련하는 것이다. 이것이 둘째 편지에 추가된 내용이다. 승리감에 도취된 나머지 그들이 경험했던 환난과 역경을 잊어버리지 말라는 뜻이었다. 무엇보다 금식의 목적은 하나님의 도우심으로 위기를 벗어났음을 기억하는 데 있었다.

내 명령으로 부림절에 관한 규정은 확정되었고, 글로 기록되었어.

※글 : 유다 사람의 승리와 부림절에 관한 내용이 페르시아 역사서에 기록되었다.

10장 높아진 모르드개의 위상

본토뿐만 아니라 바닷가의 여러 섬들도 조공을 바치게 하라.
알겠습니다!!
넵!

※바닷가의 여러 섬 : 크레타 섬을 비롯한 지중해상의 여러 섬을 가리킨다.

tip 조공

화폐가 통용되던 아하수에로 왕 때 조공은 화폐로 바치는 세금을 의미한다. 페르시아의 재정은 속국들로부터 거둬들인 세금으로 더욱 견고해졌다. 그런데 뜬금없이 이런 내용이 삽입된 이유는 페르시아 제국이 강성해질수록 모르드개의 권세와 영예가 더욱 커져갔고, 더불어 유다인의 위상도 계속 높아졌음을 암시하기 위해서였다.

아하수에로 왕의 막강한 권력과 업적, 그리고 모르드개를 높여서 영화롭게 한 모든 일은 메대와 페르시아 왕들의 역사책에 기록되었어.
메대, 페르시아 왕들의 역사책

유다 사람 모르드개는 아하수에로 왕 다음으로 높은 사람이었지.
허허!
포로였던 내가 제국의 2인자가 되다니 대단하지 않아?

그는 유다 백성의 안녕을 위해 애쓴 공로로 모든 유다 백성의 존경과 사랑을 받았어.
안녕하세요, 모르드개님!!
와아!
싸인 좀 해주세요!
주인공은 난데.
꺄악!
오빠!
참내, 이놈의 인기란.

느헤미야

● 느헤미야

페르시아 제국의 고위 관리로 유다의 총독이 되어 이스라엘 백성을 이끌고 예루살렘으로 돌아왔다. 많은 어려움과 방해 속에서도 무너진 예루살렘 성벽을 재건했고, 이스라엘 공동체의 정비 등 많은 개혁을 단행했다.

포로 귀환은 총 3차에 걸쳐서 이루어졌는데, 3차 포로 귀환 시대의 일을 기록한 것이 느헤미야서야.
성전 원정대
제1차 포로 귀환
스룹바벨
하나의 탑
제2차 포로 귀환
에 스 라
왕의 귀환
제3차 포로 귀환
느헤미
벌써 3편??!!
포로 귀환 마지막 편이래!
느헤미야서를 기록한 사람은 누구?
왕의 귀환
제3차 포로 귀환
느헤미야
바로 나 느헤미야지.
안녕하세요!
반가워요.

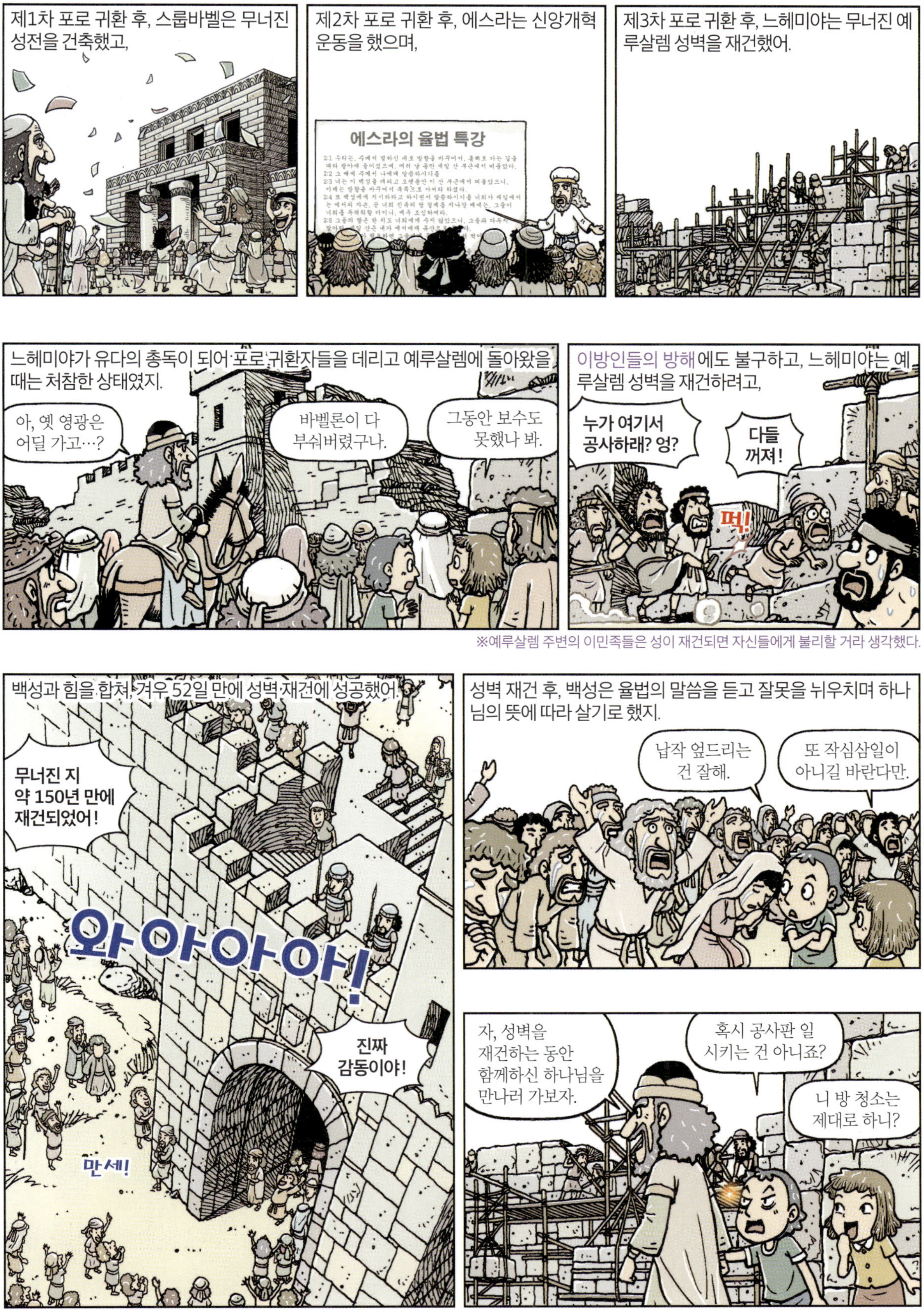
제1차 포로 귀환 후, 스룹바벨은 무너진 성전을 건축했고,
제2차 포로 귀환 후, 에스라는 신앙개혁 운동을 했으며,
에스라의 율법 특강
제3차 포로 귀환 후, 느헤미야는 무너진 예루살렘 성벽을 재건했어.
느헤미야가 유다의 총독이 되어 포로 귀환자들을 데리고 예루살렘에 돌아왔을 때는 처참한 상태였지.
아, 옛 영광은 어딜 가고…?
바벨론이 다 부숴버렸구나.
그동안 보수도 못했나 봐.
이방인들의 방해에도 불구하고, 느헤미야는 예루살렘 성벽을 재건하려고,
누가 여기서 공사하래? 엉?
다들 꺼져!
퍽!
백성과 힘을 합쳐, 겨우 52일 만에 성벽 재건에 성공했어.
무너진 지 약 150년 만에 재건되었어!
와아아아아!
진짜 감동이야!
만세!
성벽 재건 후, 백성은 율법의 말씀을 듣고 잘못을 뉘우치며 하나님의 뜻에 따라 살기로 했지.
납작 엎드리는 건 잘해.
또 작심삼일이 아니길 바란다만.
자, 성벽을 재건하는 동안 함께하신 하나님을 만나러 가보자.
혹시 공사판 일 시키는 건 아니죠?
니 방 청소는 제대로 하니?

※예루살렘 주변의 이민족들은 성이 재건되면 자신들에게 불리할 거라 생각했다.

1. 성벽 재건

1장 느헤미야의 기도

아닥사스다 왕 20년 기슬르월, 하가랴의 아들 느헤미야가 페르시아의 수도인 수산 성에 있을 때의 일이야. 느헤미야는 왕에게 술을 따르던 사람이었어.
아닥사스다
타다다닥
오늘은 정열의 칵테일!
'키스 오브 파이어'입니다!

※아닥사스다 : 페르시아의 6대 왕.
※기슬르월 : 페르시아어로 추정되며 태양력으로 11~12월경을 가리킨다.

tip 술 따르는 일

왕에게 술을 따르는 직책은 왕이 마시는 술을 관할하며 왕에게 술을 따라주는 고위 관직이었다. 술 따르는 사람은 왕의 침실을 맡았고 음식을 맛보고 경호하는 일도 병행했다. 따라서 직책상 왕과 가장 가까운 관계였으며, 왕의 행정에도 큰 영향력을 미쳤다. 느헤미야가 2차 포로 귀환 Link 7권 74p 에 참여하지 못했던 것은 아닥사스다 왕의 총애를 받았기 때문으로 보인다.

어느 날, 느헤미야의 형제인 하나니가 다른 사람들과 함께 유다에서 왔지.
형님!
아니, 동생아!

※하나니 : 느헤미야의 친동생. 2차 포로 귀환 때 에스라와 함께 이스라엘로 갔던 것으로 보인다.

그래, 포로로 끌려오지 않고 남아있는 유다 사람들은 잘 있느냐? 예루살렘은 어떻고?
그게….

고생이 이만저만이 아녜요. 수모도 엄청 당하고 있고요.
뭘 봐?
나라가 망하니 이런 수모를 당하는구나.
꼽냐?
서러워!
헉!
예루살렘 성벽은 무너졌고, 성문들도 불타버렸습니다.

느헤미야는 그 말을 듣고 주저앉아 울었어.
크흐흑!
털썩

그는 슬픔에 잠겨 며칠 동안 금식하고,
흐흐흑!
아이고 형님! 뭐라도 좀 드셔요.

하늘의 하나님께 기도드렸어.
하늘의 하나님! 크고 두려우신 하나님! 당신을 사랑하며 당신의 계명을 지키는 사람들과의 언약을 지키는 하나님! 주의 종인 제가 이스라엘 자손을 위해 드리는 기도를 들어주십시오!
저의 집안과 이스라엘 자손이 하나님을 거역한 죄를 고백하건대 주께서 주의 종 모세를 통해 주신 계명과 율례와 규례를 지키지 않았습니다.

tip 계명과 율례와 규례

구약의 율법은 일반적으로 '율법'이라고 불리며 그 내용은 계명과 율례와 규례로 구분된다.

① 계명 : 하나님의 기본적인 명령으로 율법의 일반적인 원칙이다. 십계명이 해당된다.
② 율례 : 계명의 정신을 확대하여 법으로 제정, 선포된 성문률이다.
③ 규례 : 예배와 헌신의 제사 의식에 관한 전통적인 규범이다.

하지만 주께선 당신의 종 모세에게 말씀하셨습니다.
바로 여기!!
Link 2권 133p
모세

※이스라엘 : 이 시기부터는 남유다와 북이스라엘의 경계가 없어졌다. 따라서 특별한 언급이 없는 경우 이스라엘은 유다와 이스라엘 모두를 가리킨다.

죄를 지으면 너희를 여러 나라에 흩어놓겠다!
그래서 저희가 페르시아와 이집트 전역에 흩어졌습니다.
그러나 내게 돌아와 내 계명을 지키면, 하늘 끝에 흩어져 있더라도 내 이름을 두려고 택한 곳으로 데려올 것이다! Link 2권 219p
주의 나팔 소리다!
뿌우우우우
주께서 부르신다!
주께서 이름을 두신 예루살렘이다!

※내 이름을 두려고 택한 곳 : 가나안 땅, 이스라엘을 말함.

주님, 그 약속을 기억해주십시오. 저들은 주의 큰 능력과 강한 팔로 건져낸 주의 백성이지 않습니까?
우리 주님이시다!
살았다!
주의 이름을 두려워하는 주의 종들의 기도를 들어주십시오.
이제 주의 종인 제 일이 잘 되어 왕이 제게 자비를 베풀게 하소서!
아멘!

※주의 큰 능력과 강한 팔로 건져낸 : 이집트에서 이스라엘 백성을 탈출시켰던 일을 말함. Link 2권 51p

※주의 종들 : 느헤미야뿐만 아니라 유다 사람들이 같은 마음으로 기도했던 것으로 보인다.

2장 예루살렘으로 가는 느헤미야

아닥사스다 왕 20년 니산월, 느헤미야가 왕에게 술을 따르던 어느 날,
?

전과 달리 슬픔에 찬 느헤미야의 모습을 본 왕이 말했어.
안색이 안 좋소.아픈 것 같지는 않은데, 무슨 걱정이라도 있소?
!!

tip 슬픔이 드러나다

페르시아 제국에서는 왕 앞에서 슬픈 기색을 보이는 것은 큰 죄였다. 시종은 왕 앞에서 항상 밝은 표정을 지어야 했다. 그것이 왕의 권위를 높이는 일이었고 신하는 왕을 기쁘게 할 책임이 있었다. 느헤미야의 슬픔은 그 기색을 감출 수 없을 만큼 대단히 컸음을 말해준다.

※니산월 : 유대력 1월, 태양력은 3~4월경을 가리킨다.

느헤미야는 너무 놀라서 말했지.
왕께서 만수무강하시기를 빕니다. 제 조상이 묻혀있는 성이 폐허가 되고 그 성문들이 불에 탔다는 슬픈 소식 때문입니다.
그대가 원하는 것이 무엇이오?

tip 조상이 묻혀있는 성

느헤미야가 예루살렘을 직접 언급하지 않은 것은 이전에 측근들의 잘못된 보고로 아닥사스다 왕이 예루살렘을 단지 반역의 성으로만 알고 있었고 Link 7권 65p 그로 인해 좋지 못한 결과가 일어날 수도 있었기 때문이다. 또한 조상의 묘를 중시했던 페르시아 왕들의 동정심과 공감에 호소하기 위해 그렇게 표현했다.

느헤미야는 하늘의 하나님께 잠깐 기도를 드리고 말했어.
왕께서 괜찮으시다면, 저를 조상이 묻혀있는 유다의 예루살렘으로 보내주시고, 제가 그 성을 다시 짓게 해주십시오.
흐음!

그때 왕비도 왕의 곁에 앉아있었지.
속닥 속닥
그럼 다녀오려면 얼마나 걸리겠소?
아… 그게….
오, 허락해주실 것 같군.
느헤미야는 얼마나 걸릴지 기간을 말한 후,
그리고 제가 유다까지 무사히 갈 수 있도록 유프라테스 강 서쪽 지방의 총독들에게 편지를 몇 통 써주셨으면 합니다.

※왕비 : 왕비에 대해 언급한 것으로 보아 왕의 결정에 왕비가 영향을 미쳤던 것으로 보인다.

※기간 : 느헤미야가 말한 기간이 어느 정도인지는 알 수 없다.

※유프라테스 강 서쪽 지방 : 시리아와 팔레스타인 및 이집트까지 포함하는 지역을 가리킨다.

왕의 숲을 관리하는 아삽에게도 편지를 써주실 수 있을까요?
응? 아삽에게는 왜?
아삽
?
그에게 나무를 공급하라고 해주시면, 제가 그 나무로 성전 옆 성문과 성벽과 제가 살 집을 지을 수 있을 것입니다.
알겠어.
바라는 게 많네. 괜히 물었어.

※왕의 숲 : 왕을 위해 특별히 보호되고 가꾸어지는 숲으로, 왕의 수렵이나 유람을 위한 용도로만 사용되었다.

하나님의 은혜로 왕은 느헤미야의 청을 들어주었어.
더 없어? 기왕 다 내주는 거….
충분합니다.

그리고 군사령관과 기병들에게 느헤미야와 함께 가게 했지.
호위병까지 챙겨주시다니.
왕이 대인배야!

tip 제3차 포로 귀환 당시 상황

제3차 포로 귀환(B.C.444)은 스룹바벨에 의한 1차 포로 귀환(B.C.537) Link 7권 59p 이후 약 94년 만에, 에스라에 의한 2차 포로 귀환(B.C.458) Link 7권 74p 이후 약 13년 만에 이루어졌다. 느헤미야 당시 팔레스타인 지역에서는 여전히 이방인들이 주도권을 행사하고 있었으며 1, 2차 포로 귀환과 성전 건설 Link 7권 69p 에도 불구하고 예루살렘 성은 제대로 복구되지 않았다. 2차 귀환자들의 성벽 복구 작업 또한 이방인 방해자들과 아닥사스다의 칙령 Link 7권 65p 으로 무산되기에 이르렀다. 이에 예루살렘은 이방인들의 약탈을 막아내기 어려웠고, 유다 백성들은 큰 고통에 시달릴 수밖에 없었다. 한편, 1차 포로 귀환을 이끈 스룹바벨 이후 유다 총독에 관해서는 느헤미야가 유다의 총독이었다는 사실 외에 알려진 것이 없다.

길을 떠난 느헤미야는 유프라테스 강 서쪽 지방의 총독들에게 왕의 편지를 전했어.
이곳을 통과해도 되겠지요?
왕의 명령인데, 뭐!

그런데 호론 사람 산발랏과 그의 종 암몬 사람 도비야는 이스라엘을 재건할 목적으로 누가 온다는 소식을 듣고 몹시 근심했지.
느헤미야란 자가 유다의 총독으로 임명되어 군대의 호위를 받으며 예루살렘으로 오고 있답니다.
뭣이?!
이거 찜찜한데.
도비야
산발랏

※호론 : 에브라임 남쪽 지역, 미스바 서쪽에 위치한 벧호론을 가리킨다. 당시 행정 구역상 사마리아에 속했다.

tip 산발랏과 도비야

당시 사마리아의 총독이었던 산발랏은 유다까지 통치 세력을 넓힐 계획이었는데 유다의 강력한 지도자가 등장한다는 사실에 큰 위협을 느꼈다.

① 산발랏 : 느헤미야의 부임 이전에 사마리아의 총독으로 그 지방을 다스리고 있었다. 유다의 대제사장 가문과 혈연 관계를 맺을 정도 Link 7권 157p 로 막강한 영향력을 행사했다.

② 도비야 : 페르시아 궁의 시종이었다가 암몬 족속의 지도자가 되었다. 산발랏의 호감을 얻어 그의 참모 역할을 맡은 것으로 보인다.

예루살렘을 조사하는 느헤미야

예루살렘에 도착한 느헤미야는 우선 3일 동안 휴식을 취했어.
자, 오느라 애썼으니 다들 짐 정리하고 일단 휴식!
축 환영, 제3차 포로 귀환
와아아아

욥바
오노
사마리아
벧엘
게셀
미스바
기브온
여리고
아스돗
이스라엘
예루살렘
아스돗 (블레셋)
베들레헴
그일라
드고아
벧술
헤브론
염해
엔게디
이두매 (에돔)

※사마리아 : 팔레스타인 지방에서 북쪽으로는 갈릴리와 남쪽으로는 유다와 경계를 나누는 지역. 산지가 많다.

밤이 되자 느헤미야는 몇 사람을 데리고 예루살렘 성을 순찰했지.
왜 밤에 성을 둘러봅니까?
잘 보이지도 않구만.
느헤미야는 하나님이 그의 마음을 움직여 예루살렘을 위해 일하도록 하신 것을 아무에게도 말하지 않았어.
조용히 하고 돌아봐라.
아, 네….
그때, 느헤미야가 탄 짐승 외에 다른 짐승은 없었지.
이방인들이 성 재건을 알게 되면 방해할지도 몰라.

※다른 짐승 : 짐승들로 인해 눈에 띌 것을 우려하여 느헤미야 자신이 탈 당나귀만 준비했다.

※거름 문 : 예루살렘의 오물이 모두 빠져나가는 문.

골짜기 문을 지나 밖으로 나간 느헤미야는 용의 샘을 지나 거름 문으로 가면서 예루살렘 성벽을 조사했어.
성벽은 다 무너졌고.
음!
문들은 불에 타서 버려졌군요.
하지만 샘 문과 왕의 연못에서부터는 느헤미야를 태운 짐승이 지나갈 길조차 없었지.
부서진 성벽 때문에 더는 갈 수 없네요.
그럼 골짜기를 따라 올라가보자!

※골짜기 문 : 남쪽 문 중에 가장 크고 중요한 문. 서쪽 해안 지방에서 들어오는 주요 통로.
※용의 샘 : 골짜기 문과 거름 문 사이에 있는 우물.

※샘 문 : 예루살렘의 동남쪽에 있는 문.
※왕의 연못(실로암 연못) : 기혼 샘에서 솟은 물로 형성된 저수지.

그래서 그날 밤에는 골짜기를 따라 성벽을 둘러보고, 다시 골짜기 문으로 되돌아왔어.

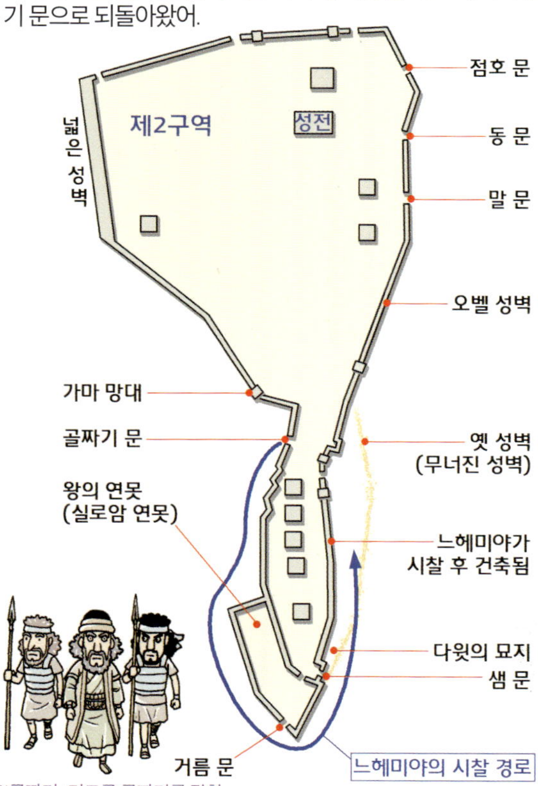

제2구역
성전
넓은 성벽
점호 문
동 문
말 문
오벨 성벽
가마 망대
골짜기 문
옛 성벽 (무너진 성벽)
왕의 연못 (실로암 연못)
느헤미야가 시찰 후 건축됨
다윗의 묘지
샘 문
거름 문
느헤미야의 시찰 경로

※골짜기 : 기드론 골짜기를 말함.

유다의 관리들은 느헤미야가 어디를 다녀왔는지, 무슨 일을 했는지 알지 못했지.
오아함
밤에 뭘 하신 거야?
지금이 몇 신데 아직까지 자고 있대?
곧 나오실 겁니다.

그 후, 느헤미야가 관리들에게 말했어.
여러분도 알다시피, 우리는 어려움에 빠졌소.
예루살렘은 폐허가 되었고, 성문들은 다 타버렸지요.
새삼스럽게 뭐.
성벽도 무너졌으니 한마디로 무방비 상태죠.

이제 예루살렘 성벽을 다시 쌓읍시다. 더는 수모를 당할 수 없지요.
성벽을?
우리가 할 수 있을까요?
느헤미야는 하나님이 자신을 돌봐주신 것과 왕이 했던 말을 들려주었지.
그러자 그들이 대답했어.
좋습니다. 공사를 하겠습니다!
후후
그래, 합시다!

그래서 그들은 기꺼이 성벽 공사를 시작했지.
주께서 돌봐 주시잖아!
용기를 내라!
그러나 호론 사람 산발랏과 그의 종 암몬 사람 도비야, 아라비아 사람 게셈은 이 일을 듣고 그들을 조롱하며 비웃었어.
무슨 짓을 하고 있소?
반역이라도 할 셈이오?
성벽을 쌓고 독립 선언이라도 하게?
흥! 하나님께서 이 일을 도와주실 거요!

※아라비아 : 아시아와 아프리카를 잇는 서아시아의 사막으로 이루어진 지역.
※게셈(가스무) : 페르시아에 속한 에돔 땅의 행정관이며 아라비아의 지도자.

성벽을 재건하는 일은 우리가 반드시 해야 할 과제요!
당신들은 예루살렘에서 차지할 몫이 없소. 역사적인 근거도, 주장할 권리도 없단 말요!!
어쭈, 도전이냐? 반항이냐?
한번 해보자는 거지? 응?

3장 성벽 건축자들

성벽 재건에 참여한 사람들은 다음과 같아.
건축에 참여한 공로자들의 명단을 남겨야지.

북쪽 성벽을 쌓은 사람들

대제사장 엘리아십과 제사장들은 양의 문을 다시 세우고 거룩하게 한 후,
엘리아십
촤
악
정결한 물을 7번 뿌리면, 거룩해지지.

tip 양의 문을 거룩히 하다

양의 문이란 양을 사고파는 시장이 있어서 붙인 명칭이다. 양의 문은 성전 구역과 가까이 있어 제사에 필요한 양들이 들어오던 통로였다. 이 문 근처에는 제사장들이 주로 거주했기 때문에, 가장 먼저 이 문을 정결 예식에 따라 거룩히 구별한 것으로 보인다.

※정결 예식 : Link 2권 119p

문짝을 달고 함메아 망대와 하나넬 망대까지 북쪽 성벽을 쌓고 봉헌했어.
자, 다 되면 이곳도 거룩하게 하자!

※함메아 망대, 하나넬 망대 : 북편 성벽에 세워진 군사적 요충지. 예루살렘 성전 내, 외곽을 조망할 수 있던 곳.
※봉헌 : 거룩하게 구별한다는 의미로 쓰였다.

여리고 사람들과 이므리의 아들 삭굴도 북쪽 성벽을 쌓았고,

※여리고 사람들 : 예루살렘 북동쪽에 위치한 여리고 출신의 예루살렘 거주민.

하스나아의 아들들은 물고기 문을 세웠지. 그들은 문틀을 얹고 문짝을 단 뒤 자물쇠와 빗장도 달았어.

※물고기 문 : 갈릴리 바다나 요단 강에서 잡힌 생선들이 이 문을 통해 들어왔으며 근처에 어물전 시장이 있었기 때문에 물고기 문이라 불렀다.

그다음은 우리야의 아들 므레못이, 그다음은 베레갸의 아들 므술람이, 그다음은 바아나의 아들 사독이 성벽을 보수했지.

※므레못 : 에스라의 귀환 때 바벨론에서 가져온 물품을 정리 Link 7권 78p 했다.
※므술람 : 성벽을 두 부분이나 보수한 제사장으로 영향력이 컸다.

다음으로 드고아 사람들이 성벽을 보수했지만 드고아 귀족들은 공사에 협조하지 않았어.
멀리까지 와서 고생 많네. 근데 귀족들은 어딜 가고?
귀족들은 산발랏과 도비야 편에 붙어서….

※드고아 : 예루살렘 남쪽 16km 지점에 위치한 해발 약 840m 정도의 고원 지대.
※드고아 귀족들은 사마리아 총독인 산발랏과 암몬 사람 도비야의 영향을 받아서 성벽 재건에 동참하지 않았다.

서쪽 성벽을 보수한 사람들은 다음과 같아.

	보수 지점	보수 내용	보수한 사람
서쪽 성벽	옛 문	문틀과 문짝을 달고 자물쇠와 빗장을 달았음	바세아의 아들 요야다, 브소드야의 아들 므술람
	넓은 성벽	보수(사람의 순서대로 보수했음)	① 기브온 사람 믈라댜, 메로놋 사람 야돈, 강 서쪽 지방의 총독 밑에 있던 기브온 사람들과 미스바 사람들 ② 금세공업자 할해야의 아들 웃시엘 ③ 향품을 만드는 사람인 하나냐
	성벽	넓은 성벽과 가마 망대 사이를 보수	① 후르의 아들 르바야(예루살렘 외곽의 절반을 다스림) ② 하루맙의 아들 여다야(자기 집 맞은편 성벽 보수) ③ 하삽느야의 아들 핫두스
	성벽, 가마 망대	보수	하림의 아들 말기야, 바핫모압의 아들 핫숩
	성벽	가마 망대부터 골짜기 문 사이를 보수	할로헤스의 아들 살룸(예루살렘 외곽의 절반을 다스림), 그의 딸들
	골짜기 문	문을 세우고 문짝과 자물쇠와 빗장을 달았음	하눈, 사노아 사람
	성벽	골짜기 문과 거름 문 사이 천 규빗(500m)을 보수	

※옛 문 : 가장 오래된 문이어서 옛 문이라 명한 것으로 보이며 지리, 전략, 경제상 중요한 역할을 차지했다.

남동쪽 성벽을 보수한 사람들은 다음과 같아.

	보수 지점	보수 내용	보수한 사람
남동쪽 성벽	거름 문	문을 세우고 문짝과 자물쇠와 빗장을 달았음	레갑의 아들 말기야(벧학게렘 지역을 다스리던 사람)
	샘 문	① 문을 세우고 그 위에 지붕을 얹음 ② 들보를 얹고 문짝과 자물쇠, 빗장을 달았음	골호세의 아들 살룬(미스바 지역을 다스리던 사람)
	성벽	왕의 정원 옆 '실로암 연못'부터 '다윗 성에서 내려오는 계단'까지 보수	
		'다윗의 묘지' 맞은편부터 '사람들이 만든 연못'과 '용사의 집'까지 보수	아스북의 아들 느헤미야(벧술 구역의 절반을 다스림)
		'용사의 집'에서 '무기 창고로 올라가는 길'까지 맞은 편 보수	레위 사람들(바니의 아들 르훔 밑에서 일함)
			하사뱌(그일라 구역 절반을 다스림)
			헤나닷의 아들 바왜(그일라 구역의 절반을 다스림), 친척인 레위 사람들
		'무기 창고로 올라가는 길' 맞은편부터 성벽이 꺾이는 곳까지 보수	예수아의 아들 에셀(미스바 지역을 다스리던 사람)

※느헤미야 : 느헤미야서의 저자와는 동명이인.

동쪽 성벽을 보수한 사람들은 다음과 같아.

보수 지점	보수 내용	보수한 사람
동쪽 성벽	성벽이 꺾이는 곳부터 대제사장 엘리아십의 집 문까지 보수	삽배의 아들 바룩
	엘리아십의 집 문부터 그 집 끝까지 보수	우리야(학고스의 아들)의 아들 므레못(북쪽 성벽을 보수했던 므레못과 동일인)
	엘리아십의 집 끝부터 베냐민과 핫숩의 집 전까지 보수	그 주위에 사는 제사장들
	베냐민과 핫숩의 집 앞 보수	베냐민, 핫숩(가마 망대를 보수한 핫숩과 동일인)
	자기 집 옆 보수	마아세야(아나냐의 아들)의 아들 아사랴
	아사랴의 집부터 성벽이 꺾이는 곳을 지나 모퉁이까지 보수	헤나닷의 아들 빈누이(헤나닷의 아들 바왜와 동일인)
	성벽이 꺾이는 곳의 맞은편과 윗 왕궁부터 튀어나온 망대(왕의 경호대 뜰에서 가까운 곳에 위치)까지	우새의 아들 발랄
	윗 왕궁부터 튀어나온 망대 이후 보수	바로스의 아들 브다야
	'수 문' 맞은편까지, 그리고 왕궁부터 튀어나온 망대까지 보수	오벨 언덕에 살던 성전 막일꾼들
	왕궁에서 튀어나온 큰 망대부터 오벨 성벽까지 보수	드고아 사람들
	'말 문'부터 사독의 집 맞은편까지 보수	제사장들(각기 자기 집 앞 성벽을 보수)
	사독의 집 맞은편 보수	임멜의 아들 사독
	사독의 집 맞은편부터 므술람의 집 맞은편까지 보수	동문의 문지기인 스가냐의 아들 스마야
		셀레먀의 아들 하나냐(향품을 만들던 하나냐와 동일인)와 살랍의 여섯째 아들 하눈
	므술람의 집 맞은편 보수	베레갸의 아들 므술람(북쪽 성벽을 보수했던 므술람과 동일인)
	성전 종들과 상인들의 집, 곧 '점호 문' 맞은편과 성벽 모퉁이 다락방까지 보수	금세공업인 말기야
	성벽 모퉁이 다락방부터 '양의 문'까지 보수	금세공업인들과 상인들

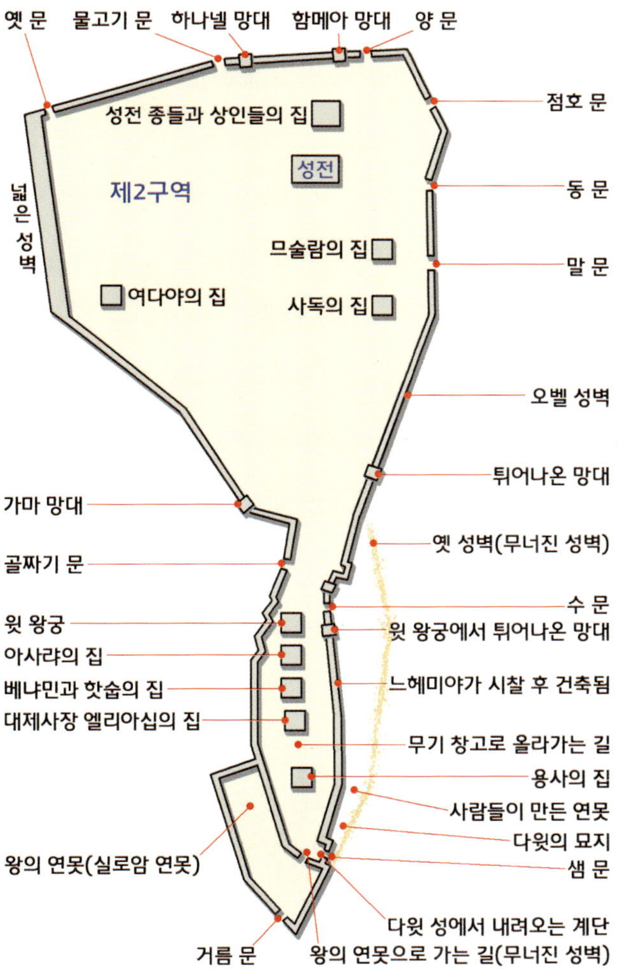

tip 서쪽 성벽 명칭에 대한 이해

① 넓은 성벽 : 특별히 넓고 견고한 성벽으로 전략적 요충지
② 예루살렘 외곽의 절반을 다스림 : 느헤미야를 도와 르바야와 살룸이 예루살렘 외곽 지역을 양분해 다스렸다.
③ 가마 망대 : 모퉁이 문의 방어를 위해 세웠다.
④ 골짜기 문 : 예루살렘 남쪽 문 중 가장 크고 중요한 문. 서쪽 해안 지방에서 들어오는 주요 통로.
⑤ 사노아 : 예루살렘 서쪽 16km 지점에 위치한 성읍.

남동쪽 성벽 명칭에 대한 이해

① 거름 문 : 예루살렘의 오물이 모두 빠져나가는 문.
② 벧학게렘 : 예루살렘 약 6km 서남방에 위치한 포도 산지.
③ 왕의 정원 : 힌놈 골짜기의 동쪽 끝과 기드온 골짜기의 남쪽 끝이 만나는 지점에 위치한 왕궁 소유의 동산.
④ 실로암 연못 : 기혼 샘에서 솟은 물을 받아 형성된 저수지.
⑤ 미스바 : 예루살렘 북쪽 약 12km 지점에 위치.
⑥ 다윗의 묘지 : 다윗과 이후 왕들의 묘지.
⑦ 용사의 집 : 다윗 왕가의 친위대를 위한 집.
⑧ 벧술 : 예루살렘 남쪽 약 20km 지점에 위치.
⑨ 그일라 구역 : 예루살렘 서남방 24km 부근.

동쪽 성벽 명칭에 대한 이해

① 엘리아십의 집 문 : 엘리아십의 집 출입구 건너편에 있는 성벽.
② 그 주위에 사는 제사장들 : 예루살렘의 제사장들과는 달리 농경지를 소유했던 지방 거주 제사장들.
③ 윗 왕궁 : 솔로몬이 왕궁을 짓기 전 다윗이 살았던 왕궁.
④ 튀어나온 망대 : 병사들이 주위를 감시하던 초소 탑.
⑤ 수 문 : 예루살렘 백성에게 필요한 식수가 공급되었던 곳.
⑥ 오벨 : 성전에서 실로암에 이르는 언덕 전체.
⑦ 말 문 : 말이나 말 탄 사람이 왕궁으로 들어가던 문.
⑧ 점호 문 : 소집 문으로 여기에서 병사들을 징집했다.

4장 성벽 공사의 외부 문제

사마리아 총독 산발랏은 유다 백성이 성벽을 보수한다는 소식에 몹시 화를 냈어.
이놈들이 성질 건드네.
천한 유다 놈들이 뭘 하겠습니까?
산발랏
도비야
부들부들
산발랏은 유다 백성을 비웃으며 자기 동료와 사마리아 군대 장교들에게 말했지.
힘없는 유다 놈들이 성벽을 다시 쌓는다고? 제사를 지내겠다고?
하루 만에 어떻게 성벽을 쌓아? 불타버린 돌을 어떻게 흙에서 꺼내 쓰겠냐고?
다시 돌로 쌓으면 뭐해. 여우 한 마리만 올라가도 무너질 걸.
그러게.
낄낄
유다 놈들 따위가 뭐!

※동료 : 권력이 있는 친형제들을 포함한 사마리아 지도자들과 동맹 세력.
※사마리아 군대 : 자신을 보호하고 통치력을 강화하기 위해 조직한 군대로 보인다.

그들의 조롱을 들은 느헤미야가 주께 기도했어.
하나님, 우리가 이렇게 멸시를 받으니 제 기도를 들어주십시오.
산발랏과 도비야가 퍼붓는 욕이 그들 자신에게 돌아가게 하시고, 그들이 포로로 끌려가게 하시고, 그들의 죄를 덮지도 용서하지도 마소서. 우리 앞에서 하나님을 모욕한 자들이 아닙니까?
그리고 계속 성벽을 쌓았는데,
하던 일은 계속해야 해!

마음을 모아 열심히 일한 결과, 원래 높이의 절반까지 복구했지.
휴! 이제 겨우 절반 정도 했구나.
산발랏과 도비야의 방해가 있을 텐데 서둘러야지요.

예루살렘 성벽이 다시 서고, 허물어진 곳도 복구되고 있다. 이상!

산발랏과 도비야, 아라비아 사람들, 암몬 사람들, 아스돗 사람들은 그 소식에 매우 화를 냈어.
유다 놈들이 기어코!?
성을 다 쌓으면 우릴 위협할 겁니다!

※아스돗 : 블레셋 5대 주요 도시 중 하나로 예루살렘 서쪽에 위치함.

tip 4면의 적들

(Link 7권 119p 지도 참고)

예루살렘 성벽 재건 소식에 예루살렘 4면을 둘러싼 적들은 분노와 우려를 나타냈다. 유다의 북쪽에선 산발랏의 사마리아, 동쪽에선 암몬 사람, 남쪽에선 네게브를 거점으로 활동했던 아라비아 사람, 그리고 서편에선 옛 블레셋의 후손인 아스돗 사람이 각각 예루살렘 성의 재건에 위기감을 느껴 시기하고 위협했다.

그리고 그들이 모의하길….
우리가 동시에 예루살렘을 공격해서 그들을 혼란에 빠뜨립시다.
좋습니다.
유다의 재건을 그냥 두고 볼 수는 없지요.

유다 백성들은 한편으로는 하나님께 기도드리고,
곧 원수들의 위협이 있을 테니 하나님께 매달려야 합니다!
주여!
다른 한편으로는 경비병을 세워 밤낮으로 성벽을 지켰어.
하지만 유다 백성들은 불평했고,
흙더미가 아직 산처럼 쌓여있는 데다 밤낮으로 경비를 서고 노동까지 하느라 우린 지쳤어요.
이제 성벽을 쌓을 수가 없습니다.
허 참!

※흙더미 : 성벽이 파괴되었을 때의 잔해. 성벽 주위에 쌓여있어 작업량이 가중되었다.

원수들은 위협을 가했지. 그래서,
은밀하게 쳐들어가서 유다 사람들을 죽이고 성벽 재건을 중단시키자!
당장 해치웁시다!
원수들 가까이 사는 유다 백성들이 느헤미야에게 열 번이나 말했어.
적들이 사방에서 우리를 치려 한다니까요!
당장 성벽 공사를 중단해야 해요!
아! 총체적 난국이로다.

tip 원수들 가까이 사는 유다 백성

당시 팔레스타인 지역을 차지하고 있던 북쪽의 사마리아, 남쪽의 아라비아, 동쪽의 암몬, 서쪽의 아스돗 사람들과 비교적 가까운 곳에 살았던 유다 외곽 지역 주민들은 적들의 위협을 피부로 느끼고 있었다. 그래서 예루살렘 성벽 건설을 중단해야 한다고 주장했다.

느헤미야는 집안별로 사람들을 뽑아 칼, 창, 활로 무장시켜 성벽 뒤 낮은 빈터에 배치했지.
전쟁 준비를 하는 모습을 보면, 적들도 쉽게 공격하지 못할 거요.
좋은 생각입니다!
그런 뒤, 두려워하는 백성과 귀족, 관리들을 격려했어.
두려워 마시오! 오직 위대하고 두려운 주님만을 기억하고 여러분의 가정을 지키기 위해 싸우십시오!
싸우자!
와아아아!
다 덤벼!
원수들은 자기들의 계획이 들통 난 것을 알게 되었지.
저것들이 공격에 대비하고 있구나.
일단 후퇴하죠.
하나님이 원수들의 계획을 헛되게 하신 덕분에,
적들이 물러갑니다!
우히히! 역시 하나님!
앗싸, 작전 성공!!
유다 백성 모두 성벽에서 하던 일을 계속할 수 있었어.
적들이 물러갔대.
다시 오기 전에 성벽을 쌓자.

그날부터 느헤미야는 자기 부하 중 절반은 성벽 쌓는 일을 시키고,
절반은 공사를 계속하고….
나머지 절반은 갑옷, 창, 방패, 활로 무장시켰어.
절반은 경계를 서면 되겠지?
그리고 관리들은 성벽을 쌓는 유다 백성 뒤에 진을 치게 했지.
우릴 왜 여기에…?
그냥 그렇게 하세요. 성경에도 이유는 없네요.

※부하 : 느헤미야가 직접 데리고 다니며 중요한 일을 맡기던 유다 청년들을 가리킨다.

사람들은 한 손으로 짐을 나르고, 다른 한 손으로는 무기를 들었어. 성벽 쌓는 사람도 허리에 칼을 차고 일했지.
아우! 무기 때문에 거추장스러워!!
끙!
만약을 대비해야 하니까 궁시렁대지 마!
또한, 느헤미야는 나팔수를 항상 옆에 두었는데,
우린 할 일이 많은데 넓게 퍼져서 서로 너무 멀리 떨어져 있소.
그러니 어디에서든지 나팔 소리가 나면, 그곳으로 모이시오. 그러면 하나님이 우리 편에 서서 싸워주실 것이오.
오! 좋은 생각이야.
금방 모이면 되겠네.
그들은 새벽부터 별이 뜰 때까지 일했는데 그중 절반은 창을 들고 일했어.
자, 오늘 일은 오늘 끝내자!
그리고 느헤미야가 말했지.
밤에는 자기 부하들과 예루살렘 성 안에 묵으면서 보초를 서고, 낮에는 일을 하시오!
네.
아이고, 힘들다.

※한 손에 무기를 : 비상시를 대비해 항상 무기를 휴대하고 있었다는 뜻이다.

※별이 뜰 때 : 초저녁 때를 가리킨다.

tip 예루살렘 성 안에 묵다

당시 성벽 재건 공사에는 예루살렘 사람뿐 아니라 인근 지역의 거주자들도 동참했다. 그런데 그들이 집으로 돌아간 뒤 적이 공격하게 되면 성벽이 무너질 수도 있었다. 따라서 느헤미야는 백성들에게 성내에서 밤을 지내라고 명령한 것이다. 이러한 노력의 결과 예루살렘 성은 착공 52일 만에 완공될 수 있었다.

한편, 느헤미야와 그의 형제들, 그를 따르는 젊은이들과 호위병들은 아무도 자기 옷을 벗지 않았어.
24시간 비상경계다. 잠 잘 때도 완전 무장 상태를 유지해라!
빨리 자자.
그들은 물을 길러 갈 때조차 무기를 가지고 다녔지.
언제 적이 쳐들어올지 모른다!

※자기 옷을 벗지 않다 : 씻을 때를 빼고는 무장을 해제하지 않았다.

5장 성벽 공사의 내부 문제

그즈음, 유다 백성과 그 부인들이 원망하며 울부짖었어.
우린 자녀도 많은데 곡식이 필요해요!
배가 고파서 밭과 포도원까지 저당 잡혀 곡식을 얻었어요!
왕에게 낼 세금 때문에 밭과 포도원을 담보로 돈을 빌렸다고!
같이 죽자!
사생결단
밥 주라!
율법대로 해라!
생존권 보장

우리가 그들과 무엇이 다르냐? 왜 세금 때문에 우리 아들딸을 종으로 팔아야 하냐?
이미 우리 딸들이 노예가 됐는데도 밭과 포도원이 다 남의 것이 되어서 어떻게 할 수가 없다!
사생

※그들: 유다의 부자들과 상류층.

tip 내부 문제

당시 유다는 흉년이 든 데다 이주민이 계속 증가하면서 식량난에 시달리고 있었다. 게다가 세금은 줄어들지 않아 가난한 서민들은 부자에게 집이나 토지를 저당 잡혔고, 심지어 자녀를 팔기까지 했다. 경제적 능력이 있는 형제나 친척이라도 있다면 팔린 자녀들을 해방시킬 수 있었으나, 그런 경우는 드물었다. 이 같은 상황에서도 부자들은 고리를 받는 조건으로 곡식이나 돈을 빌려주면서 자기 배를 불리기에 급급했다.

백성들의 원성과 탄식을 들은 느헤미야는 분노를 참을 수가 없었지.
그것이 사실이오?!
총독님이다!
우리가 남이가?
웅성웅성

느헤미야는 그들의 원성을 신중하게 살핀 뒤,
우리가 남이가?

귀족들과 관리들을 호되게 책망했어.
동포들을 대상으로 돈놀이를 했다고? 엉?!

※돈놀이: 율법에는 같은 이스라엘 백성끼리 돈을 빌려줄 경우 이자를 받지 못하게 돼있다. Link 2권 82p

그러고 나서, 느헤미야는 집회를 열고 귀족들과 관리들에게 말했지.
우리는 이방 사람들에게 팔려서 종이 된 유다 동포를 몸값을 치르고 데려왔소!

※몸값을 치르고 데려오다: 느헤미야는 페르시아의 이방인에게 팔린 유다 백성을 값을 치르고 해방시켰던 것으로 보인다.

그런데 지금 당신들이 동포를 또 팔고 있다니 이제 그들을 다시 사오라는 말이오!? 엉?!
나쁜 놈들, 양심 좀 있어라!
이게 말이 되냐고!!

그들 중 대답하는 사람은 아무도 없었어.
사악한 놈들!
돌로 쳐 죽여버려!

여러분은 옳지 않소.이방인의 비웃음을 사지 않으려거든, 하나님을 두려워해야 하오.
뭐야? 저놈들! 또 팔려왔어?
얼마 전에 몽땅 사가더니?
세금을 못 내서 또 팔렸대.
나도 많은 이에게 곡식과 돈을 빌려주지만 이자는 받지 않소. 여러분도 이제부터는 이자를 받지 마시오.
그리고 밭과 포도원과 올리브 농장과 집을 당장 돌려주고, 그동안 받은 비싼 이자도 당장 돌려주시오.
알겠습니다. 말씀대로 할게요.
다 돌려 주겠습니다.
아무것도 받지 않겠습니다.
오오!
할렐루야!
그러자 느헤미야는 제사장들을 불러 귀족들과 관리들에게 서약하게 했어.
맹세하시오. 제사장들이 증인이 될 것이오.
윽! 꼼짝 마라네.
뭐야? 꼼수 부리려고 했어?
수군수군
그리고 자기 주머니를 털며 말했지.
이 서약을 지키지 않는 사람은 하나님께서 집과 재산을 이처럼 털어서 빈털터리가 되게 하실 것이오.
아… 알겠습니다.
반드시 지킬게요.
할렐루야!
아멘!
모두 여호와를 찬양하고, 귀족들과 관리들은 약속을 지켰어.
맹세했으니 당장 지키겠습니다.
만세!
와아아
짝짝짝!

※아멘 : '믿습니다, 동의합니다'라는 뜻.

아닥사스다 왕 20년부터 32년까지 12년 동안 느헤미야는 유다 총독으로 있었지.
형님, 장기 집권으로 월급이 짭짤하겠수?
우히히
음!
그러나 그와 그의 형제들은 총독에게 지급되는 녹을 받지 않았어.
칫! 월급을 전부 사회단체에 기부하겠대.
좋다 말았네.

tip 녹(급여)

총독의 생활비는 원칙적으로 유다 백성이 지급하도록 돼있었다. 당시 관리들은 자기 관리 지역의 주민들로부터 세금을 거둔 다음 그 일부를 자신의 몫으로 삼았으나, 느헤미야는 백성에게 경제적 부담을 주지 않으려고 총독의 녹을 포기했다. 솔선수범하는 모습을 보임으로써 부유층이 가난한 백성을 압제하지 못하도록 한 것이다.

그러나 느헤미야 이전 총독들은 백성들에게 무거운 세금을 지웠고,
어이구 많기도 해라.
끙끙
아주 싹싹 쓸어오는구만.

매일 음식과 포도주 외에도 은 40세겔을 거뒀어.
재물도 많이 걷었고, 은행 잔고도 빵빵합니다요.
총독
헤헤
힘닿는 데까지 걷어. 챙길 수 있을 때 챙겨야지.

※이전 총독들 : 스룹바벨 이후의 총독들을 말하나 구체적으로 알려진 내용은 없다.

※은 40세겔(456g) : 은 1세겔은 성인의 4일 품삯이므로, 유다 전체에서 매일 걷은 것으로 보인다.

심지어 총독 밑에 있는 사람들도 백성들을 착취했지.
나도 줘.
이렇게 다 뜯기면 뭐 먹고 살라고.
나도!
나도!
나도!

그러나 느헤미야는 그렇지 않았어.
하나님이 두렵지도 않나?

느헤미야와 그를 따르는 사람들은 밭 한쪽도 사지 않고 뜻을 모아 오직 성벽 공사에만 힘을 쏟았지.
정신 통일!!
성벽 공사!!
우리에게 밭 따위는 필요 없다! 오직 성벽뿐이다!!
크아아아

그러면서도 느헤미야는 유다 사람과 관리들 150명뿐만 아니라 여러 나라에서 온 사람들과 자신의 식탁에서 함께 먹었어.
이런 만찬을 준비해 주시다니.
월급도 안 받는다는 양반이.
무슨 꼼수가?
주식이라도 해서 좀 벌었나?
하하하

느헤미야는 그들을 위해 매일 황소 1마리와 기름진 양 6마리, 여러 마리의 닭을 준비했으며,
매일 이 많은 음식을… 힘들어!
이건 노동 착취야. 월급이라도 올려주든가.
투덜투덜

※여러 나라에서 온 사람들 : 페르시아에서 파견된 관리이거나 여행 또는 업무 차 들른 다른 지역 관리들.

열흘에 한 번씩 각종 포도주를 모자라지 않게 준비했지.
모스카토 다스티는 약간의 발포성이 있는 스위트한 스파클링 와인이죠.
기대돼!!
오오!

tip 함께 먹다

식사를 대접했다는 의미다. 녹을 받지 않던 느헤미야가 어떻게 많은 사람의 식사 경비를 조달할 수 있었을까? 그는 어쩌면 페르시아 왕궁에서의 술 관원 직책이 유지되어 계속 급료를 받았거나, 원래 부유했을 수 있다. 느헤미야가 관리들을 이처럼 접대했던 것은 이스라엘을 효과적으로 지도하고 민심을 규합하기 위함이었다. 그는 이 식탁에서 민족의 회복을 위해 많은 논의를 했을 것이다.

나의 하나님, 제가 이 백성을 위해 한 선한 일을 기억하시고 제게 은혜를 베풀어주십시오!

6장 느헤미야 제거 음모

산발랏과 도비야, 아라비아 사람 게셈, 그 밖의 유다의 원수 들이 예루살렘 성벽에 대한 소식을 들었어.
유다가 예루살렘 성벽의 무너진 곳을 다 이었답니다!
아니 벌써?
두 달도 채 안 됐는데?
하지만 아직 성문은 달지 못했습니다.
성문만 달면 모든 공사가 끝나겠군.
이젠 플랜 B를 작동시켜야겠군요.
??
산발랏과 게셈이 느헤미야에게 전갈을 보냈지.
위대한 산발랏님이 오노 들판의 한 마을에서 만나잔다.
뭐?
그러나 느헤미야는 그것이 자신을 해치려는 계략임을 알았어.
오노 들판은 유다의 영토가 아냐. 그곳에서 날 죽일 셈이구나.
나쁜 놈들!
느헤미야는 그들에게 사람을 보냈지.
지금 큰 공사가 있어서 그 일을 중단하고 갈 수는 없답니다.
뭐야?
우리 말을 무시해?

※오노 : 욥바의 남동쪽 약 11.2km 지점에 위치. 예루살렘과 사마리아 중간 평지에 있었다.

※게셈(가스무) : 페르시아에 속한 에돔 땅의 행정관이며 아라비아의 지도자.

※유다의 원수 : 암몬 사람과 아스돗 사람들 Link 7권 124p

그럼에도 그들은 똑같은 전갈을 네 번이나 더 보냈고,
이것이 눈치 챘나?
친한 척하고 계속 보내봐요.
살살 꼬드겨 보죠.
그때마다 느헤미야는 똑같은 대답을 했어.
으음, 이놈이 정말!
이제 작전 변경!
어떻게?
산발랏이 다섯 번째로 자기 종을 시켜 느헤미야에게 편지를 보냈지.
친한 척은 끝났다. 본색을 드러내!
우리의 전공이 공갈 협박이잖아.
나도 그런 거 좋아해.
흥!
크크
오!

그런데 종이 가져온 편지는 봉인되지 않았어.
응? 봉인도 없네?
흥! 위대하신 산발랏님은 그런 거 없어도 돼.
편지의 내용은 다음과 같아.
당신과 유다 사람들이 반역을 모의하고, 성벽을 쌓는 것도 그 때문이라는 소문이 여러 나라에 나돌고 있소.
뭐?!
가스무도 그 소문이 맞다고 했소. 더구나 당신이 그들의 왕이 되려 한다는 소문도 있소.
이런 말도 안 되는 모함이?!

※당시 편지는 파피루스나 가죽에 써서 둘둘 말아 비단 가방 속에 넣어 묶은 뒤 점토나 밀랍으로 봉했다.

※가스무 : 게셈을 말한다.

또한 예언자를 세워 당신을 유다의 왕으로 선포하려 한다는 말도 들었소.
도성 예루살렘아, 환호하라! 유다에 왕이 있으며, 그 왕이 오신다! 그는 공의로우신 왕, 구원을 베푸시는 왕이다!

tip 유다 왕

포로 시대 이후에 활동했던 예언자 스가랴가 만왕의 왕으로 임하실 예수 그리스도의 도래를 예언 Link 7권 182p 한 바 있고, 산발랏은 이러한 예언을 느헤미야의 반역과 연결시켜 그를 곤경에 빠뜨리려 했다. 산발랏은 이러한 내용의 편지를 일부러 봉하지 않아 소문이 퍼지게 했다. 즉, 느헤미야가 자신을 변호하지 않으면 안 되는 상황을 만들어, 회담의 자리에 나오게끔 음모를 꾸민 것이다.

난 이 일을 왕께 보고할 것이오. 그러니 만나서 함께 이야기해봅시다.
안 오면 다 폭로해 버릴 거야.
흥! 내 답장을 전해라, 그것은 거짓이고, 꾸며낸 모략일 뿐이라고!
어쭈? 후회하지 마라!
원수들은 느헤미야에게 으름장을 놓으면 유다 백성들이 겁에 질려 성벽 공사를 중단하고 끝내지 못할 거라 생각했던 거야.
성벽을 쌓고 반역하겠다는 거 아냐?!
왕이 알면 너희는 모두 처형이다!
퍽!
공사를 집어치워라!

그러자 느헤미야는 주께 기도했어.
하나님, 제 손에 힘을 주십시오.
어느 날, 느헤미야는 스마야를 만나러 그의 집으로 찾아갔지.
이리 오너라!
스마야는 므헤다벨의 손자이며 들라야의 아들인데, 문 밖 출입을 하지 않고 있었어.
집 안에만 계신다는데 무슨 일이오?
사실은….

※손 : 이스라엘 사람들은 손을 능력의 상징으로 여겼다.

※스마야 : 느헤미야의 측근으로 예언자이며 제사장. 그 외 알려진 것은 없다.

자객들이 밤에 당신을 죽이러 올 것이오. 그러니 하나님의 성전 안 성소로 들어가 문을 닫읍시다!
자객들이!?
나 같은 사람에게 도망가라니? 더구나 난 성소에 들어가면 절대 살아나올 수 없소! 나는 가지 않겠소!
뭐요? 당신이 죽으면 유다는 끝장이란 말이오!

※나 같은 사람 : 총독이며 지도자 신분의 사람.

tip 거짓 예언

산발랏 일당은 느헤미야의 측근인 제사장 스마야를 매수해 거짓 예언을 하게 했다. 느헤미야가 이 거짓 예언을 듣고 목숨을 구하려고 성소로 숨는다면, 그의 비겁한 모습을 백성에게 알려서 그의 위신을 떨어뜨리려는 계략이었다. 게다가, 제사장 외에 들어갈 수 없는 성소 Link 2권 175p 에 느헤미야를 들여 성전을 모독하고 율법을 어겼다는 죄를 씌울 수도 있었다.

그 순간 느헤미야는 스마야가 하나님이 보내신 예언자가 아님을 알았지.
가만… 도망가서 성소에 숨으라고?
아… 아니 왜…??
움찔
사실, 스마야는 산발랏과 도비야에게 매수되어 거짓 예언을 했던 거야.
누구의 사주를 받은 것이냐?
사… 사주라니?! 산발랏과 도비야가 시킨 게 아니오!
그들은 스마야를 통해 느헤미야에게 겁을 주어 죄를 짓게 하려 했어.
산발랏과 도비야의 플랜 C구만.
흥!
어… 어떻게 알았소?
바보

※죄 : 제사장 외의 사람이 성소에 들어가는 일 Link 2권 175p

그리하여 느헤미야의 명예를 더럽히고, 이를 빌미로 그를 비방하려는 속셈이 었지.
이런 겁쟁이를 믿고 따를 것이오?!
함부로 성소에 들어가서 율법을 어긴 자요!
느헤미야를 추방해라!
매달아라!
느헤미야는 이렇게 기도했어.
나의 하나님, 산발랏과 도비야가 한 일을 기억하시고, 저를 위협한 예언자 노아다와 다른 예언자들도 잊지 말아주십시오.

※예언자 노아다 : 여자 예언자. 신원이 분명하지 않지만 느헤미야의 계획을 반대한 예언자 그룹에 속했던 것으로 보인다.

성벽의 완공

성벽 공사는 52일 만인 엘룰월 25일에 끝났지.
만세!!
와아아아아
드디어 맘 놓고 편히 잘 수 있겠다!
할렐루야!

※엘룰월 : 유다 종교력으로 6월, 태양력으로 12월.

tip 52일 만에 성벽이 완성된 이유

① 예루살렘 주민뿐 아니라 여리고, 드고아, 기브온, 미스바 등 인접 지역 주민까지 힘을 합쳤다.
② 동쪽 성벽을 제외한 다른 성벽은 파괴된 부분만을 보수했다.
③ 건축에 필요한 돌은 폐허 더미에서 꺼내 쓰면 되었으므로 준비 기간이 오래지 않았고, 그 외의 자재들도 미리 준비했기 때문으로 보인다.

유다의 원수들과 주변의 여러 민족이 이 소식을 듣고 완공된 성벽을 보았지.
결국 완성했구만!
대단하네요. 52일 만에.
쩝! 그렇게 방해했건만.

그들은 성벽 공사가 하나님이 하신 일임을 깨닫고 기가 꺾였어.
유다의 신은 대단한 듯합니다.
당분간 건들지 말자고.
아! 찜찜해.

그 무렵, 유다의 귀족들은 도비야와 여러 번 편지를 주고받았지.

도비야는 스가냐(아라의 아들)의 사위였으며,
장인어른 잘 계셨습니까?
아빠!
아이고! 잘나가는 내 사위!
부르릉

※스가냐 : 스룹바벨과 함께 귀환했던 자. 자세한 정보는 없으나 유다의 유력한 가문으로 보인다.

도비야의 아들 여호하난은 므술람(베레갸의 아들)의 딸과 결혼했기 때문에,
사돈, 잘 지내십니까?
덕분에.

많은 유다 사람이 도비야와 동맹을 맺었어.
헤헤! 잘 부탁합니다.
하하하

그들은 느헤미야에게 늘 도비야를 칭찬했고,
도비야는 정말 멋진 사람이죠.
인품도 훌륭하고.
참 나!
그런 양아치 같은 인간을.

※므술람 : 성벽을 두 부분이나 보수한 제사장으로서 큰 영향력을 행사했다. Link 7권 122p

느헤미야의 말은 도비야에게 일러바쳤지.
느헤미야가 양아치래요.
노인네가 버릇이 없어.
뭐?!

그래서 도비야는 느헤미야를 협박하는 편지를 여러 번 보냈어.
이게 감히, 그냥 두지 않겠다!
파바박!

※귀족들은 원수들에게 느헤미야를 험담하며 왜곡된 정보로 여론을 호도했다.

tip 도비야와 동맹 맺은 유다 사람

도비야는 유다의 두 가문과 혈연관계를 맺어 많은 유다인과 긴밀한 관계를 유지했다. 제사장이면서 사마리아의 실권자였던 그는 유다에 영향력을 행사하고 싶었고, 므술람은 그를 통해 이익을 추구하고자 했다. 이 둘의 이해가 맞아 떨어진 것이다. 느헤미야가 이 일을 밝힌 이유는 예루살렘 성벽 재건이 내적으로나 외적으로나 심한 방해가 있었음을 강조하려는 의도였다.

7장 예루살렘 성의 책임자 임명

예루살렘 성벽을 다시 쌓고 각 문을 제자리에 단 후, 느헤미야는 노래하는 사람과 문지기와 레위 사람들을 세웠어.
각자 맡은 일이 있으나, 성문도 지켜주셔야 하오!!
네! 맡겨 주십시오!
철통 경비의 표본을 보여드리죠!

※노래하는 사람 : 레위인 성가대를 말한다.

tip 사람을 세우다

노래하는 사람과 문지기와 레위 사람들에게 성문의 수위 역할을 맡긴 일을 가리키며, 그 이유는 다음과 같다.

① 당시에는 제사장과 레위 사람들이 예루살렘 인구의 절반 이상이었으며,
② 성전 문은 언제나 레위 사람이 지켰다.

노래하는 사람과 문지기도 레위 사람이었지만 성전 봉사 일을 했던 레위 사람과 구별하려는 의도로 이렇게 구분했다.

느헤미야는 동생 하나니와 성의 지휘관 하나냐에게 예루살렘 경비를 맡겼지.
특히 하나냐는 정직하며, 하나님을 경외하는 사람이라 기대가 크오.
아니, 저는요?
해가 뜰 때까지는 예루살렘 성문들을 열지 마시오! 새벽에 기습이 있을지 모르오.
그리고 문지기가 지키고 있더라도 성문을 닫고 빗장을 걸어놓으시오.
이…이렇게까지 할 필요가…?
유비무환, 몰라?

※새벽 : 근동에서는 보통 새벽에 성문을 열었다.

또한 예루살렘 성 사람들을 경비로 세우고, 각자 지정된 초소와 자기 집 앞을 지키게 하시오.
인구조사
예루살렘은 크고 넓었지만, 사람이 적었고, 제대로 된 집도 얼마 없었어.
그때 하나님께서 느헤미야의 마음에 감동을 주셨지.
귀족, 관리, 일반 백성을 가족별로 인구조사를 해야겠어!

※마음에 감동을 주다 : 하나님이 어떤 일을 할 수 있는 마음을 주셨다는 뜻이다.

마침, 느헤미야는 1차 포로 귀환자들의 족보 Link 7권 60p 를 찾았는데,
느부갓네살 왕에게 잡혀 바벨론으로 끌려간 사람 중 많은 사람이 고향 땅 예루살렘과 유다로 돌아왔다.
1차 포로 귀환 때 지도자는 스룹바벨, 예수아 느헤미야, 아사랴, 라아먀, 나하마니, 모르드개, 빌산, 미스베렛, 비그왜, 느훔, 바아나….

tip 인구조사

재건된 예루살렘을 민족의 구심점으로 삼으려면 적의 공격에 대응할 수 있는 충분한 인원이 필요했는데 예루살렘 거주민은 너무 적었다. 느헤미야가 인구조사를 한 것은 그 때문이었다. 이에 느헤미야는 유다의 각 지방에 흩어져있던 1차 포로 귀환자들을 예루살렘 성으로 이주시키려고, 과거에 작성되었던 귀환 인원을 확인했다. 2, 3차 포로 귀환자들에 대해서는 별도로 조사할 필요가 없었는데, ① 인원이 많지 않았고 ② 대부분 예루살렘 주변에 거주하고 있었으며, ③ 2, 3차 귀환은 비교적 최근 일이어서 이미 인원 파악을 끝냈던 것으로 보인다.

※ Link 7권 60p 의 에스라 족보와 이곳에 나오는 족보는 이름이나 숫자가 다른 부분이 있다. 이는 사본가들의 실수 혹은 사본의 차이 때문으로 추정한다.

느헤미야

1차 포로 귀환자들의 족보에 기록된 이스라엘 백성의 명단은 다음과 같아.

	귀환자 명단	숫자(명)
가계별 일반 백성	바로스의 자손	2,172
	스바댜의 자손	372
	아라의 자손	652
	바핫모압의 자손(예수아와 요압 계보)	2,818
	엘람의 자손	1,254
	삿두의 자손	845
	삭개의 자손	760
	빈누이(바니)의 자손	648
	브배의 자손	628
	아스갓의 자손	2,322
	아도니감의 자손	667
	비그왜의 자손	2,067
	아딘의 자손	655
	아델의 자손(히스기야 가문)	98
	베새의 자손	324
	하립(요라)의 자손	112
	하숨의 자손	328
	기브온(깁발)의 자손	95
지역별 일반 백성	베들레헴 사람, 느도바 사람	188
	아나돗 사람	128
	벧아스마웻(아스마웻) 사람	42
	기럇여아림 사람, 그비라 사람, 브에롯 사람	743
	라마와 게바 사람	621
	믹마스 사람	122
	벧엘과 아이 사람	123
	느보 사람	52
	엘람 사람	1,254
	하림 사람	320
	여리고 사람	345
	로드와 하딧과 오노 사람	721
	스나아 사람	3,930
제사장	예수아 집안 여다야 자손	973
	임멜 자손	1,052
	바스훌 자손	1,247
	하림 자손	1,017
레위인	호드야 자손 (예수아 자손 / 갓미엘 자손)	74
성가대	아삽 자손	148
문지기	살룸, 아델, 달몬, 악굽, 하디다, 소배의 자손	138
성전 막일꾼	느디님 사람과 솔로몬을 섬기던 종들의 자손	392
계보 불명	들라야, 도비야, 느고다의 자손	642
	호바야(하바야), 학고스, 바르실래의 자손	정확히 알 수 없음
기타 지도자들		정확히 알 수 없음
온 회중의 합계		4만 2,360명

구분	숫자	가축		
남종과 여종	7,337명	가축	말	736마리
			노새	245마리
노래하는 남자와 여자	245명		낙타	435마리
			나귀	6,720마리

이스라엘 백성에 포함되지 않은 종들과 노래하는 사람들, 가축들은….

※노래하는 사람들 : 부자들이 축제 때나 슬픈 일이 있을 때 노래를 부르도록 고용한 자들이다.

집안의 지도자들 중 건축 기금을 낸 사람들은…? 먼저 총독은 금 1천 다릭과 그릇 50개, 제사장 예복 530벌을 창고에 내놓았고… 각 집안의 지도자들은 금 2만 다릭과 은 2천2백 마네를 바쳤네.
와! 어마무시하군.
재원이 빵빵해서 공사는 문제없겠어.

※총독 : 스룹바벨 Link 7권 59p 을 가리킨다.

※2천 마네 = 1,140kg

그 밖에 나머지 백성들은 금 2만 다릭과, 은 2천 마네, 그리고 제사장 예복 67벌을 바쳤군.
저희 것도 받아주세요!!
늦은 거 아니죠?
늦긴. 얼마든지 가져와!

그리하여 제사장, 레위 사람, 문지기, 성가대, 성전 막일꾼, 다른 모든 이스라엘 백성이 각자 고향에 자리를 잡았소.

※들라야, 도비야, 느고다의 자손 : 메소포타미아 지명으로 델멜라와 델하르사, 그룹, 앗돈, 임멜에 돌아왔지만 이스라엘 가문인지 확인이 불가능한 사람들.
※호바야(하바야), 학고스, 바르실래의 자손에 대해서는 Link 7권 60p tip 참고.

※1다릭 = 약 8.4g(2만 다릭 = 168kg)
※1마네 = 약 570g(2,200 마네 = 1,254kg)

2. 신앙 개혁 운동

8장 에스라의 율법 낭독

이스라엘 자손은 모두 자기 마을에 흩어져 살고 있었어.

7월 1일, 이스라엘 백성 모두가 수 문 앞 광장에 모여, 제사장이자 학자인 에스라에게 요청했지.
주께서 이스라엘에 명령하신 모세의 율법책을 읽어주십시오!!
호오! 웬일로 기특한 소리를?!

※7월 : 태양력으로 9~10월. 이스라엘의 주요 절기인 나팔절 Link 2권 201p 과 장막절 Link 2권 202p 이 있다.
※수 문 앞 광장 : 동문과 수 문 사이에 있는 넓은 공터. 재판과 상거래가 행해지는 곳이었다.

tip 백성이 요청하다

당시 백성들은 에스라에게 가르침을 받고자 했다. 영적인 부족함을 크게 느낀 이유도 있었지만, 7월 1일에 드리는 나팔절을 경건하게 지키려는 열망이 컸기 때문이었다. 다시 말해, 예루살렘 성벽 건축을 도와주신 하나님께 감사하고자 나팔절을 지내고자 했다.

그래서 제사장 에스라는 율법책을 가지고 나와,
남자든 여자든, 알아들을 만한 사람은 다 나왔군.

그 행사를 위해 만든 높은 나무 단 위에 섰어.

※알아들을만한 사람 : 특정 계층이 아닌 말씀을 듣고 이해할 수 있는 모든 부류의 사람.

에스라의 오른쪽엔 맛디댜, 스마, 아나야, 우리야, 힐기야, 마아세야가 섰고, 왼쪽엔 브다야, 미사엘, 말기야, 하숨, 하스밧다나, 스가랴, 므술람이 섰지.
다들 조용!
주목하세요!

※이들은 제사장으로 보이며 백성의 주의력을 집중시키는 역할을 했다.

에스라가 책을 펴자, 백성은 모두 일어섰어.

※서서 듣는 것은 말하는 사람에게 존경심을 표하는 행위였다.

그런 후, 에스라가 위대하신 주 하나님을 찬양하자, 백성들은 손을 들어 대답했지.
할렐루야!
아멘!
아멘!
그리고 엎드려 주님을 경배했어.
하나님의 율법이 낭독될 때,
이해가 안 돼.
예나 지금이나 하나님 말씀은 어렵네.
크흑

※할렐루야 : 하나님을 찬양하라는 뜻으로, 하나님을 찬양하는 감탄사로 사용된다.

예수아, 바니, 세레뱌, 야민, 악굽, 사브대, 호디야, 마아세야, 그리다, 아사랴, 요사밧, 하난, 블라야와 레위 사람들이 백성들에게 율법을 설명해주었지.
주께서 후일 새로운 왕을 보내주신다는….
하나님 말씀이 어렵다면 무조건 성경2.0이지.
아! 그렇군요.
오호!
이렇게 쉽게?
그들이 해석하고 설명해준 덕분에 백성들은 율법을 알아들을 수 있었어.
이제 겨우 알겠네.
우린 율법 전문가잖아.

tip 레위 사람들의 설명

이 말은 두 가지 견해가 있다.

① 에스라가 히브리어로 된 율법책을 낭독하면 레위 사람들이 바벨론에서 사용하던 아람어로 통역하면서 그 뜻을 부연 설명해주었다.

② 율법을 상세히 설명해 이해에 도움을 주었다.

오랜 포로 생활로 모국어(히브리어)를 잊어버린 이스라엘 백성도 있었기 때문에 전자의 입장이 설득력이 있다.

에스라는 새벽부터 정오까지 큰 소리로 율법을 읽었고, 백성들은 귀 기울여 들었지.
그때 갑자기 백성들이 울기 시작했어.
아, 우릴 그렇게 사랑하셨다니.
그동안 너무 막 살았어.
엉엉엉
크흐흑
흑흑흑

그러자 총독 느헤미야와 학자이며 제사장인 에스라, 그리고 백성을 가르치던 레위 사람들이 백성들을 타이르며 말했지.
오늘은 우리 주 여호와 하나님의 거룩한 날이니, 슬퍼하지도 울지도 마시오!
뚝, 그치시오!
흑흑흑
크흐흑
히잉!
돌아가서 살찐 짐승을 잡아 푸짐하게 차려 먹고, 없는 사람들에게도 나눠주시오! 오늘은 주님의 거룩한 날이오! 주 앞에서 기뻐하면 힘이 생기니 슬퍼하지 마시오!

※거룩한 날 : 안식일이나 매월 첫날, 나팔절과 같은 절기 때는 하나님 안에서 즐거워하는 날이므로 울어선 안 된다. 현재는 나팔절이다.

레위 사람들도 백성들을 달래며 말했어.
오늘은 거룩한 날이니, 조용히 하고, 슬퍼하지 마십시오.
백성들은 말씀을 깨달았기 때문에 돌아가 먹고 마셨고, 없는 사람들에게 나눠주며 큰 잔치를 벌이며 기뻐했지.
하나님을 찬양하며!!
할렐루야!
하하하
깔깔깔

초막절

다음날, 모든 백성을 대표하는 각 가문의 지도자, 제사장, 레위 사람들이 에스라에게로 갔어.
무슨 일이오?
율법의 말씀을 더 배우고 싶습니다.
그들은 하나님이 모세에게 말씀하셔서 율법에 기록된 초막절 Link 2권 202p 을 발견했지.
7월 15일은 초막절이군요. 이 기간에 이스라엘 자손은 초막에서 지내야 합니다.
초막절?
15일이면 며칠 안 남았네요.

초막은 올리브나무, 들올리브나무, 소귀나무, 종려나무, 참나무 가지로 지어야 합니다.
이 사실을 예루살렘과 이스라엘 백성들이 사는 모든 마을에 알려야 합니다.
포로 생활하느라 이런 절기가 있는 줄도 몰랐네요.

tip 초막(장막)절의 의미

초막절은 이스라엘 민족이 이집트에서 나와 광야에서 보냈던 장막 생활을 기념하는 절기다. 그런데 이 절기는 잘 지켜지지 않았고, 특히 바벨론 포로 때는 거의 지켜지지 않아 당시 백성들은 이 절기가 존재하는지조차 몰랐다. 하지만 포로 귀환은 제2의 출애굽이라 할 수 있고, 이스라엘의 재건 또한 제2의 건국이라 할 수 있기에 당시 초막절은 시대적으로 의미가 컸다고 할 수 있다.

그래서 백성들은 나뭇가지를 꺾어다가, 지붕 위와 마당, 하나님의 성전 뜰, 수문 앞 광장, 에브라임 문 앞 광장에 초막을 세웠어.
깔깔깔
포로에서 돌아온 모든 사람이 초막을 세우고 거기에 머물렀지.
이야! 캠핑 온 것 같은데?
분위기 좋다야!

※제사장과 레위 사람은 성전에, 집이 있는 사람은 자기 집 지붕이나 마당에, 집이 없는 사람은 길가나 광장에 초막을 지었다.
※에브라임 문 앞 광장 : 예루살렘 성문 중 성전과 가까운 북서쪽에 있는 오래된 성벽에 있는 문의 광장으로 보인다.

눈의 아들 여호수아 때부터 지금까지 이렇게 한 적이 없었으니, 백성들은 크게 즐거워했고,
하하하
에스라는 초막절 첫날부터 마지막 날까지, 매일 하나님의 율법을 읽어주었어.
장막절은 7일간의 절기인데 제8일에 장엄한 행사로 막을 내렸답니다.

※여호수아 : 모세의 뒤를 이은 이스라엘의 지도자로, 백성들을 가나안으로 이끌었다.

9장 이스라엘 백성의 회개

백성은 7일 동안 초막절을 지키고, 8일째 되는 7월 22일, 규례대로 집회를 열었지.
마음껏 기뻐해라!
하하하
7월 24일, 이스라엘 백성들은 금식하면서 굵은 베옷을 입고 먼지를 뒤집어썼어.
아니? 초막절이 끝난 지 이틀 만에 왜 다시 모여서 이러는 거야?

※기쁨과 감사의 절기인 초막절을 지켰지만 충분히 회개하지 못했다고 생각한 이스라엘 백성들이 다시 모인 것이다.

그들은 모든 이방인과의 관계를 끊고, 제자리에 서서 자신들의 허물과 조상의 죄를 고백했지.
하나님, 용서해주세요!
우리는 죄인입니다!
이 인간들이 자발적으로 회개를 하다니!? 다들 미쳤나?!
그들은 낮의 1/4은 제자리에 서서 하나님의 율법책을 읽었고,

※이방인과의 관계를 끊다 : 여러 이유로 가까이 지냈던 이방인들과 관계를 끊겠다는 의미다.

※백성이 직접 율법책을 읽은 것이 아니라 율법 낭독을 경청한 것이다.

또 낮의 1/4은 자신의 죄를 고백하며 하나님을 경배했어.
흐흐흑
주를 찬양합니다!
단 위에는 레위 사람 예수아, 바니, 갓미엘, 스바냐, 분니, 세레뱌, 바니, 그나니가 하나님께 큰소리로,
하나님, 우리를 용서해주시옵소서!
우리는 죄인입니다!

레위 사람 예수아, 갓미엘, 바니, 하삽느야, 세레뱌, 호디야, 스바냐, 브다히야가 외쳤지.
모두 일어나서, 주 하나님을 찬양하라!
영원토록 주의 영광스러운 이름을 찬양합니다! 어떠한 찬양과 찬송보다도 높으신 하나님, 오직 여호와 하나님만이 우리의 주님이십니다!
주를 찬양합니다!
높으신 주님!
하나님은 하늘과 하늘 위의 하늘과, 그 위의 별들과, 땅과 바다의 모든 것을 지으시고 생명을 주셨으니, 하늘의 만물이 주를 경배합니다.
주님은 아브람을 택해서 바벨론의 우르에서 이끌어내시고 Link 1권 44p, 아브라함이라는 이름을 주셨습니다. Link 1권 58p

아브라함이 주 앞에서 진실함을 아시고, 주님은 가나안 땅을 그의 자손에게 주겠다고 약속 Link 1권 55p 하셨고, 의로운 주님이 그 약속을 지키셨습니다. Link 3권 67p
그 후, 주님은 우리 조상이 이집트에서 고난받는 것 Link 2권 19p 과, 홍해에서 부르짖는 소리를 들으시고 Link 2권 55p
주여, 제발!
저희를 구원하소서!

※가나안 땅: 가나안, 헷, 아모리, 브리스, 여부스, 기르가스 사람들의 땅을 말한다.

이집트 파라오와 신하들과 백성들에게 기적과 재앙 Link 2권 34p 을 보내셔서 주의 명성이 오늘날까지 이릅니다.
이스라엘 족속의 신은 정말 세구나. 이대로 가다간 우리가 멸망하겠다.
주님은 바다를 갈라 우리 조상이 마른 땅을 밟고 지나가게 Link 2권 57p 하셨지만, 뒤쫓는 자들은 깊은 바다의 거센 물결에 던지셨습니다. Link 2권 58p

주께서 그들을 낮에는 구름기둥으로 이끄시고, 밤에는 불기둥으로 비추셨으며,
Link 2권 54p
굶주릴까 봐 하늘에서 양식을 내려주시고
Link 2권 62p
, 목마를까 봐 바위에서 물이 솟아나게 하셨습니다.
Link 2권 65p
그리고 주의 손을 들어, 주시기로 약속하신 그 땅을 차지하라고 하셨습니다.
Link 2권 211p
또, 시내 산에서 주의 종 모세를 통해 바른 규례, 참된 율법, 선한 율례와 계명을 가르쳐 주셨고, 거룩한 안식일을 알려주셨습니다.
Link 2권 72p
시내 산
하지만 그들은 고집 세고 교만해서 주의 명령을 듣지 않았습니다. 주께 순종하지 않았고 주께서 보여주신 기적도 곧 잊었으며, 심지어는 종살이하던 이집트로 돌아가려고 우두머리를 세운 반역자까지 있었습니다.
Link 2권 161p
이집트에서 끌고 나와서 우릴 다 죽이려는 거냐?!
하나님은 왜 우릴 이곳에서 칼에 맞아 죽게 하는 거지?!
지도자를 새로 뽑아 이집트로 돌아가자!
그들은 금붙이로 만든 송아지 상을 이집트에서 이끌어내신 우리의 하나님이라며 주를 모독
Link 2권 97p
하기까지 했습니다.
그런데도 주님은 그들을 늘 불쌍히 여겨 광야에 버리지 못하셨습니다.

느헤미야

주님은 용서하시는 하나님이며, 은혜롭고 너그러우시고, 좀처럼 노여워하지 않으시며, 사랑이 많으셔서 그런 겁니다.
주께서 용서하신다니 다행으로 아시오.
광야에서 40년을 떠돌아야겠지만.
우리가 미련했어.
흐흑
주께서 선한 영으로 그들을 지혜롭게 하시고, 그들에게 만나와 물을 주셨으며, 광야에서 40년 동안 돌보며 부족한 게 없도록 하셔서 옷이 해어지지도, 발이 부르트지도 않았지요.
먹을 거, 마실 거 다 주시니 좋네.
일도 안 하고.
무제한 휴가 같아.
깔깔깔
그리고 여러 민족을 굴복시키시고, 헤스본 왕 시혼과 바산 왕 옥의 땅을 차지하게 하셨습니다. Link 2권 185p
항복!
모두 다 가지세요.
주님은 그들의 자손을 별처럼 많게 하시고, 약속하신 땅으로 인도하셔서 그 땅의 사람들을 굴복시키고, 그 땅의 왕들과 백성들마저도 마음대로 하게 하셨습니다.
그들은 요새, 기름진 땅, 좋은 것으로 가득 찬 집, 우물, 포도원, 올리브 밭, 풍성한 과일 나무를 차지하고, 배불리 먹고 살찌며, 주께서 주신 큰 복을 누렸습니다.
그런데도 그들은 주께 거역하며 불순종했고 율법을 등졌으며,
신 중의 신은 바알이지!!
두말하면 피곤하지.
주께 돌아오라고 타이르는 예언자들을 죽이기도 Link 5권 87p 했습니다.
그래서 주께서 그들을 원수들의 손에 넘겨 억압받게 하셨습니다.
사정없이 괴롭혀 줄까? 엉?
크흐흑!

그러나 그들이 고통 속에 주께 부르짖으면, 주님은 하늘에서 듣고
엉엉 엉
흑흑
그들을 불쌍히 여기셔서, 구원자들을 보내 원수의 손에서 건지셨습니다.
※구원자들 : 12명의 사사와 예언자들을 가리킨다.
그러나 그들은 평안해지면 다시 주 앞에서 악행을 저질렀고, 주님은 또다시 그들을 원수의 손에 버려두셨습니다.
요즘은 바알이 유행이래.
하하하
무슨 소리! 아세라야.
그러다가도 그들이 다시 돌이켜 주께 부르짖으면, 주님은 하늘에서 듣고 불쌍히 여기셔서 구해주셨지요.
적이 물러간다!
와아아아!
범죄-징계-회개-구원-범죄, 무한 반복이었어.
예수아
주님이 율법을 지키라고 경고해도, 그들은 주께 등을 돌리고, 교만하게 고집을 부리며 순종하지 않았고, 지키기만 하면 살 수 있는 법을 거역하는 죄를 지었습니다.
적도 물러가고, 슬슬 꼬불쳐둔 우상이나 섬겨볼까?
율법은 아쉬울 때 한 번씩 지키면 돼.
흐흐
그럼에도 주님은 오래 참으셨고 예언자들을 보내 주의 영으로 타이르셨지만 그들은 듣지 않았습니다.
하나님께 돌아오시오!
하나님께 순종하시오!!
에잇! 시끄럿!
경찰에 고발해버려?
결국, 주님은 그들을 여러 민족에게 넘기셨지만,
아! 주님이 계시는 예루살렘이 불타는구나.
은혜롭게도 그들을 불쌍히 여기셔서 멸망시키지도, 버리지도 않으셨습니다.
주께서 70년 후엔 다시 예루살렘으로 데려가신다고 약속했어.

위대하며 강하고 두려우며 언약을 지키시는 우리 하나님! 앗시리아 왕들이 쳐들어온 날부터 이날까지, 우리가 겪은 고난을 작게 여기지 마소서.
우리에게 닥친 일은 어느 것도 주의 잘못이 아닙니다. 잘못은 우리가 저질렀고, 주님은 약속을 잘 지키셨습니다.
아, 우리의 죄 때문이야.
주께서 주신 땅에서 우리가 교만했어.
우리 왕과 신하와 제사장과 조상들은 주의 율법과 계명을 따르지 않았고, 주의 경고도 듣지 않았습니다.
우린 정성을 다해 우상을 섬겼지.
후후
그들은 나라를 세우고 주님이 주신 넓고 기름진 땅에서 큰 복을 누리면서도, 주를 섬기지 않고 악한 길에서 돌이키지도 않았습니다.

그러나 보십시오. 우리가 오늘 이렇게 종살이를 합니다. 주님이 좋은 과일과 곡식을 먹으며 살라고 주신 바로 이 땅에서 종이 돼 살고 있습니다.
이게 뭐야? 하나님이 주신 땅에서 종살이라니?
이 땅은 우리 땅인데. 흑!

tip 종살이

유다 백성은 예루살렘과 유다에 돌아왔지만, 여전히 페르시아의 식민지 백성에 불과했고, 페르시아 왕에게 많은 세금을 내야 했다. 이런 상황 때문에 유다 사람들은 자신의 삶을 종살이라 표현한 것이다. 당시 유다가 지불한 정확한 세금 액수는 알 수 없으나, 유다가 포함된 시리아는 매년 350달란트, 즉 1만 2,000kg가량의 은을 세금으로 바쳤으며 그 외의 현물 세금도 있었다.

이 땅의 풍성한 결실은 우리의 죄를 벌하려고 세워진 이방 왕들의 것이 되었습니다. 그들이 우리의 가축과 우리의 몸을 마음대로 부리니 너무 괴롭습니다.
저 세금만 우리가 꿀꺽해도 잘 먹고 살 텐데.
부르르릉
아이고, 아까워라.
이제 언약을 굳게 세워 문서로 남깁시다. 그리고 지도자와 제사장들, 레위 사람들은 그 문서에 서명합시다!!
좋습니다!
그럽시다!
짝짝짝
예수아

※언약 : 하나님의 언약 Link 2권 132p 에 서명하고 맹세함으로써 이스라엘이 다시 충실한 백성이 되기를 소망했다.

10장 백성의 서약과 맹세

언약에 서명한 사람들은 다음과 같아.

직 책	서명한 사람들의 이름
총 독	하가랴의 아들 느헤미야
서기관	시드기야
제사장	스라야, 아사랴, 예레미야, 바스훌, 아마랴, 말기야, 핫두스, 스바냐, 말룩, 하림, 므레못, 오바댜, 다니엘, 긴느돈, 바룩, 므술람, 아비야, 미야민, 마아시야, 빌개, 스마야
레위인	아사냐의 아들 예수아, 헤나닷 자손 빈누이, 갓미엘과 그들의 동료 스바냐, 호디야, 그리다, 블라야, 하난, 미가, 르홉, 하사뱌, 삭굴, 세레뱌, 스바냐, 호디야, 바니, 브니누
지도자	바로스, 바핫모압, 엘람, 삿두, 바니, 분니, 아스갓, 베배, 아도니야, 비그왜, 아딘, 아델, 히스기야, 앗술, 호디야, 하숨, 베새, 하립, 아나돗, 노배, 막비아스, 므술람, 헤실, 므세사벨, 사독, 얏두아, 블라댜, 하난, 아나야, 호세아, 하나냐, 핫숩, 할르헤스, 빌하, 소벡, 르훔, 하삽나, 마아세야, 아히야, 하난, 아난, 말룩, 하림, 바아나

거 빨리 하고 밥 먹으러 갑시다!
서명을 하는 거냐? 그림을 그리는 거냐?

※시드기야 : 누구인지 정확히 알 수 없으나 총독의 서기관으로 보인다.

서명한 사람들과 나머지 모든 백성이 맹세했어.
선서! 주의 종 모세가 전해준 율법과 계명, 규례, 율례에 복종하고, 이를 어기면 저주를 받아도 좋다!

tip 나머지 모든 백성

서명한 제사장과 레위인은 모두 각 집안의 지도자들이었다. 나머지 백성이란 이들을 제외한 제사장과 레위인, 성전 문지기, 노래하는 사람, 성전 막일꾼, 주님의 율법을 따르기 위해 이방인과 인연을 끊은 모든 이들, 그들의 아내와 자녀들, 알아들을만한 지식이 있는 자를 가리킨다. 즉, 어린아이를 제외한 거의 모든 백성이라 할 수 있다.

하나. 우리는 이방인과 결혼하지 않겠다.
하나. 안식일 Link 2권 76p 과 거룩한 날을 준수하겠다.
하나. 안식년 Link 2권 129p 을 지키고 6년이 지난 빚은 탕감하겠다.
하나. 성전 비용과 번제용 제물과 나무를 성실히 납부하겠다.
하나. 곡식의 첫 열매와 가축의 첫 새끼와 십일조를 헌납하겠다.

tip 성전에 바칠 제물에 관한 규정

① 성전 비용(진설병, 상번제와 그 곡식제물, 안식일, 초하루, 절기 때 드릴 제물, 속죄물, 성전의 모든 일에 쓸 비용)을 위해 매년 1/3세겔을 바칠 것.
② 제단에 태울 나무를 바칠 것.
③ 첫 열매(매년 밭과 과일나무에서 나는 첫 수확)를 바칠 것.
④ 가축의 첫 새끼를 제사장에게 바칠 것.
⑤ 거제물인 처음 익은 밀의 가루와 과일나무의 열매, 새 포도주, 기름을 제사장의 몫으로 성전 창고에 넣을 것.
⑥ 십일조를 레위인의 몫으로 바칠 것(제사장 한 명이 감독하고, 레위인이 거둘 것).
⑦ 레위인이 거둔 십일조에서 다시 십일조를 떼어 성전 창고에 넣을 것.

※1세겔 = 약 11.4g.
※거제 : 제물을 위 아래로 흔들어 드리는 제사로 하나님께 바쳐졌다가 다시 제사장에게로 되돌리는 제사.

그들은 거제물인 곡식과 새 포도주, 기름을 여러 방에 갖다 놓기로 했어.
앞으로는 하나님의 성전을 아무렇게나 방치하지 않겠어.
당연하지.

※여러 방 : 성전 기구를 두거나, 제사장과 성전 문지기, 노래하는 사람들이 쓰는 곳.

11장 예루살렘에 살게 된 사람들

거룩한 성 예루살렘에는 세 부류의 사람들이 살게 되었어.
첫 번째는 백성의 지도자들!!

두 번째는 제비뽑기를 통해 거주하게 된 사람들,
1/10은 예루살렘에, 나머지는 각자 자기 성에 사는 겁니다.
예루살렘은 안 돼! 제발.
예루살렘은 적들 때문에 위험해서.
탁

※제비뽑기 도구로 우림과 둠밈을 분실해 돌멩이나 나무 조각을 사용했으며, 가끔 화살이 사용되기도 했다.

tip 인구 배치

11장은 내용상 7장과 연결된다. 7장은 예루살렘 성벽이 완공되었지만 그곳에 사는 백성의 숫자가 너무 적어, 1차 귀환자들의 인구조사를 실시한 내용이었다. 11장은 인구조사한 자료를 토대로 이스라엘 백성을 예루살렘과 각 성읍에 재배치하는 내용이다. 느헤미야가 인구 배치를 위해 처음 사용한 방법은 '제비뽑기'였는데, 이는 하나님의 뜻을 가려내기 위해 구약시대에 흔히 사용되던 방식이었다.

세 번째는 스스로 예루살렘에 살겠다고 지원한 사람들이었어.
전 그냥 예루살렘에 살겠습니다.
저도요!!
오, 용자들!

다른 백성들이 예루살렘에 살게 된 모두에게 복을 빌어주었지.
주님이 함께하실 거요.
잘 살길 바랍니다.
자주 놀러 와요.

그 외의 다른 이스라엘 백성과 제사장들, 레위인들, 성전 막일꾼들, 솔로몬을 섬기던 신하의 자손들은 각자가 물려받은 유다의 성읍에 살았어.
잘 있어요!
다시 봅시다!
잘 가!
다음 절기 때 보자고!

예루살렘에 살게 된 사람은 주로 유다 지파와 베냐민 지파의 자손들이었지.
원래 유다는 우리 나라였으니까.
우리가 끝까지 지켜야지.

예루살렘에 살게 된 유다 자손의 지도자는 아다야와 마아세야이고, 베냐민 자손의 지도자는 살루였어.

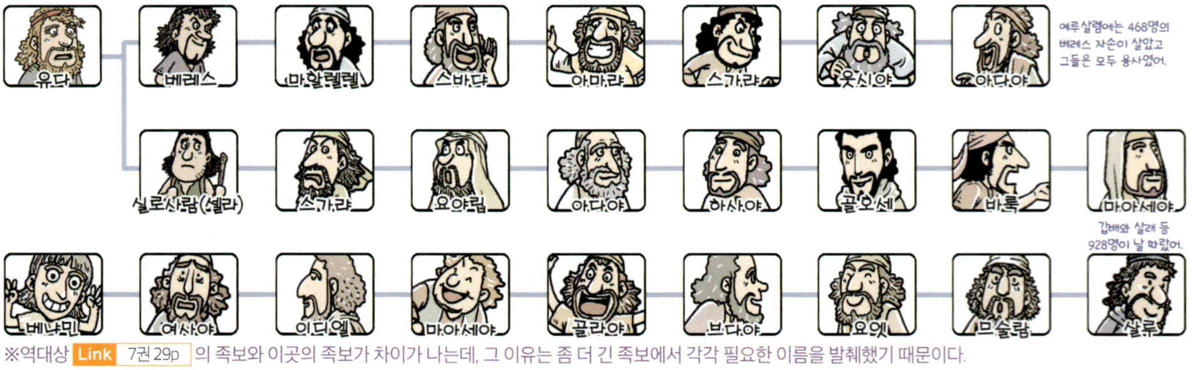

유다
베레스
마할렐렐
스바댜
아마랴
스가랴
웃시야
아다야
예루살렘에는 468명의 베레스 자손이 살았고 그들은 모두 용사였어.
실로사람(셀라)
스가랴
요야립
아다야
하사야
골호세
바룩
마아세야
갑배와 살래 등 928명이 날 따랐어.
베냐민
여사야
이디엘
마아세야
골라야
브다야
요엣
므술람
살루

※역대상 Link 7권 29p 의 족보와 이곳의 족보가 차이가 나는데, 그 이유는 좀 더 긴 족보에서 각각 필요한 이름을 발췌했기 때문이다.

※제2구역 : 예루살렘은 다윗 시대 이후 구릉으로 된 구역과, 훗날 인구 증가로 개발된 구릉 아래 구역으로 구분된다.

시그리의 아들인 요엘이 예루살렘을 감독했고, 핫스누아의 아들인 유다가 예루살렘의 제2구역을 다스렸지.
내가 2인자!
나는 3인자!
어이구, 잘났다.
요엘
유다

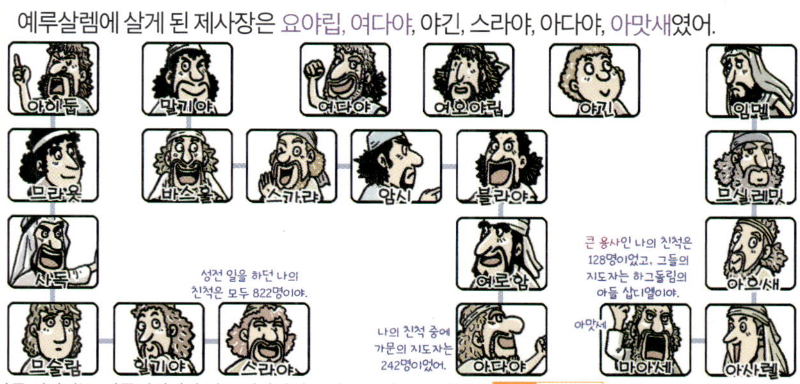

예루살렘에 살게 된 제사장은 요야립, 여다야, 야긴, 스라야, 아다야, 아맛새였어.
아히둡
므라욧
사독
므술람
힐기야
스라야
성전 일을 하던 나의 친척은 모두 822명이야.
말기야
바스훌
스가랴
암시
블라야
여로함
나의 친척 중에 가문의 지도자는 242명이었어.
아다야
여다야
여호야립
야긴
임멜
므실레밋
아흐새
큰 용사인 나의 친척은 128명이었고, 그들의 지도자는 하그돌림의 아들 삽디엘이야.
아맛새
마아세
아사렐

※요야립, 여다야 : 성경에는 '요야립의 아들 여다야'로 기록되었지만 이는 필사자의 오기로 보인다. 요야립은 Link 7권 29p 의 여호야립과 동일인이다.
※아맛새 : 역대상 Link 7권 29p 의 마아새와 동일인이다. ※큰 용사 : 성전 봉사에 재능이 있는 자라는 의미도 있다.

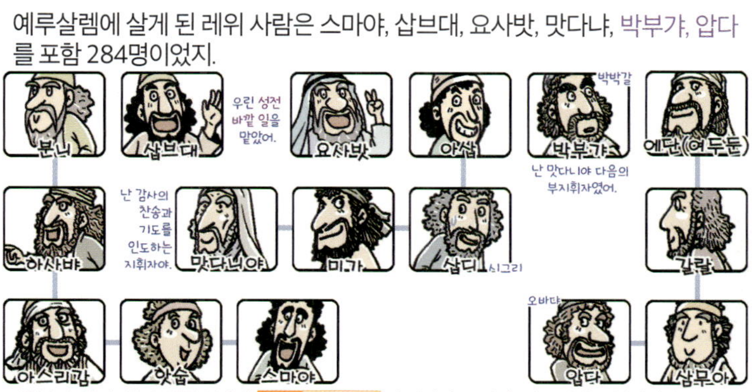

예루살렘에 살게 된 레위 사람은 스마야, 삽브대, 요사밧, 맛다냐, 박부갸, 압다를 포함 284명이었지.
분니
삽브대
우린 성전 바깥 일을 맡았어.
요사밧
아삽
박박갈
박부갸
난 맛다니야 다음의 부지휘자였어.
에단(여두둔)
하사뱌
난 감사의 찬송과 기도를 인도하는 지휘자야.
맛다니야
미가
삽디
시그리
갈랄
아스리감
핫숩
스마야
오바댜
압다
삼무아

예루살렘에 살게 된 성전 문지기는 악굽, 달몬과 그 친척 172명이었어.
후후! 우리의 허락 없이는 누구도 성전에 들어갈 수 없지.
악굽
달몬

※박부갸, 압다, 삽디 : 각각 역대상 Link 7권 29p 의 박박갈, 오바댜, 시그리와 동일인이다.
※성전 바깥 일 : 성전 외부 청소, 성전 건물의 유지 및 관리, 재정 관리 등을 말한다.

예루살렘의 오벨에 살게 된 성전 막일꾼들은 시하와 기스바가 다스렸지.
우리가 거주하기 딱이네.
성전과 가까우니까.
시하
기스바

tip 성전 막일꾼 느디님 사람

'바쳐진 사람들'이란 뜻으로 성전 일을 도맡아 하는 노예를 말한다. 이들은 이스라엘의 가나안 정복 때 거짓 술책으로 평화조약을 맺은 기브온 사람들 Link 3권 45p 에서 유래한다. 그들은 이스라엘에서 종이 되었지만 이를 영광스럽게 받아들였다. 이스라엘 멸망 때도 포로로 끌려갔고, 귀환한 뒤에는 오벨에 자리 잡아 이스라엘의 한 족속으로 인정받기에 이르렀다.

그 외 나머지 사람들은 각자 유산으로 받은 땅이 있는 성에서 살았어.
남은 사람들에겐 좀 미안하네.
예루살렘

※오벨 : 성전 언덕에서 남쪽으로 연장된 부분.

예루살렘에 살게 된 레위 사람들의 지도자는 웃시였으며,
나는 성전에서 예배드릴 때 노래를 맡은 아삽의 자손이야.
웃시

노래하는 레위 사람들에게는 따로 왕명이 있었지.
왕께서 그대들에게 매일 일정량의 양식을 주라고 하셨네.
아싸!
와우!

tip 왕명

당시 페르시아의 아닥사스다 왕은 노래하는 레위 사람에게 양식, 즉 봉급을 정해 매일 지불하게 했는데 그 이유는 다음으로 추정할 수 있다.

① 레위인 찬양대가 왕과 그의 자손들의 번영과 안정을 위해 늘 기도해왔다.
② 바벨론에서 귀환한 레위인 찬양대 수(128명)가 적어 재정적으로 큰 부담이 없었다.

※아삽 : 헤만과 여두둔과 함께 다윗이 임명한 3대 악사. Link 4권 149p

느헤미야

므세사벨의 아들 브다히야는 아닥사스다 왕 곁에서 이스라엘과 관련된 일을 맡았어.
난 12지파의 조상 중에 유다의 아들 세라의 자손이야.
브다히야

※브다히야 : 직책은 알 수 없으나 아닥사스다 왕과 느헤미야 사이를 왕래하며 중개인 역할을 했던 것으로 보인다.

예루살렘 밖에서 살게 된 유다 자손과 베냐민 자손들이 거주한 마을과 거기 딸린 들판은 다음과 같아.

지파	거주지
유다 자손	기럇아르바와 그 주변 마을들, 디본과 그 주변 마을들, 여갑스엘과 그 주변 마을들, 예수아, 몰라다, 벧벨렛, 하살수알, 브엘세바와 그 주변 마을들, 시글락, 므고나와 그 주변 마을들, 에느림몬, 소라, 야르뭇, 사노아, 아둘람과 그 주변 마을들, 라기스와 그 주변 들판, 아세가와 그 주변 마을들
베냐민 자손	게바, 믹마스, 아야, 벧엘과 그 주변 마을들, 아나돗, 놉, 아나냐, 하솔, 라마, 깃다임, 하딧, 스보임, 느발랏, 로드, 오노와 대장장이 골짜기

※오노와 대장장이 골짜기 : 욥바 남동쪽 약 11.2km에 있는 오노를 가리키며 산발랏이 느헤미야를 해치려 했던 곳 Link 7권 130p 이기도 하다.

우리 유다 자손들은 브엘세바에서 힌놈 골짜기까지 흩어져서 살았어.
우리 레위 사람 중 일부는 베냐민 땅으로 갔지.
그곳에서도 레위 사람들은 필요하니까.

※브엘세바에서 힌놈 골짜기까지 : 유다 땅 남쪽 끝에 있는 브엘세바와 예루살렘 성 밖에 위치한 골짜기, 즉 유다 땅 전역을 가리킨다.

12장 제사장과 레위 사람의 명단

스알디엘의 아들 스룹바벨과 예수아와 함께 귀환한 제사장과 레위 사람들은 다음과 같아.

직 분	이 름
총 독	스룹바벨
대제사장	예수아
제사장	스라야, 예레미야, 에스라, 아마랴, 말룩, 핫두스, 스가냐, 르훔, 므레못, 잇도, 긴느도이, 아비야, 미야민, 마아댜, 빌가, 스마야, 요야립, 여다야, 살루, 아목, 힐기야, 여다야
레위 사람	예수아, 빈누이, 갓미엘, 세레뱌, 유다, 맛다냐

※예수아 : 스룹바벨 때 대제사장. 포로 귀환 초기에 신앙 부흥 및 성전 재건에 큰 역할을 했다. Link 7권 61p

레위 사람 중 맛다냐는 그의 형제들과 찬양대를 맡았으며, 그들의 동료 박부갸와 운노가 예배 때 그들과 마주보고 섰지.
자자, 자리 잡으세요.
곧 예배 시작합니다.

※마주보고 서다 : 두 편으로 나눠 마주보며 번갈아 노래했다는 의미.

스룹바벨 시대에 활약했던 대제사장 예수아의 족보는 다음과 같아.

예수아
요야김
엘리아십
요야다
요나단
얏두아

예수아의 아들 요야김이 대제사장일 때 제사장 가문의 지도자들은 다음과 같아.

집안	지도자	집안	지도자
스라야	므라야	긴느돈	므술람
예레미야	하나냐	아비야	시그리
에스라	므술람	미냐민(모아댜 집안)	빌대
아마랴	여호하난	빌가	삼무아
말루기	요나단	스마야	여호나단
스바냐	요셉	요야립	맛드내
하림	아드나	여다야	웃시
므라욧	헬개	살래	갈래
잇도	스가랴	아목	에벨

※예수아와 함께 돌아온 제사장들의 후손이다.

엘리아십, 요야다, 요하난, 얏두아가 각각 대제사장으로 있을 때의 제사장과 레위 사람의 지도자들 이름은 페르시아 왕 다리우스 통치기에 기록되었어.
역사 기록은 중요한 거야.
이 인간들아, 그만하고 퇴근하자!
보태지도, 빼지도 말고 있는 그대로 기록해야 해!

※요하난은 요야다의 아들인 요나단과 동일인으로 보인다.
※다리우스 : 다리우스 3세를 가리킨다.

tip 통치기에

'통치기에'는 '통치기 때까지'로 봐야 하며, 여기 언급된 다리우스는 약 100년 이후의 페르시아 왕인 다리우스 3세로 추정된다. 따라서 얏두아는 다리우스 3세 때의 대제사장이라 할 수 있다. 그런데 느헤미야가 100년 후의 사실을 알 리 없으므로 '다리우스 통치기에 기록되었다'는 이 구절은 훗날 삽입된 것으로 보인다.

또 엘리아십의 아들 요하난 때까지 레위 자손의 지도자들은 왕실 일지에도 기록되었지.
일반적으로 왕실 일지는 왕궁의 일을 기록하는 문서지만 여기서는 성전 관련의 일을 기록한 종교 문서로 봐야 해.

※엘리아십의 아들 요하난 : 엘리아십의 손자 요나단과 동일인. 여기에서 '아들'은 '자손'의 의미로 쓰였다.
※왕실 일지 : 유다의 역사책을 가리킨다.

요사닥의 손자이자 예수아의 아들인 요야김과 학자이자 제사장인 에스라, 총독 느헤미야 시대에 활동한 레위 사람들의 명단은 다음과 같아.

직분	이름	담당한 일
지도자	하사뱌, 세레뱌, 갓미엘의 아들 예수아	예배드릴 때, 다윗 왕의 지시대로 동료 레위 사람들과 둘로 나눠 마주보고 서서 화답하면서, 찬양과 감사를 드림
성전 문지기	맛다냐, 박부갸, 오바댜, 므술람, 달몬, 악굽	성전으로 들어가는 각 문에 딸린 창고를 지킴

※맛다냐와 박부갸는 바로 앞서 찬양대 지휘자로 나오는데, 여기서는 성전 문지기로 나온다. 그 이유는 알 수 없다.

tip 예루살렘 성벽 봉헌식의 준비

예루살렘 성벽이 완공된 후, 느헤미야는 1차 귀환자들의 실태를 조사했고(7장), 율법을 낭독하여 신앙을 새롭게 했다(8~9장). 또한 율법 준수의 언약을 체결했고(9~10장), 백성을 예루살렘과 각 성읍에 재배치했다(11장). 제사장과 레위인의 인구를 조사(12장)하기도 했다. 이 모든 일은 제사 제도를 정비하여 성전의 기능을 회복시키려는 의도이며, 또한 성벽 봉헌식을 드리기에 앞서, 담당자를 확인하고 준비시키려는 의도일 수도 있다. 공사가 끝나자마자 바로 거행되었어야 할 예루살렘 성벽 봉헌식의 모든 준비가 이제 끝난 것이다.

느헤미야

예루살렘 성벽 봉헌식

드디어 예루살렘 성벽이 완성되어 봉헌식을 하게 되었어.
자, 드디어 모든 준비가 끝났다!
유다 땅을 다 뒤져서 레위 사람들을 몽땅 잡아와!
아니 왜요?
그들은 왜?

여기 레위인을 발견했다!
예루살렘에 함께 갑시다!
감사의 찬송을 부르며, 심벌즈를 치며, 비파와 수금을 타며 즐겁게 성벽 봉헌식을 해야 하니 레위인은 다 집합하랍니다!
그러다 사람 잡겠다?

※레위 사람들은 십일조 징수 Link 7권 145p 를 위해 각지에 파견되었던 것으로 보인다.

예루살렘 주변 마을들(느도바 사람들이 사는 마을, 벧길갈, 게바, 아스마웻 들판)에서 노래하는 레위 사람들이 모여들었지.
얼른 가서 리허설 해보자.
예루살렘 근처에서 살길 잘했어. 소집 때 빨리 갈 수 있으니.
그건 뭐냐?
피아노, 몰라?

그들은 먼저 몸을 깨끗하게 하는 예식 Link 2권 119p 을 치른 다음,
이 핏물을 받아라!!
켁!!
팍팍!!
푸우

※느도바 : 예루살렘 남쪽 약 24km 지점. ※벧길갈 : 정확한 위치는 알 수 없다.
※게바 : 예루살렘 북쪽 10km, 기브아 북동쪽 5km 지점으로 레위인의 성읍으로 구별된 곳.
※아스마웻 들판 : 예루살렘 북동쪽 약 8km 지점.

※핏물 : 죽은 새의 피가 섞인 생수에 살아있는 새 한 마리와 백향목, 붉은 실, 우슬초를 넣은 물.

백성과 성문들과 성벽을 깨끗케 하는 예식을 올렸어.
모든 사람과 봉헌식을 할
성문과 성벽을 깨끗이 해라!

그런 후, 유다 지도자와 찬양대를 성벽 위로 올라가게 하고는,
올라온 사람들은
둘로 나눠 서시오!
와아아!
하나님 은혜에 감사하며,
하나님께 성의 안전을 간청하는
봉헌식을 시작하겠습니다!

※성문과 성벽을 깨끗이 하는 예식은 사람을 깨끗이 하는 예식과 동일한 방식이다.

그들을 두 편으로 나누었지.

		A조	B조
선두		서기관 에스라	총독 느헤미야
지도자들		호세야와 그가 이끄는 유다 지도자들의 절반	나머지 절반의 지도자들
성가대	제사장	아사랴, 에스라, 므술람, 유다, 베냐민, 스마야, 예레미야	나머지 절반의 찬양대원들 (B조는 아무 이름도 언급되지 않음)
		나팔 든 제사장들	
	레위인	스가랴(아삽의 자손), 스마야, 아사렐, 밀랄래, 길랄래, 마애, 느다넬, 유다, 하나니(모두 다윗의 악기-수금, 비파, 제금-를 듦)	

A조는 거름 문 쪽으로, B조는
가마 망대 쪽으로 행진하시오!!
뿌우우우

에스라가 이끄는 무리(A조)는 남쪽 성곽 위로, 느헤미야가 이끄는 무리(B조)는 북쪽 성곽 위로 행진했어.

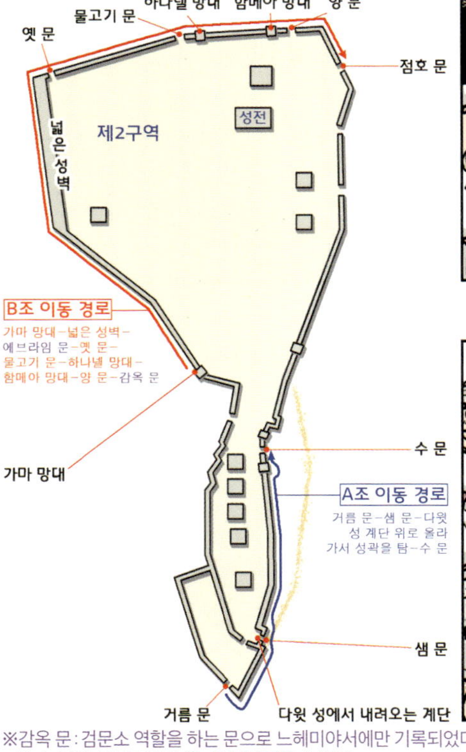

물고기 문
하나넬 망대
함메아 망대
양 문
옛 문
점호 문
성전
제2구역
넓은 성벽
B조 이동 경로
가마 망대-넓은 성벽-
에브라임 문-옛 문-
물고기 문-하나넬 망대-
함메아 망대-양 문-감옥 문
가마 망대
수 문
A조 이동 경로
거름 문-샘 문-다윗
성 계단 위로 올라
가서 성곽을 탐-수 문
샘 문
거름 문
다윗 성에서 내려오는 계단

감사 찬송을 부르는 두 무리의 찬양대가 성전 문 앞에서 멈추었지.
와, 멋지다!
하나님께서
기뻐하실 거야!
뿌우우우우
와아아아

그리고 두 무리의 찬양대와 느헤미야, 그리고 지도자들은 성전에 자리를 잡았어.
곧 시작합니다!

※감옥 문: 검문소 역할을 하는 문으로 느헤미야서에만 기록되었다. 점호 문과 같은 곳인지는 알 수 없다. ※에브라임 문: 어디인지 알 수 없다.

※지도자: 성경에는 절반의 지도자라고 기록되었는데, 이는 '찬양대'와 '느헤미야와 지도자들'을 두 무리로 나눠서 그중 절반이라는 의미다.

느헤미야

제사장 엘리야김, 마아세야, 미냐민, 미가야, 엘료에내, 스가랴, 하나냐는 모두 나팔을 들었고,
마아세야, 스마야, 엘르아살, 웃시, 여호하난, 말기야, 엘람, 에셀이 함께 섰으며,
아아! 마이크 테스트.
도~레~미~파~!
노래하는 사람들은 예스라히야의 지휘에 맞춰 노래를 불렀어.
자, 주께서 기뻐하시도록 잘해봅시다!
예스라히야
하나님이 그들을 기쁘게 하셨으므로, 여자와 아이들까지도 함께 기뻐하는 소리가 예루살렘에서 멀리까지 울려 퍼졌어.
우리를 지켜주시는~
여호와를 찬양하라~
뿌우우우우
그날, 그들은 기뻐하며 많은 제물로 제사를 드렸지.

십일조 제도의 회복

유다 백성은 항상 준비돼 직무를 수행한 제사장과 레위 사람들이 고마웠지.
레위 사람들이 정말 애쓰는군.
저들을 위해 뭔가 해줘야 하지 않을까요?
그날, 그들은 헌납물, 처음 거둔 소산, 십일조 등을 보관하는 창고를 맡을 관리인을 임명했어.
그대는 레위 사람을 위해 율법에 정해진 그들의 몫을 여러 성에서 거둬들이시오.
넵! 알겠습니다.
앗싸!

※율법에 정해진 그들의 몫: 제사장과 레위 사람의 몫에 대해서는 Link 2권 93, 176p 참고.

제사장과 레위 사람들은 하나님을 섬기는 일과 정결 예식을 계속 지켰으며,

※정결 예식 : 제사를 집행하는 자신과 성물을 항상 깨끗하게 보존했다는 뜻이다.

노래하는 사람과 성전 문지기들도 다윗과 솔로몬이 맡긴 일을 했지.
이 순서대로 해.
오! 설명이 잘 돼있네.
24반차로 나눠서….
성경

※맡긴 일 : 성가대와 성전 문지기의 24반차를 가리킨다. Link 7권 34~35p

옛날 다윗과 아삽 때도 하나님께 찬양하는 사람들을 지휘하는 자들이 있었어.
아삽

※아삽 : 헤만과 여두둔과 함께 다윗이 임명한 3대 악사. Link 4권 149p

그리하여 스룹바벨과 느헤미야 때도, 이스라엘 백성들은 노래하는 이들과 성전 문지기들에게 날마다 필요한 몫을 주었지.
이젠 먹고사는 걱정 없이 찬양에만 전념할 수 있겠네.
내가 잘 챙겨줄게.

백성들은 레위 사람들에게 줄 거룩한 몫을 떼어놓았고,
우리가 수확한 것의 1/10이오.
감사합니다.
하나님을 위해 봉사하는 분들의 몫이죠.

※거룩한 몫 : 십일조를 가리킨다. Link 2권 176p

레위 사람들은 그 몫에서 아론의 자손에게 줄 몫을 구별해놓았어.
우리가 받은 것 중 1/10은 제사장들에게 드리자.
그래, 불쌍하잖아.
고… 고맙다.
킥킥

※아론의 자손 : 제사장들을 가리킨다.

13장 느헤미야의 개혁 ① 이방인들을 몰아냄

그날 백성들에게 모세의 책을 읽어주던 중 다음과 같은 내용을 발견했어.
암몬 사람과 모압 사람은 하나님의 총회에 영원히 참석하지 못한다.
응? 왜지?
이방인이라서?
이방인 중에서도 왜 하필 암몬과 모압이지?

※그날 : 성벽을 봉헌한 날.

그들은 이스라엘 자손들에게 빵과 물을 주며 반기기는커녕, 발람에게 뇌물을 줘서 우리를 저주하도록 했다. Link 2권 191p

하지만 우리 하나님은 그 저주를 복으로 바꾸셨지.
나쁜 놈들!
광야 시대에 그런 일이 있었군!
그런 놈들과 함께할 순 없지!

그 말씀을 들은 백성들은 함께 살던 이방 무리를 모두 이스라엘에서 몰아냈어.
너무해!!
뭐가 너무해?
니들 조상님 덕분에 다리몽둥이 부러지지 않은 걸 다행으로 생각해!
후다다닥!

② 성전 정화 운동

바벨론 왕 아닥사스다 제32년, 느헤미야는 아닥사스다 왕을 만나러 페르시아로 갔지.
나 없는 동안 별 일 없어야 될 텐데….

※아닥사스다 제32년 : 성벽 봉헌식 이전의 일이다.

tip 바벨론 왕 아닥사스다

아닥사스다 왕은 페르시아 왕이었으나 페르시아가 바벨론을 정복한 이후 모든 페르시아 왕에게 바벨론 왕이라는 칭호가 계속 사용되었다. 이는 패망한 바벨론이 국력이나 영향력 면에서 얼마나 컸었는지를 보여준다. 아닥사스다 왕 32년은 느헤미야가 12년 동안의 유다 총독 직무를 마치고 페르시아로 돌아온 B.C.433년을 가리킨다. 이때 예루살렘에 있던 대제사장 엘리아십과 백성들은 느헤미야가 페르시아로 영구 귀국한 줄 알고, 느헤미야의 개혁에 반대되는 행동을 한 것으로 보인다.

그 사이, 대제사장 엘리아십이 가까이 지내던 도비야에게 성전 뜰 안에 있던 큰 방을 내주었어.
아이고, 이렇게 친절을 베푸시다니….
내가 성전의 방들을 관리하잖아. 이 정도쯤이야.
껄껄

※가까이 : 엘리아십과 도비야는 혈연 또는 결혼에 의해 밀접한 관계를 맺고 있었다.
※성전 뜰 안에 있던 큰 방 : 스룹바벨이 세운 성전에는 두 개의 뜰이 있었고, 도비야는 그 뜰에 속한 부속 건물의 방을 받았다.

그 방은 원래 곡식제물, 유향, 그릇, 십일조로 거둔 곡식, 새 포도주, 기름, 제사장에게 주는 제물을 두는 곳이었지.
월세는 얼마 정도…?
우리 사이에 뭐 그냥 쓰세요!
허허허

페르시아로 갔던 느헤미야는 얼마 후 왕의 허락을 받고 다시 예루살렘으로 돌아왔어.
휴, 드디어 도착했구나♪

※도비야는 대제사장 엘리아십과 맺은 친분을 이용해 성전의 큰 방을 차지해서 악한 영향력을 행사하려 했던 것으로 보인다.

그리고 느헤미야는 엘리아십의 악행을 알게 되었지.
뭐? 암몬 사람인 도비야에게 성전의 큰 방을 내줬다고?!

몹시 화가 난 느헤미야는 도비야가 쓰던 방의 살림살이를 밖으로 내던지며 말했어.
이 방을 깨끗이 치우고, 이전처럼 성전과 제사장들에게 필요한 것들로 원상 복구해라!
이방인을 성전에서 살게 하다니 미쳤냐?!
쾅!
우당탕!
아이고…!

③ 레위인들을 복직시킴

느헤미야가 또 알아보니,
레위 사람들과 노래하는 사람들이 그동안 몫을 받지 못해 떠나버렸습니다.
뭐? 어디로 떠나?
각자 자기들 땅으로 갔죠. 농사라도 지어서 먹고살아야 하니까요.
내가 없는 동안 아주 엉망이 됐군.
부글부글
느헤미야는 관리들을 꾸짖고,
하나님의 성전을 버려두다니 말이 돼!? 엉?!

※관리들 : 부유한 지주들로 각 집안의 지도자. 이들은 십일조를 지급하지 않고 자신의 이익을 취하고 있었다.

레위 사람들을 불러 다시 일을 맡겼어.
일당 잘 챙겨줄게. 응!
네, 알겠습니다.
저희도 먹고 살아야 해서.
죄송!
그리고 제사장 셀레먀, 서기관 사독, 레위 사람 브다야를 창고 책임자로 삼고, 맛다냐의 손자이며 삭굴의 아들인 하난을 실무 책임자로 삼았는데,
모두 정직하다고 신문에 난 사람들입니다.
셀레먀
브다야
사독
하난
매의 눈으로 지켜보겠어!!
이들은 동료들의 몫을 골고루 나눠주는 역할을 했어.
자, 다음은 잇도 집안….
그러자, 유다 백성들이 곡식과 새 포도주, 기름의 십일조를 창고로 가져왔지.
정말 그냥 둬서는 안 되는 족속들이야.
하나님, 제가 한 일을 기억해주시고, 하나님의 성전을 위해 정성껏 한 이 일을 잊지 말아주십시오.

④ 안식일 준수

그 무렵, 유다 백성들은 안식일에도 술틀을 밟고, 나귀에 곡식을 실어 나르며, 포도주, 포도, 무화과 같은 것도 들였어.
안식일이고 뭐고 한 푼이라도 벌어야지.
맞아. 놀면 뭐해!!

안식일인데도 이런 온갖 물건을 예루살렘에 들여왔지.
오늘은 안식일인데 뭐하는 거야?!
뭐야? 저 영감?
총독이랑 닮았는데?

느헤미야

tip 안식일 Link 2권 76p

안식일에는 가축을 쉬게 하고 사람도 짐을 지지 말라는 율법의 특별 조항을 백성들은 지키지 않았다. 술틀에서 포도를 밟는 것은 포도주를 만드는 첫 단계로, 당시엔 포도주를 만드는 중노동을 안식일에 모두 해치워버리겠다는 생각이 만연했다. 안식일 준수에 대한 의식이 전혀 없었다는 말이다.

느헤미야가 그들에게 경고했어.
안식일에 사고파는 일은 금지다!! 안식일을 더럽힌다면 뜨거운 맛을 보여줄 테다!
총독이다!!
드, 들켰다! 튀어!
헉!

예루살렘에 살던 두로 사람들은 안식일에도 물고기와 갖가지 물건을 들여와 유다 백성들에게 팔았지.
자, 골라, 골라! 2마리 2세겔짜리가 10마리 10세겔!
이야! 10마리면 싸구나.
너 바보냐?
부글부글
느헤미야는 유다의 귀족들을 꾸짖었어.
안식일을 이렇게 더럽히다니!
당신들의 조상도 똑같은 짓을 하다가 하나님이 우리와 이 성에 재앙을 내렸잖소!?
누… 누가 뭐랍니까?

※두로 : 시돈과 함께 페니키아 지역의 주요 도시 국가. 지중해 연안에 있어 무역이 매우 활발했다. 두로 사람들은 무역을 위해 예루살렘에 머물렀던 것으로 보인다.

그런데 당신들이 안식일을 더럽히며 이스라엘 위에 진노를 부르고 있잖소!!
버럭
안식일 전날, 어둠이 내리면 예루살렘의 성문들을 닫고 안식일이 끝날 때까지 열지 마시오!!
네, 알겠습니다!
그리고 느헤미야는 자신을 따르는 젊은 이들에게 말했지.
그대들은 안식일에 성문들 앞에 서서 출입을 전면 통제하시오!
척!

그러자 갖가지 물건을 싣고 온 상인과 장사꾼들이 예루살렘 성 밖에서 자는 일이 한두 번 있었어.
칫! 안식일이면 지들끼리만 쉬든가 왜 우리 장사까지 망쳐?
그러게, 지가 총독이면 다야?
어째서 여기서 잠을 자는 거냐? 한 번만 더 그러면 잡아들일 테다!!
놀래라, 어디서 갑자기?!
총독이다!
헉!

tip 성 밖 취침 금지?

안식일이 지난 후 바로 장사를 시작하려면 상인들은 안식일에 성 밖에서 잘 수밖에 없었다. 그러다 보니 상품을 지키는 상인들과 구경꾼들이 성문 주위로 몰려들어 큰 혼란이 일어났다. 안식일을 거룩히 지키기에 바람직하지 못한 광경이었다. 이에 느헤미야는 상인들에게 혼란의 책임을 물어 체포하겠다고 위협한 것이다.

그 후 그들은 다시는 안식일에 나타나지 않았지.
잘 먹고 잘 살아라!!
메롱이다!!
흥!
저것들이…?!
빠직!
느헤미야는 레위 사람들에게도 말했어.
여러분의 몸을 깨끗이 하고, 성문을 지켜서 안식일을 거룩하게 지내시오!
네, 알겠습니다.

나의 하나님, 제가 한 이 일도 기억해주시고, 주님의 크신 사랑으로 저를 너그러이 봐주십시오.
⑤ 이방인들과의 결혼 금지
느헤미야가 또 조사해보니, 유다 남자들이 아스돗, 암몬, 모압의 여자들을 아내로 삼았는데,
오, 다 예쁘네.
이국 여인과 환상적인 결혼
국제결혼센타
그들 자식 중에 절반이 다른 나라 말을 하면서도 유다 말은 못 했지.
What?
誰ですか?

※아스돗 : 블레셋 주요 5대 도시(아스돗, 아스글론, 가드, 에그론, 가사) 중 하나.

그래서 느헤미야는 그들을 꾸짖고 저주하며, 그중 몇몇을 때리고 머리털을 뽑기까지 했어.
이 망할 놈들, 이 저주 받을 놈들!!!
크아아!
사람 살려!
퍽!
으아악!
하나님의 이름으로 맹세해라! 너희 딸들을 이방 아들에게 주지 말고, 너희 아들들이 이방 딸을 데려와서도 안 된다. 알겠냐?!
그럼 평생 혼자 살라구요?
흑흑
장가가고 싶었던 게 죕니까?
이스라엘 왕 솔로몬도 이방 여자와 결혼해서 죄를 지었다.
솔로몬 왕이 왜요?
잉잉잉
어느 민족에도 그만한 왕이 없었지. 하나님이 그를 엄청 사랑하시어 온 이스라엘 왕으로 삼으셨거든.
그러나 그 역시 이방 여자들 때문에 죄를 짓고 말았다.
닥치는 대로 섬겨보지 뭐.
그래요!
헤~

※솔로몬은 천여 명에 달하는 후궁과 첩 가운데 이방 여인들의 유혹에 빠져 우상을 숭배했다. Link 5권 51p

그런데 너희가 이방 여자들과 결혼해서 큰 죄를 짓고, 하나님을 거역하는 걸 어찌 보고만 있겠느냐?
그, 그렇군요.
또한, 대제사장 엘리아십의 손자 요야다의 아들 하나가 호론 사람 산발랏
Link 7권 119p 의 사위가 되었어.
정말 잘 어울리는 한 쌍이야.
그럼요.
캬!
산발랏
엘리아십
요야다
느헤미야는 그를 자기 앞에서 얼씬도 못 하도록 쫓아냈지.
어디 결혼할 사람이 없어서, 우리의 원수 산발랏의 딸과 결혼해?!
꺼져!!
퍽!
헉!
어이쿠!!
하나님, 저들을 잊지 마십시오. 제사장 직을 더럽히고, 제사장과 레위 사람의 언약을 저버린 자들입니다!
움찔!
느헤미야

※제사장은 이방 여인과 결혼하는 것이 금지되었다.

그리고 제사장과 레위 사람들에게 이방인의 부정을 모두 씻게 한 뒤에,
검사해서 깨끗하지 않으면 세탁기에 돌려버릴 테다!
총독님, 무서워.
각각 임무를 맡기고, 정해진 때 제단에서 쓸 장작과 첫 열매를 드리는 일을 하게 했어.
하나님, 저를 기억하시고 은총을 내려주십시오!

※예루살렘 성벽 완공 후, 느헤미야는 '이방 풍습의 정화'와 '규칙적인 성전 예식의 부활'을 위해 일했다. 그는 하나님이 자신을 영원토록 기억하실 것을 바라는 기도로 느헤미야서를 마치고 있다.

포로 귀환 후 예언서

학개, 스가랴, 말라기

바벨론 포로 생활을 마치고 예루살렘으로 돌아온 이스라엘 백성이 하나님께 죄를 짓자 3명의 예언자가 출동했어. 그 이름은…
정의의 사도 학개!
여호와께서 기억하시는 스가랴!
쥬라기가 아닌 말라기!
학개
스가랴
말라기

그리고 그들이 기록한 성서가 바로 학개, 스가랴, 말라기야.
예언서가 어렵다고 잘 안 읽지?
학개
스가랴
말라기

학개와 스가랴가 활동했던 때는 성전 재건 사업이 중단 Link 7권 66p 되었던 16년 동안이야.
성전은 짓다 말고, 자기들 편히 살 생각만 하다니? 제 정신이오?!
하나님께 심판 받았던 것을 기억하고 하나님께 돌아오시오!!

그로부터 약 100여 년 후, 성전을 재건하고도 이스라엘이 여전히 죄를 짓자, 말라기가 활동을 시작했지.
당장의 편안함과 만족을 위해 율법을 경시하며 지은 죄를 회개하시오!

학개는 성전 재건 사업을 다시 시작해야 함을 선포했고,
성전이 있어야 하나님께 제대로 제사를 드릴 수 있지 않겠소?

스가랴는 성전 재건 사업의 필요성을 선포하는 한편, 하나님 나라에 대해 예언도 했어.
그날이 어서 왔으면 좋겠다.
탁
하나님이 보내신 메시아가 하나님의 나라를 세우실 겁니다. 우린 그곳에 살게 될 것이오!!
오오

※메시아 : '구세주'라는 뜻으로 예수 그리스도를 가리킨다.

tip 하나님의 나라 (메시아 왕국)

① 우선, 이스라엘 백성의 회복될 나라 '다윗 왕국'을 가리키며,
② 나아가, 하나님을 따르는 영적인 백성의 나라인 '교회'를 가리킨다.
③ 궁극적으로는 심판으로 세상이 멸망한 후, 하나님이 메시아로 보낸 예수 그리스도가 통치하는 나라를 가리킨다. 메시아 왕국이라고도 불리며, 영원히 존재하게 될 천국을 가리킨다.

말라기는 이스라엘의 타락에 대해 꾸짖었지.
제사장은 제사 똑바로 드리고, 백성은 십일조와 헌금을 잘 내야 하오!!
탁!

활동한 시대가 달랐음에도 세 예언자의 공통적인 주장은…
제사(예배)를 회복할 것!!!
두
둥

구약시대의 마지막 세대인 우리를 통해 하나님이 어떤 말씀을 주셨는지 알아보러 떠나볼까?
네!! 출발!!!
고고고!!
달그락
달그락

tip 침묵 시대

예언자 말라기 이후로 예수 그리스도가 세상에 태어나기 전까지 약 400년 동안 하나님은 아무 말씀도 보내지 않는다. 그래서 말라기 이후부터 마태복음 이전의 시기를 '침묵 시대'라고 부른다. 그동안 로마는 세계를 정복한 뒤 언어(헬라어)와 행정을 통일하고, '모든 길은 로마로 통한다' 라는 말이 나올 정도로 영토를 확장한다.

1. 학개

※학개 : '축제의'라는 뜻. 이름의 의미로 보아 어떤 축제일에 태어났을 것으로 추정한다. 바벨론 포로기 이후에 살았으며 성전 재건 사업을 독려한 첫 번째 예언자다.

1장 첫 번째 설교 : 성전 건축

페르시아 왕 다리우스 1세 2년 6월 1일, 예언자 학개가 하나님의 말씀을 받고,
학개야, 뭐하니? 빨리 안 가고?
아이고, 끈 좀 묶고요!

tip 학개가 활약하던 당시 상황

고레스의 조서 Link 7권 58p 에 의해 바벨론에서 돌아오게 된 이스라엘 백성들은 다음 해(B.C.536)에 예루살렘 성전 재건을 착수했다. Link 7권 62p 그러나 사마리아인들의 방해 공작 Link 7권 63p 과 힘든 노역, 계속된 흉년 등으로 성전 재건이 중단 Link 7권 65p 되고, 그 후 16년이 지난 다리우스 1세 2년 Link 7권 66p 학개의 활약이 시작된다.

유다 총독 스룹바벨과 대제사장 여호수아에게 하나님의 말씀을 전했어.
주님의 말씀을 전하겠습니다.
오!
뭐라고?

※스룹바벨 : 1차 포로 귀환 때의 지도자로 성전을 재건 Link 7권 61p 했다.
※여호수아(예수아) : 1차 포로 귀환 때의 영적 지도자로 스룹바벨과 함께 성전을 재건 Link 7권 61p 했다.

이 백성들이 이렇게 말한다!
성전 공사가 16년이나 중단되었는데 다시 시작해야 하지 않나?
에이! 아직은 때가 되지 않았어.

tip 때가 되지 않았다

이스라엘 백성들은 성전을 재건하다가 많은 어려움에 부딪히자 아직은 때가 아니라며 성전 재건을 중단한다. 그들이 이런 주장을 한 근거는 예레미야가 예언한 70년의 포로 기간 Link 6권 103p 이 차지 않았다는 것이다. 즉 예루살렘이 파괴된 때(B.C.586)로부터 당시(B.C.536)는 아직 예언된 때에 미치지 못하므로 성전 재건이 시기상조라고 한 것이다. 그러나 이런 주장은 핑계에 지나지 않는다. 왜냐하면 예루살렘이 멸망한 때는 B.C.586년이지만 유다인들이 바벨론에 처음 포로로 끌려간 것은 바벨론 1차 침입 Link 5권 228p 때인 B.C.605년으로 70년은 이미 지났기 때문이다. 이들이 성전 재건을 중단한 진짜 이유는 성전 재건으로 인한 노동을 피하려는 속셈 때문이었고, 하나님의 영광보다는 원수로부터 자신의 안전을 먼저 생각했기 때문이다.

성전이 무너진 채로 있는 데, 너희만 잘 꾸민 집에서 살고 있을 때냐?
아저씨, TV는 저쪽예요.
여보, 이 커튼 어때요?

너희가 지나온 날을 잘 돌이켜봐라!
어디 보자.

너희는 많이 심어도 얼마 거두지 못했고, 먹어도 배부르지 않았으며, 마셔도 만족하지 못했다! 입어도 따뜻하지 않았고, 품삯을 벌어도 구멍 난 주머니에 넣는 꼴이었다!
수확이 너무 적어.
아무리 해도 형편이 나아지질 않아.

너희는 풍성함을 기대했지만 얼마 거두지 못했고, 그나마 그걸 집에 가져와도 내가 흩어버렸다! 왜 그랬겠냐?
휘이이이잉
그래서 하늘은 이슬을 그치고, 땅은 수확을 멈춘 것이다!
내가 땅과 산과 곡물과 새 포도주와 기름과 밭에서 나는 것들과 사람과 짐승 등 너희가 애써서 기른 온갖 것 위에 가뭄을 내렸다!
어쩐지 가뭄이 좀 세더라.
우리가 배은망덕한 놈들이었어.
그러니 이제 너희는 산 나무를 베어서 성전을 지어라! 그러면 내가 기쁘게 여기고, 그곳에 내 영광을 드러내겠다!
들었지?
뭐 해? 서두르잖고!
성전을 지어야 해!!
빨리 사람들을 모아!
내 집은 무너져 있는데, 너희는 각자 자기 집 일에만 바빴기 때문이다!
아! 그… 그렇구나.
우리만 편하게…?
총독 스룹바벨과 대제사장 여호수아, 남아있는 백성들이 하나님의 말씀과 예언자 학개의 말을 따랐어. 그들은 주님을 두려워했지.
자기 집 인테리어는 당장 때려치워!
더는 죄를 지으면 안 돼!
주님의 경고를 무시했다간 또 멸망할 거요!
이때 하나님의 심부름꾼 학개가 하나님의 말씀을 백성에게 전했어.
두려워 마시오. 주께서 이렇게 말씀하셨소!
내가 너희와 함께 있겠다! 나 여호와의 말이다!
오오! 하나님께서 함께해주신다고?!
우리에겐 아직 기회가 있어!
다리우스 1세 2년 6월 24일, 하나님이 백성들의 마음을 감동시키셔서 그들이 성전 재건을 다시 시작했지.
성전 건축을 다시 시작합시다!
성전을 지어라!
와아아아아!
우릴 막을 자가 누구냐?!

※남아있는 백성들: 포로 귀환자들을 가리킨다.

※감동시키다: '각성시키다', '일깨우다', '일으키다' 등의 의미로 쓰였다.

※학개가 하나님의 말씀을 전하고 23일이 지나서 성전 재건이 착수되었는데, 이는 준비에 필요한 최소한의 시일로 볼 수 있다.

학개

2장 두 번째 설교: 성전 재건 격려

그해 7월 21일, 예언자 학개가 하나님의 말씀을 전했어.
스알디엘의 아들인 유다 총독 스룹바벨과 여호사닥의 아들인 대제사장 여호수아, 그리고 남아있는 백성에게 전해라!
알겠습니다.

너희 중 그 옛날 찬란했던 성전을 본 사람이 있느냐?
보신 분은 손들어보세요!!
나!
나도 봤지.
그러면 이 성전이 너희에게 어떻게 보이느냐?
솔로몬 성전은 정말 대단했으니까.
많이 허접하죠.
아! 주님을 볼 낯이 없네.
형편이 이러니 어쩔 수 없죠, 뭐!
그래, 너희에겐 하찮게 보일 것이다!

그러나 스룹바벨아! 여호수아야! 이 땅의 백성들아! 힘을 내라! 내가 너희와 함께 있으니, 이 일을 계속해라!
지금 우리 형편 때문에 낙담할까 봐 위로의 말씀을 주시는군요.
성벽은 무너졌고, 적들은 많고, 성전은 초라하고.
너희가 이집트에서 나올 때 맺은 그 언약이 아직 변함없고, 내 영이 너희 가운데 있으니 두려워하지 말거라!
그래, 주께서 함께하시는데 뭐가 두렵겠어?
맞아요. 힘을 냅시다!

※언약: 하나님이 이스라엘 백성과 함께하겠다는 언약 Link 2권 94p 을 말한다.

머지않아 내가 다시 하늘과 땅, 바다와 육지, 그리고 모든 민족을 뒤흔들 것이다!
쿠구구궁!
으아아아!

그때, 모든 민족의 보화가 여기 모이고, 이 성전은 영광으로 가득 찰 것이니, 금도 은도 다 내 것이 된다!

tip 금도 은도 내 것이 된다

스룹바벨을 비롯한 이스라엘 백성들은 새로 짓는 성전을 금은으로 화려하게 장식하지 못해서 슬퍼했다. 그러자 하나님은그런 염려가 쓸데없는 것임을 깨닫게 해주시려고 이처럼 말씀하셨다. 세상 모든 것이 하나님의 것인데, 그분에게 금이나 은이 부족할 턱이 없고, 하나님은 백성들이 바치는 예물이 적거나 또는 성전이 왜소해서 실망하는 분도 아니라는 말씀이다.

그래서 그 옛날 찬란했던 성전보다 이 성전이 더욱 찬란하게 될 것이며, 이곳에 평화가 깃들 것이다!
이상이 만군의 주 여호와의 말씀이오!
오, 하나님 짱!!!
우리 성전을 옛 성전보다 더 영광되게 하시겠다니!!
와아!
완전 힘이 난다!!

세 번째 설교: 성전 재건으로 인한 축복

다리우스 1세 2년 9월 24일, 하나님이 학개에게 말씀하셨어.
제사장들에게 두 가지 질문을 해서 율법에 관해 물어봐라!
제사장님들! 물어볼 게 있습니다.
아! 네.
뭔데요?

※9월 24일: 태양력으로 12월 중순. 농부들이 파종을 위해 이른 비를 기다리는 때다.

첫째, 어떤 이가 거룩하게 바쳐진 고기를 옷자락에 싸들고 가는데,
룰루랄라~♬
그 옷자락이 빵, 국, 포도주, 기름, 또는 다른 음식에 닿았습니다.

※거룩하게 바쳐진 고기: 화목제의 고기. 남는 것은 제사장과 일반 성도가 먹을 수 있었다. Link 2권 113p

그럼 그 옷자락에 닿은 것들이 거룩해집니까?
거룩한 건 그 사람과 그 옷자락뿐입니다.
나머지는 아니죠.
둘째, 시체를 만져서 부정해진 사람이 그것들을 만진다면 그것들이 부정해집니까? Link 2권 178p
아니, 시체를 만지고 와서 그걸 손대면 어떻게 해요?!
그렇습니다.
그것들까지 부정해지죠.
대답 감사합니다.

만군의 주 여호와의 말씀이오!
이 백성과 이 민족은 내 앞에서 부정하다! 그들이 손으로 하는 모든 일이 부정하기 때문에 그들이 제단에 바치는 것도 모두 부정하다!
너 언제 시체 만졌냐?
아냐!
웅성
우리가 왜 부정하다는 거지?
웅성
팁을 봐야겠는데?

tip 모두 부정하다

하나님의 성전보다는 자기 일에 바빴던 이스라엘 백성들은 마치 시체를 만진 자처럼 부정해졌고, 그들이 하는 일 역시 모두 부정해졌다는 의미다. 물론 학개가 이 말씀을 전한 시점은 이스라엘 백성들이 말씀에 순종하여 성전 재건 사업을 재개한 때다. 따라서 '모두 부정하다'는 이 말은 과거 불순종한 백성을 회고하는 것에 해당한다.

지난 일들을 돌이켜봐라!
어디 보자.
작년 신문이…?
성전을 짓기 전,
너희 형편이 어땠느냐?
음
구, 구질구질했죠. 아마.
흐흐
그때는 20섬이 나는 밭에서
겨우 10섬을 거두었고!
왜 이렇게 수확이 적지?
이걸로 어떻게 먹고살아?

※성전을 짓기 전 : 성전의 기초만 놓고 공사가 중단됐던 때를 가리킨다.

50동이의 포도를 수확해도,
겨우 20동이밖에 얻지 못했다!
왜 이리 적어? 네가 빼돌렸냐?
쥐어짜도 이것밖에 안 나왔다구!
버럭!
내가 깜부기병과 녹병과 우박으로
너희가 직접 가꾼 모든 농작물을 쳤다!
수확도 안 되는 망할 세상!
세상은 우리만 미워해.
크흑
그런데도 너희는
내게 돌아오지 않았다!
이게 모두 하나님의 뜻을 거역해서 그런 거 아냐?
성전 공사를 방치해서 그럴지도…?
무슨 소리! 아직 때가 아니라니까!
맞아, 예레미야가 예언한 70년이 아직 안 됐다고.
성전 기초를 놓던 날부터 오늘,
9월 24일까지 지난날을 돌이켜봐라!
너희 곳간에 아직 씨앗이 남아있느냐?
근데 성전 공사를 중단했을 때부터 이렇게 꼬인 거 아냐?
맞아, 그때부터 비도 안 오고, 수확도 엉망이야.
정말 그런 것 같은데?
그래서 학개가 성전을 지으라고 하잖아.

※깜부기병과 녹병 : 곡식의 성장과 결실을 막는 병.

※돌아오지 않았다 : 하나님의 징계에도 불구하고 이스라엘 백성들은 회개도 순종도 하지 않았음을 뜻한다.

이제까지는 포도나무, 무화과나무,
석류나무, 올리브나무에 열매가
맺지 않았으나, 오늘부터는 내가
너희에게 복을 내리겠다!
하나님께 순종해서 성전을 짓기 시작했으니 그 대가를 주시는 거요!
우와! 정말요?
정말 다행이다!
이제 좀 형편이 펴지려나?
와아아!

tip 복

이스라엘 백성들은 기근 가운데 아무리 땀 흘려 일해도 결실을 거두지 못했다. 그런데 그들이 성전 재건에 착수하자 하나님이 복을 주겠다고 선포한 것이다. 여기서 복은 파종을 위해 이른 비를 기다리던 9월인 당시 상황과 밀접한 관련이 있다. 즉, 하늘이 이슬을 그치고, 땅이 수확을 멈추었던 그동안의 저주가 풀리고 비가 내려 풍성한 수확을 거두게 될 것이라는 의미다.

4번째 설교: 스룹바벨에 대한 약속

다리우스 1세 2년 9월 24일, 하나님이 다시 말씀하셨어.
너는 유다 총독인 스룹바벨에게 이렇게 전해라!
스룹바벨 총독님, 하나님이 당신에게 말씀하셨습니다.
네? 하나님께서 제게?

내가 하늘과 땅을 뒤흔들겠다! 왕국들의 왕좌를 뒤엎고, 민족들이 세운 왕국의 권세를 없애겠다!
콰콰쾅!
으아아아!

전차들과 거기에 탄 자들은 엎어질 것이고, 말들과 말을 탄 자들도 서로의 칼에 넘어질 것이다!
죽어라!!
와아아아!
나가 뒈져라!
크아아아!!

※전차와 기마병: 고대 가장 강력한 전쟁 무기로 군사력을 상징한다.

tip 인장으로 삼다

인장이란 옥새의 역할을 했던 인장 반지를 가리킨다. 고대 근동 지방에서 어떤 일에 인장 반지로 '인'을 치면 심지어 그 자신도 어길 수가 없었다. 하나님이 스룹바벨을 하나님의 인장 반지로 삼겠다는 말은 ① 스룹바벨에게 변치 않는 사랑과 신임을 베풀겠고, ② 유다 왕 여호야긴 Link 5권 236p 의 손자인 그에게 다윗 왕가의 정통성을 이어주겠다는 의미다. 이후, 예수 그리스도 또한 스룹바벨의 후손으로 세상에 오게 된다.

스알디엘의 아들, 나의 종 스룹바벨아! 그날이 오면, 내가 너를 높이 세우겠다! 내가 너를 선택했으니, 너를 나의 인장으로 삼겠다! 나 만군의 여호와의 말이다!
저를 주님의 인장으로 삼으시다니!! 이런 은혜가!!
헐헐! 왕부럽!
와아아아!

2. 스가랴

※스가랴 : '여호와께서 기억하신다'라는 뜻. 제사장 가문 출신으로 제사장이자 예언자로 부름 받아 어려서부터 하나님의 말씀을 선포했다.

1장 회개의 촉구

다리우스 1세 2년 8월, 하나님이 잇도의 손자이며 베레갸의 아들인 스가랴에게 말씀하셨어.
내가 너희 조상들에게 매우 화를 냈다! 그러니 백성들에게 이렇게 말해라!
넵! 알겠습니다.
학개
동료 예언자가 있으니 좋구만!

tip 다리우스 1세 2년 8월

학개는 스가랴와 동시대 사람이다. 학개가 16년간 중단된 성전 공사를 재개하도록 촉구하기 위해 설교를 시작한 때는 다리우스 1세 2년 6월 1일 Link 7권 160p 이었다. 따라서 스가랴는 학개가 처음 예언한 날로부터 2개월 후에 활동했음을 알 수 있다. 당시 이스라엘 백성은 하나님 은혜를 잊어버리고 나태함 속에 빠져있었다. 이에 스가랴는 과거 조상들의 죄악과 하나님의 심판을 기억하고 속히 하나님께 돌아와야 한다고 선포했다.

※잇도 : 1차 포로 귀환 때 스룹바벨과 함께 온 제사장 중 한 사람. Link 7권 148p
※베레갸는 알려진 것이 없는데 아마도 젊어서 죽었기 때문으로 보인다.

나 만군의 여호와가 말한다! 너희는 내게 돌아오라! 그러면 나도 너희에게로 돌아갈 것이다!
모두 하나님 말씀을 들으시오!

너희 조상들을 본받지 말라! 일찍이 예언자들이 너희 조상들에게 말하길…
만군의 여호와께서 말씀하셨소! 악한 길과 행동을 버리고 돌아오라고!
뭐야, 저거?

※예언자들 : 바벨론 포로 시대 이전에 활동했던 예언자들. 이사야, 예레미야, 아모스 등등.

그러나 너희 조상들은 내 말을 듣지도, 귀 기울이지도 않았다!
아오, 시끄러!
땅값 떨어지니 꺼져!
난 또 뭔 소리 한다고.

하지만 그 조상들은 지금 어디에 있느냐? 그때의 예언자들이 아직 살아있느냐?
다 죽었죠.

※이스라엘 백성과 예언자들은 다 죽고 없어져도 하나님의 말씀은 변함없이 영원하다는 사실을 강조하고 있다.

너희 조상들은 나의 종 예언자들을 통해 지키라고 했던 나의 말과 규례를 듣지 않아서 벌을 받았다!
그제야 그들이 후회하며 이렇게 고백했다!
하나님이 우리가 살아온 길과 행동을 보시고, 우리에게 벌을 내리기로 작정하신 그대로 이루셨어.
흑흑
크흑!
예언자들이 경고할 때 잘 할 걸.
※그들 : 앗시리아나 바벨론의 포로로 잡혀갔던 이스라엘 조상들을 가리킨다.

8가지 환상 ① 말 탄 사람

다리우스 1세 2년 11월, 곧 스밧월 24일, 하나님이 스가랴에게 말씀하셨어.
학개님이 예언하신 9월 24일
Link 7권 163p
이후 딱 2개월 만이네.
스가랴는 밤에 골짜기 화석류 나무 사이에 붉은 말을 탄 사람과 그의 뒤로 붉은 말, 밤색 말, 흰색 말이 서있는 환상을 보았지.
천사들이…?
이… 이 말들은 뭐죠?
※스밧월 : 이스라엘 종교력으로 11월, 태양력으로는 1~2월에 해당된다.

※화석류 나무 : 팔레스타인 지방 전역과 수리아 지중해 연안 지대에서 흔히 볼 수 있는 상록 관목이다.

내게 말하던 천사가 대답했어.
이 말들이 무엇인지, 내가 보여주겠다.
오! 고맙습니다♪

tip 내게 말하던 천사

히브리 원문을 직역하면 '나와 더불어 말하는 천사' 혹은 '내 속에 말하는 천사'라는 뜻이다. 다시 말해, 하나님의 뜻이나 계시를 전해주는 천사를 가리키며 스가랴의 마음에 '영적인 음성'으로 말했을 것으로 보인다. 그러나 성경2.0에서는 독자의 이해를 돕기 위해 만화적 표현으로 눈에 보이는 천사로 묘사했음을 밝힌다.

그때, 화석류 나무 사이에 있던 사람이 말했지.
이 말들은 주께서 온 땅을 두루 살펴보라고 주신 말들이다.
새치기를 하시다니…

말 탄 사람들이 화석류 나무 사이에 있던 여호와의 사자에게 말했어.
저희가 온 땅을 두루 살펴봤는데 조용하고 평안했습니다.
그래?
여호와의 사자가 하나님께 아뢰었지.
만군의 여호와여! 언제까지 예루살렘과 유다의 성들을 불쌍히 여기지 않으시렵니까? 주께서 그들에게 진노하신 지 벌써 70년입니다.
온 땅이 조용하고 평안하지 않습니까?
※여호와의 사자 : 구약시대에 종종 나타났으며 Link 3권 85p , 하나님과 동일한 존재로 언급되었다. 따라서 그는 천사가 아닌 예수 그리스도로 봐야 한다.

하나님이 천사를 위로하며 말씀하셨어.
속닥속닥!
?
아니, 질문은 제가 했는데, 왜?
네네, 아항!
너는 만군의 여호와께서 하신 말씀을 외쳐라.
뭐라고 하셨는데요?
나는 예루살렘과 시온을 매우 사랑한다! 그런데 편안하고 한가로운 이방 나라들 때문에 몹시 화가 난다!
아니, 왜 이방 나라 때문에?
주의 백성들은 고통 속에 있는데 그들은 태평하니, 게다가…

나도 내 백성들에게 함부로 화를 내지 않는데, 그들은 나보다 더 심하게 내 백성들을 괴롭힌다!

tip 이방 나라들

하나님은 범죄한 이스라엘 백성을 올바른 길로 인도하기 위해 징계를 내렸고 그 징계의 도구로 이방 나라들을 사용했다. 그런데 그들은 이스라엘을 멸망시키는 데 도를 넘은 고통을 가했다. 따라서 하나님은 오만방자한 이방 나라들을 심판하려고 한다.

그러니 나 여호와가 선언한다! 내가 예루살렘을 불쌍히 여기는 마음으로 돌아왔다! 이곳에 다시 성전을 세우고, 측량줄을 칠 것이다!
주께서 함께하신다!
주께서 계시는 성이다!

너는 또 외쳐라! 나의 성들이 다시 풍성해질 것이다! 내가 다시 시온을 위로하고, 예루살렘을 선택할 것이다!

※측량줄을 칠 것이다: 성전 재건에 이어, 측량줄을 치고 예루살렘 성을 재건하게 된다는 의미다.

② 4개의 뿔과 4명의 대장장이

별안간, 4개의 뿔이 스가랴 앞에 나타났어.
응? 이건 무슨 뿔들이죠?
그것들은 유다, 이스라엘, 예루살렘을 흩어버린 뿔이다.

엥? 그게 무슨 말씀이시죠?
좀 있다가 설명해줄게.
힝! 내 대사는 도대체 어디에?
대본

스가랴

그때 하나님이 4명의 대장장이를 보여주셨지.
두
둥
누, 누구시어요?
주여! 이들은 무엇을 하러 여기 왔습니까?
덜
덜
4개의 뿔은 유다를 뿔뿔이 흩어지게 해서 머리도 들지 못하게 만든 나라들을 뜻한다!
아! 앗시리아나 바벨론 같은 나라들을 상징하는 거군요.

그리고 4명의 대장장이는 유다를 짓밟고 흩어버린 이방 나라들을 두려움에 떨게 하고 꺾어버리려고 온 사람들이다!
하하
우리 편이군요. 근데 별로 친하고 싶지는 않네요.
이딴 것!!
퍽!
두둑!
크아앙!

tip 4개의 뿔과 4명의 대장장이

4개의 뿔은 이스라엘을 괴롭히던 나라들로, 미래의 나라까지 포함한 앗시리아, 이집트, 바벨론, 메대, 페르시아, 헬라, 로마 등을 가리킨다. 이는 결국 하나님 나라를 방해하는 모든 악의 세력에 해당한다. 4명의 대장장이는 4개의 뿔로 상징되는 이스라엘의 원수 나라들로부터 하나님의 백성을 보호하고, 그 원수들을 멸망시키기 위해 하나님이 준비하신 심판의 도구다.

2장 ③ 측량줄을 가진 사람

측량줄을 가진 사람이 스가랴 앞에 나타났어.
드디어 재등장!
어, 다시 오셨네?
짠!
흐흐

근데 어디로 가세요?
예루살렘의 너비와 길이가 얼마나 되는지 재어보려고.

tip 측량줄을 가진 사람

이 사람에 대해서는 ① 하나님의 계시를 전해주는 천사 ② 화석류 나무 사이에 선 여호와의 사자, 곧 예수 그리스도라는 두 가지 견해가 있다. 계시를 전해주는 천사는 이후 따로 언급되기 때문에 후자에 가까워 보인다. 이 사람이 가진 측량줄은 예루살렘 재건을 상징하며, 당시 예루살렘을 제대로 복구하지 못해 좌절한 백성에게 위로와 소망을 주기 위한 환상이었다.

그때 스가랴에게 말하던 천사가 앞으로 나갔는데,
같이 가요!
다른 천사가 나와서 맞으며 말했지.
저 젊은이한테 가서 주님의 말씀을 전해줘.
??
주님의 말씀이다. 잘 들어라. 두 번 말 안 한다.
아, 네!

※다른 천사: 계시 전달의 임무를 맡은 천사. 환상의 의미를 동료 천사에게 풀이해주고 그것을 스가랴에게 전하라는 하나님의 명령을 전달하는 역할로 보인다.

예루살렘은 사람과 가축이 많아져서, 성벽으로 두를 수 없을 만큼 커질 것이다! 나는 예루살렘의 불 성벽이 되는 동시에, 예루살렘에 살면서 나의 영광을 드러내겠다!
바벨론에 살고 있는 시온 백성들아! 어서 북쪽 땅에서 도망쳐라! 내가 너희를 하늘의 사방에서 부는 바람처럼 흩어버렸지만, 이제는 빠져나와라!
이제 여기도 살만한데….
바벨론은 우상에 물든 죄악의 땅이야.
주께서 영광스러운 임무를 내게 맡기시고, 너희를 약탈한 민족에게 날 보내시며 말씀하셨어.
그새 다녀오셨어요?
빠르시네.
너희를 건드리는 자는 곧 나의 눈동자를 건드리는 자다! 내 손으로 그들을 치면, 그들은 자기 종들에게 약탈당할 것이다!
크아악!
으아악!
사람 살려!!
이스라엘 종놈들이 반란을 일으켰다!!
너희는 그때야 비로소, 만군의 여호와가 나를 보내셨음을 알게 될 것이다.
이해하세요. 이스라엘 백성들이 좀 미련해요.
쳇, 말은 잘해요.
하나님이 이런 약속도 하셨어.
또 어떤 말씀을?
도성 시온아, 노래하며 기뻐해라! 내가 네 안에 머무르며 함께 살겠다!
그날에, 많은 이방인이 주께로 와서 그분의 백성이 될 것이며, 주님은 예루살렘에 머무르면서 너희와 함께 사실 것이다.
그때야 너희는 주께서 나를 보내셨음을 알게 될 것이다. 장차 주께서 예루살렘을 선택하시고, 그 거룩한 땅에서 유다를 그분의 것으로 삼으실 것이다.
육체를 지닌 모든 사람들아, 주님 앞에서 잠잠해라! 주께서 그 거룩한 곳에서 일어나셨다.

※당시 황폐한 예루살렘에는 도심에 인적이 드물었다. 그러나 하나님은 예루살렘의 영화를 회복시키고, 이전보다 훨씬 번영시키겠다고 말씀하신다.

※시온 백성들 : 유다로 돌아오지 않고 바벨론에서 이방인들과 함께 살고 있는 이스라엘 백성들을 가리킨다.

※너희 : 이스라엘 백성들을 가리킨다.

※눈동자 : 하나님이 이스라엘 백성을 자신의 눈동자처럼 귀하게 여긴다는 뜻.
※종들 : 이스라엘 백성을 가리킨다.

※거룩한 곳 : 하나님의 보좌를 가리킨다.

tip 주님이 일어나셨다

'잠에서 깨어나다', '눈을 뜨다'라는 뜻이다. 그동안 하나님은 마치 잠든 것처럼 인간의 행위에 간섭하지 않았지만, 마침내 최후 심판을 위해 이 땅에 강림한다는 뜻을 내포한다. 하나님이 실제로 잠을 잔다거나 잠에서 깨어난다는 의미가 아니라, 그저 이해를 돕기 위해 사용된 표현일 뿐이다.

3장 ④ 대제사장

스가랴가 보니, 이번에는 대제사장 여호수아가 여호와의 사자 앞에 서있었고, 사탄이 그를 고소하고 있었어.
얘 좀 혼내주세요. 죄악 덩어리예요.
체
나라가 망하고, 바벨론에서도 충분히 혼났다구!

※대제사장 여호수아(예수아) : 이스라엘의 대표로 자신과 이스라엘의 죄에 대해 심판받기 위해 서있었다.

여호와께서 사탄에게 말씀하셨지.
사탄아, 예루살렘을 선택한 나 여호와가 너를 꾸짖는다. 이 사람은 불에서 타다 남은 나무토막이다.
맞아! 근데 아예 불구덩이 속에서 재로 만들래?

또한 그분은 여호수아가 더러운 옷을 입고 천사 앞에 있는 동안 다른 천사들에게 말씀하셨어.
이 사람의 더러운 옷을 벗겨라!
넵!!
어머나, 옷은 왜…?
홀라당 벗겨서 추방해버려요!
우히히

※여호와 : 여호와의 사자, 즉 예수 그리스도를 가리킨다.
※나무토막 : 하나님의 징계로 바벨론 포로 생활을 한 초라한 자들이라는 의미다.
※천사 : 여호와의 사자, 즉 예수 그리스도를 가리킨다.
※더러운 옷 : 죄악을 상징하며, 이 옷을 벗긴다는 것은 죄를 용서한다는 의미다.

내가 너의 죄를 없애고, 아름다운 옷을 입혀주겠다.
가, 감사합니다.
휴, 냄새~
메롱!
흑, 나만 미워해

그때 스가랴가 말했지.
아, 부끄…!
그의 머리에 깨끗한 관을 씌우세요.

그러자 천사들이 여호수아의 머리에 깨끗한 관을 씌우고 아름다운 옷을 입혔어. 그 동안 여호와의 사자가 줄곧 곁에 서있었지.
흠
올해 나온 따끈따끈한 신상이라고.
이건 어때?
첨단 기능성 섬유로 만들었대.

※깨끗한 관 : 대제사장과 제사장들이 직무를 수행할 때 착용하던 원추형 모자를 가리킨다.

tip 아름다운 옷과 깨끗한 관

1차 포로 귀환 때 대제사장이던 여호수아(예수아)가 아름다운 옷과 깨끗한 관을 쓰게 되었다는 것은 제사장으로서의 영광을 회복했음을 의미한다. 이는 곧 이스라엘 역시 제사장의 나라 Link 2권 72p 로서의 역할과 지위가 회복되었으며, 나아가 이제는 고난이 끝나고 하나님의 복을 받게 될 것을 상징한다. 또한 제사장의 지위가 회복되었다는 것은 제단이 있는 성전이 재건될 수 있는 기틀이 마련되었다는 의미이기도 하다.

그런 후, 여호와의 사자가 여호수아에게 경고했어.
네가 나의 길을 따르고 내 명령을 지키면, 네가 내 집을 다스리고, 내 뜰을 지키게 될 것이다!
아!
주께서 또 이렇게 말씀하셨다.

※내 집 : 성전을 가리킨다.

너는 또한 여기서 섬기는 천사들 사이를 자유롭게 출입할 것이다!
여호수아군.
통과!
수고요!

대제사장 여호수아와 그 앞에 앉아있는 동료들은 앞으로 생길 일의 표가 될 사람들이다!
표?
팁을 봐야 알겠는데?

tip 앞으로 생길 일의 표(증거)

대제사장 여호수아와 그의 동료 제사장들은 미래에 일어날 사건들의 예시라는 의미다. 즉 여호수아는 영원한 대제사장인 예수 그리스도의 모형이며, 그의 동료 제사장들은 예수 그리스도의 대속 사역(예수가 인류의 죄를 대신 속죄하고 십자가에 못 박히신 일)의 결과 제사장이 된 신약 성도 Link 베드로전서 2장 5절, 9절 들의 모형으로 볼 수 있다.

※자유롭게 출입하다 : 천사들처럼 하나님과 자유롭게 소통할 수 있는 축복을 의미한다.

※동료들 : 대제사장 여호수아의 시중을 드는 여러 제사장을 가리킨다.

이제 내가 새싹이라고 부르는 내 종을 보내겠다!
푸하하하
으음!
예수 그리스도
너무 웃겨요!

보라! 내가 여호수아 앞에 세운 돌 위에 일곱 눈이 있다!
??

내가 그 돌에 글을 새겼다!
명필이네.
마치 컴퓨터로 쓴 것 같아.
내가 이 땅의 죄를 하루 만에 없애겠다!

※새싹 : 예수 그리스도를 가리킨다.

tip 돌 위에 일곱 눈, 돌에 새긴 글

돌 하나를 일곱 개의 눈이 보고 있다는 뜻이다. 성경에서 7이란 완전한 숫자로 모든 것을 보호, 감찰하는 하나님의 전능함을 상징하고, 일곱 눈은 온 세상에 보내진 하나님의 일곱 영을 의미한다. Link 요한계시록 5장 6절 돌은 새싹과 마찬가지로 메시아(예수 그리스도)를 상징하며, 그 돌에 쓰인 죄악은 이스라엘 백성들의 죄악과 더불어, 궁극적으로 하나님을 믿는 이들의 죄악을 가리킨다. 그리고 하루라는 말은 예수 그리스도가 십자가에 못 박혀 죽음으로 한 번에 영원한 속죄를 이룰 것을 상징한다.

나 만군의 여호와가 말한다! 그날에는 너희가 이웃을 자기 포도나무와 무화과나무 아래로 초대할 것이다!

4장 ⑤ 등잔대

스가랴에게 말하던 천사가 다시 와서 스가랴를 깨웠어.
이봐, 정신 차려!
으… 계속 환상을 봤더니 정신이….

무엇이 보이느냐?
순금으로 만든 등잔대네요.
이것들은 뭐죠?

스가랴

뭔지
모르겠냐?
참 나, 물어볼 걸
물어보세요.
그걸 알면 제가
천사 하죠!
이것은 만군의
여호와께서
스룹바벨에게
하신 말씀이다.
무슨
말씀을?
나?
네 힘으로도, 권력으로도 되지 않고,
오직 나의 영으로만 될 것이다!
뭐가요?
무슨
뜻이죠?
팁으로
설명해줄게!

tip 오직 나의 영으로만

스가랴가 환상에서 본 등잔대는 올리브 나무에서 기름을 공급받아야만 불을 밝힐 수 있었다. 여기서 등잔대에 공급되는 기름은 성령을 상징하며, 하나님이 말씀하신 '나의 영' 또한 '성령'을 의미한다. 이는 스룹바벨의 지휘 아래 재건 중인 성전 역시 그 어떤 힘이나 권력이 아닌 성령의 능력과 도움을 공급받아야만 완공될 수 있다는 의미다.

큰 산아, 너는 스룹바벨 앞에서 한날 평지에 불과하다! 그가 성전을 지을 머릿돌을 가지고 올 때 사람들은 그 돌을 보고 외칠 것이다!
오,
아름답다!
짱 멋져!
할렐루야!

※큰 산 : 성전 재건을 방해하는 원수들을 가리킨다.
※성전을 지을 머릿돌을 가지고 올 때 : 성전이 완성되어 마지막으로 머릿돌을 놓는 순간을 가리킨다.

하나님이 스가랴에게 말씀하셨지.
스룹바벨이 성전의
기초를 놓았으니, 그가
성전을 완성할 것이다!
성전 완공
기념 샷!
찰칵!
그때 비로소 너희는 만군의
여호와가 나를 보내셨다는
것을 알게 될 것이다.
누가
아니래?
케케케
흠!

시작이 초라하다고 비웃는 자가 누구냐?
온 세상을 살피는 나 여호와의 일곱 눈은
스룹바벨이 손에 측량줄을 잡은 것을
보며 기뻐할 것이다!
하나님의 영이
이 성전을 짓고
계시니 당신은 어떤
어려움도 이겨내고
완공할 것이오.
힘이
나는군요.

tip 성전 재건을 기뻐하는 일곱 눈

이스라엘 일부 백성은 성전 재건을 착수한 날, 그 시작이 너무 초라하고 보잘것없다며 비웃었다. 그러나 이들과는 달리, 하나님이 보내신 일곱 개의 눈 Link 7권 172p 은 측량줄을 잡은 스룹바벨을 보며 기뻐할 것이라고 한다. 스룹바벨이 측량줄을 손에 잡았다는 것은 스룹바벨에 의해 성전 재건 공사가 이미 진행 중이라는 사실을 말해준다.

근데 등잔대 양쪽에
있는 두 그루의 올리브
나무는 뭐죠?
몰라?

※올리브나무 : 등불에 계속 기름을 공급해주는 원천으로, 이 등잔대는 끊임없이 불을 밝힐 수 있음을 의미한다.

금 기름을 흘리는
두 개의 올리브나무
가지는 또 뭐고요?
크크
정말 뭔지
몰라?
아, 모른다니까!!
빼액!
그것은 온 세상을
다스리는 하나님을
섬기도록 기름 부어진
두 사람을 뜻해.
고놈, 성깔하고는
스룹바벨과
여호수아군요.
진작 말하지

tip 두 사람

두 그루의 올리브나무와 두 개의 올리브나무 가지는 기름부음을 받은 두 사람을 가리킨다. 기름은 성령을 상징하므로 이들이 성령을 받은 주님의 일꾼이라는 의미다. 즉 이들 두 사람은 당시 이스라엘의 총독 스룹바벨과 대제사장 여호수아에 해당한다.

5장 ⑥ 날아다니는 두루마리

스가랴가 보니, 앞에 두루마리가 날아가고 있었어.
무엇이
보이느냐?
길이 20규빗, 너비가
10규빗인 나는
두루마리가 보이네요.
펄럭

두루마리 양쪽에 적힌
저 글귀는 온 땅에 내릴
저주에 해당한다.
도둑질하는 자는 모두 없어질 것이다.
거짓 맹세하는 자는 모두 없어질 것이다.
펄럭

※20규빗 = 약 9m, 10규빗 = 약 4.5m.

내가 저주를 내릴 것이다! 그러면 그것이 도둑의 집과 내 이름으로 거짓 맹세하는 자의 집에 머물며, 그 집의 대들보와 돌 벽까지 다 허물어버릴 것이다!
우리 집안이
몰락하는
징조 같은데?
쩌어억
어, 어떻게
하지?

⑦ 에바 속의 여자

스가랴에게 말하던 천사가 말했어.
정신 차리고
저길 봐라!
응? 뭐지?

※저주 : 당시 이스라엘에는 도둑질과 거짓 맹세가 만연해있었다. 하나님은 그런 백성들에게 죄를 돌이키지 않으면 멸망의 심판을 내리겠다고 경고했다.

이것은 곡식을
담는 에바다.
온 땅에 가득한
죄악을 나타내지.
근데 이게
왜 여기에?
푸쉬익

tip 에바

에바는 이스라엘에서 곡식의 양을 측정할 때 사용하는 도구다. 1에바는 약 22리터에 해당된다. 그런데 이스라엘 백성들은 에바의 크기를 규정보다 작게 만들어 부당한 이득을 취하곤 했다. 따라서 여기서 말하는 에바는 도둑질과 거짓 맹세의 상징이자, 그 죄를 측정하여 벌하는 심판의 도구로 볼 수도 있다.

그 에바의 납으로 된 뚜껑이 열리자,
엇! 저절로
열린다.
푸시시

그 안에 여인이 앉아있었지.
오! 웬 여자가?
설마 소개팅을?
끌끌!
천사는 여인을 에바 속으로 밀어 넣고,
이 여자는 죄악의 상징이야!
아니? 나의 이쁜이를?!
빡!
아야!
에바의 납 뚜껑을 덮어버렸어.
어딜 나오려고!
흑! 안녕!
꿍!
탁
짧았지만 영원히 잊지 않을게.

※여인 : 악을 의인화한 것이다.

※천사가 여인을 밀어 넣은 것은 여인이 에바에서 나오려고 했기 때문이다.

그때, 스가랴 앞에 두 명의 여인이 날개로 바람을 일으키며 나타났지. 여인들의 날개는 학의 날개 같았어.
오, 이번엔 2명씩이나?
안녕?!
하이!
난 스가랴야!
그들은 에바를 들고 하늘 높이 날아갔지.
악, 안 돼! 어딜 가는 거야?!
날 버리지 말아줘!

쟤들은 에바를 어디로 가져가죠?
바벨론 땅으로 간다. 바벨론에 에바를 둘 집을 짓고, 에바를 제자리에 놓을 거야.
난 버림 받았어.
흑흑

tip 두 여인과 집, 일곱 번째 환상

죄의 상징인 에바와 에바 속 여인을 예루살렘으로부터 멀리 옮기는 일을 한 두 여인은 하나님의 명령을 수행한 천사로 보인다. 또한 에바를 둘 집이란 악의 세력들이 심판받고 감금당하는 장소로 볼 수 있다. 여섯 번째 두루마리 환상에서 죄악을 저지른 백성에게 심판이 임할 것을 보여주었다면, 일곱 번째 환상에서는 심판이 구체적으로 어떻게 임할지를 보여준다. 이를 정리하면 다음과 같다.

① 에바 : 이스라엘 백성의 죄를 측정하는 하나님의 심판의 도구
② 에바 속의 여인 : 죄를 지은 이스라엘 백성
③ 납 뚜껑으로 덮음 : 회개하지 않는 자는 하나님의 심판을 피할 수 없음
④ 바벨론으로 옮겨감 : 하나님이 주신 약속의 땅을 떠나 뿔뿔이 흩어짐

6장 ⑧ 넉 대의 전차

스가랴가 또 보니, 놋쇠로 된 두 개의 산 사이에서 전차 넉 대가 나왔어!
웬 전차가?!
콰 콰 콰 콰
전차는 건장한 말들이 끌었는데 첫째는 붉은 말들, 둘째는 검은 말들, 셋째는 흰 말들, 넷째는 얼룩말들이었지.
저것들은 뭐죠?
두두두두
하늘의 네 영이지. 온 세상을 다스리는 하나님을 뵙고 떠나는 길이야.
하나님의 심판을 집행할 천사들이지.

tip 말의 색이 상징하는 것

① 붉은 말 : 성경에서 붉은 색은 전쟁과 피 흘림을 상징한다.
② 검은 말 : 성경에서 검은 색은 슬픔과 죽음을 상징한다.
③ 흰 말 : 성경에서 흰 색은 승리와 기쁨을 상징하므로 원수들이 심판받아 승리의 기쁨을 만끽한다는 의미다.
④ 얼룩말 : 우박이 떨어져 땅이 얼룩해진 것으로 기근과 질병을 상징한다.

근데 어디로 떠나는데요?
검은 말의 전차는 북쪽 땅, 흰 말의 전차는 서쪽 땅, 얼룩말의 전차는 남쪽 땅으로 간다.
건장한 말들이 기다리고 있자 천사가 말했어.
떠나라! 땅을 두루 돌아다녀라!

※붉은 말들이 끄는 전차에 대한 언급이 없는데 그 이유는 알 수 없다.

그러자 전차들은 땅을 두루 돌아다녔지.
두두두두!
봐라! 북쪽 땅으로 간 말들이 그곳에서 내 마음을 시원하게 해주는구나!
푸하하하
바벨론까지 빨리도 갔군요.

tip 내 마음을 시원하게

하나님의 심판을 상징하는 전차들은 온 땅을 두루 다니며 하나님의 심판을 집행했다. 특히 바벨론이 있는 북쪽 땅은 하나님의 백성을 박해한 원수들의 대표 지역이라고 할 수 있는데, 그곳에서 죄악의 세력에 대한 심판이 철저하게 완수되자, 천사의 마음이 시원해진 것이다.

여호수아를 위한 왕관

바벨론에 포로로 잡혀갔던 헬대, 도비야, 여다야가 예루살렘으로 돌아와 스바냐의 아들 요시야의 집에 있으니 오늘 그들에게 예물을 받아라!
하나님께서 예물을 받아오래요.
앗! 그걸 어찌 알고?
극비 사항인데.

tip 예물

바벨론 포로들이 유다로 돌아올 수 있게 되었지만 여전히 바벨론에 머문 사람도 많았다. 이들은 유다에서 성전이 재건되고 있다는 소식을 듣고는 금과 은을 모아서 예루살렘으로 보내곤 했다. 헬대, 도비야, 여다야는 이런 예물을 가지고 유다에 잠시 방문한 것으로 보인다.

그들에게 받은 금과 은으로 왕관을 만들어 여호사닥의 아들 대제사장 여호수아의 머리에 씌우고 이렇게 말하라!
만군의 여호와께서 말씀하신다. '새싹'이라고 불리는 이 사람은 자기가 있는 곳에서 돋아나 여호와의 성전을 지을 것이다! 그런 후, 위엄을 갖추고, 왕좌에 앉아서 다스릴 것이며, 그 곁에는 한 제사장이 서서 함께 평화롭게 일할 것이다!
그 왕관은 헬대, 도비야, 여다야, 스바냐의 아들 헨, 곧 요시야를 기념하여 여호와의 성전에 둘 것이다!
와아아아

※그 곁에는 한 제사장 : 여호수아가 왕의 역할과 제사장의 역할을 병행할 것을 상징한다.

스가랴

tip 여호수아의 대관식

하나님은 8가지 환상에 대한 결론으로 여호수아의 대관식을 거행하라고 명령하는데 이는 장차 오실 예수 그리스도의 사역을 보여준다. 즉 ① 예수 그리스도가 인간과 하나님 사이에 다리를 놓는 '대제사장'으로서의 일과 ② 만왕의 왕으로서 '영원한 왕'의 일을 한다는 의미다. 따라서 여호수아의 대관식이 여호수아를 왕으로 세웠다는 뜻은 아니라고 할 수 있다.

멀리서 온 사람들이 성전 건축을 도울 것이다. 그때야 비로소 너희는 만군의 여호와가 나를 너희에게 보내셨음을 알게 될 것이다. 너희가 너희 하나님의 말씀을 듣고 순종하면, 이 일이 이루어질 것이다.

※나 : 여호와의 사자, 곧 예수 그리스도를 가리킨다.

tip 하나님의 성전

여기서 '성전'은 신약시대의 '교회'를 가리킨다. '멀리서 온 사람들'은 예수 그리스도를 믿고 하나님의 백성이 될 '이방인'을 가리킨다. 따라서 '멀리서 온 사람들이 성전 건축을 도울 것'이라는 말은, 장차 이방인이 예수 그리스도를 믿게 된다는 예언으로 이해해야 한다.

7장 금식에 대한 질문과 답변

다리우스 1세 4년 9월, 곧 기슬래월 4일,
하이! 오랜만!
와! 8가지 환상을 보여 주신 후 2년 만이네요.

※기슬래월 : 이스라엘의 종교력으로 9월이며 태양력으로는 11~12월에 해당한다.

벧엘 사람들이 사레셀과 레겜멜렉을 하인들과 함께 예루살렘에 보냈어.
레겜멜렉
사레셀
다 왔네!

※벧엘 사람들 : 포로에서 귀환한 백성 중 벧엘에 정착한 사람들.

그들은 하나님께 은혜를 구하며 성전에 있는 제사장들과 예언자들에게 물었지.
우린 지난 여러 해 동안 5월이 되면 울며 금식했습니다.
올해도 늘 하던 대로 그렇게 해야 합니까?

※하나님께 은혜를 구하다 : 하나님이 은총을 주시기를 기도한다는 히브리의 관용적인 표현이다.

tip 금식에 대한 의문

예루살렘 성전이 바벨론에 의해 파괴된 때는 B.C.587년 5월 7일이었다. 이스라엘은 이날을 기념하기 위해 5월 한 달 동안 울며 금식하는 행사를 포로 때부터 귀환 이후까지 계속 지내왔다. 그러던 중 벧엘 사람들은 전쟁의 흔적도 가시고 성전 재건 공사가 진행 중인 지금, 예루살렘 멸망을 기념하는 행사를 계속해야 하는지 의문을 갖게 되었다. 이에 종교 지도자들에게 조언을 구하게 된 것이다.

1차 답변

끌끌! 이 땅의 모든 백성과 제사장에게 이 말을 전해라!
넵!

너희가 지난 70년 동안, 5월, 7월에 금식하며 슬퍼한 것이 진심으로 날 위해 금식한 것이더냐?
네?
그, 그럼요.
딸꾹

※ 7월에 금식 : 예루살렘 멸망 당시 총독 그달리야가 암살된 사건을 슬퍼하며 했던 금식. Link 6권 129p

tip 진심으로 날 위한 금식이더냐?

이스라엘 백성이 금식한 이유는 진심으로 죄를 회개하고 하나님께 영광을 돌리기 위한 것이 아니었다. 단지 그들은 포로가 된 자신들의 비참한 상황에 분노하며 금식했을 뿐이었다. 이에 하나님은 금식을 계속해야 하는지에 대한 질문 자체가 무의미함을 말하고 있다. 하나님은 1~2차 답변을 통해 금식 자체보다는 하나님의 말씀에 순종하고 실천하는 것이 중요함을 알린다.

너희는 먹고 마실 때도 그저 자신의 만족만 생각했지 않느냐?
아… 아니 그게….
주님 생각도 조금은 했는데….
예루살렘과 그 주변 성읍, 남쪽 네게브 지방, 그리고 서쪽 스불라 평원에 사람이 살던 그때부터 예언자들이 외쳤던 내 말을 들었어야 하지 않느냐?
하나님께서 주신 땅에서 쫓겨날 것이오!
우상을 버리시오!
회개하고 하나님께 돌아오시오!
하하하
개가 짖나?
에이, 시끄러

※네게브 : 팔레스타인 최남단의 사막 지대. ※스불라 : 지중해 연안의 저지대.
※그때부터 : 이스라엘이 가나안 땅에 정착한 때부터를 말한다.

2차 답변

하나님이 또 이렇게 말씀하셨소.
뭐라고?
또 혼날 거야.
공정한 재판을 하고, 서로에게 관용과 자비를 베풀어라! 과부, 고아, 나그네, 가난한 사람을 억누르지 말고, 같은 민족끼리 서로 해치지 말라!
과부 아줌마는 식량을 빌려갔으니 곱절로 갚아야지!
총각은 고아니 노예로 팔면 되겠고.
아이고!
뭐요?
그러나 너희는 내 말을 듣지 않고 등을 돌려 거역했으며, 귀를 막았다!
어제 빌려갔는데 하루 만에 곱절이라니 이런 법이…!
이놈아! 주께서 용서하지 않을 것이다!
내가 곧 법이다. 어쩔래?
그래서 내가 내 영을 부어준 예언자들을 보내 율법과 말씀을 전했다!
이게 무슨 짓이냐! 주께서…
뭐야?
타다닥
이 늙은이를 치워라!
하지만 너희 마음은 돌같이 굳어져 내 말을 듣지 않았기에 나 만군의 여호와가 크게 분노했다!
팔지도 못할 늙은이가!?
퍽퍽퍽!
어디서 감히?!
꽤애액액!
내가 불러도 너희는 듣지 않았으니, 이제 나도 너희가 부를 때 듣지 않겠다! 또한 회오리바람으로 너희가 알지 못하는 나라로 흩어버릴 것이다!
갑자기 바람이 불더니…?
휘이이이잉
여… 여기가 대체…??

그런 후, 이 땅은 폐허가 되어 아무도 다닐 수 없게 되었다!
이 아름답던 땅을 폐허로 만든 것은 바로 너희 때문이다!
왜? 왜 예루살렘이 이렇게…?
빼액
이 멍청아! 너 때문이라잖아, 너 때문에!
으아아

이처럼 우리가 금식하게 된 이유는 바로 우리 자신들 때문이란 말이오!!
질문 하나 잘못했다가 계속 혼나네.
금식을 하라는 거야? 말라는 거야?

※여호와의 산 : 솔로몬 당시 성전이 건축된 모리아 산을 가리킨다.
※남은 백성 : 포로에서 귀환한 이스라엘 백성.

8장 3차 답변

만군의 여호와가 내게 하신 말씀을 더 들어보시오!!
윽! 아직 안 끝났나?
집에 가면 안 돼요?
찔끔

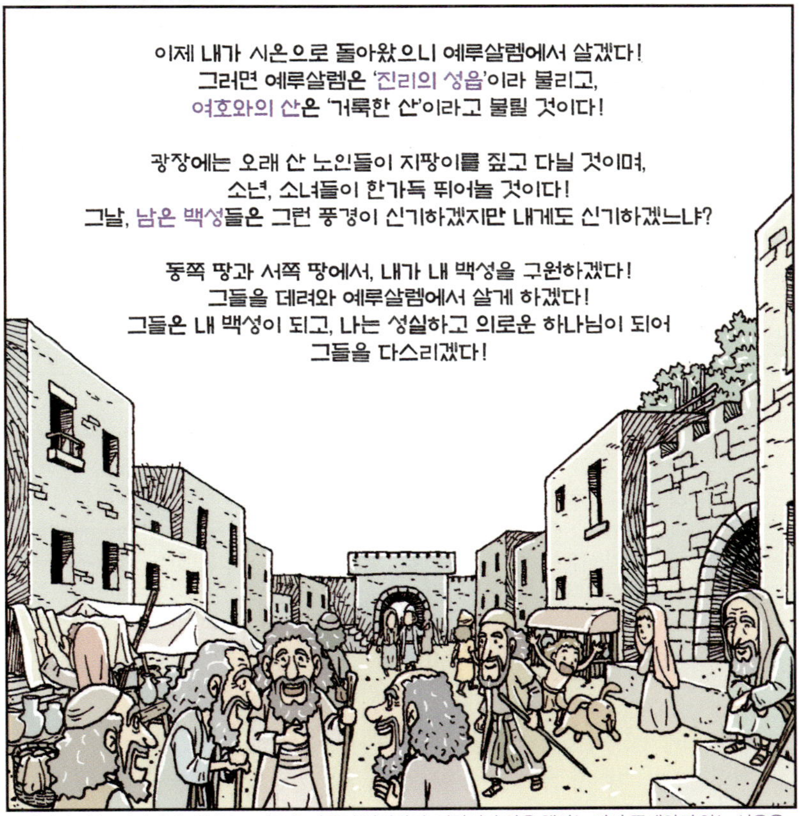

이제 내가 시온으로 돌아왔으니 예루살렘에서 살겠다!
그러면 예루살렘은 '진리의 성읍'이라 불리고,
여호와의 산은 '거룩한 산'이라고 불릴 것이다!
광장에는 오래 산 노인들이 지팡이를 짚고 다닐 것이며,
소년, 소녀들이 한가득 뛰어놀 것이다!
그날, 남은 백성들은 그런 풍경이 신기하겠지만 내게도 신기하겠느냐?
동쪽 땅과 서쪽 땅에서, 내가 내 백성을 구원하겠다!
그들을 데려와 예루살렘에서 살게 하겠다!
그들은 내 백성이 되고, 나는 성실하고 의로운 하나님이 되어
그들을 다스리겠다!

나는 시온을 매우 사랑한다!
누구든 시온을 치면 크게 분노할 만큼
나는 시온을 매우 사랑한다!

※시온 : 예루살렘 성전이 있던 언덕의 지명이지만, 여기서는 이스라엘을 가리킨다.

※진리의 성읍 : 하나님께 진실하고 의로운 자들이 번성하며, 거짓이나 악을 행하는 자가 존재하지 않는 성읍을 가리킨다.

나의 집, 곧 성전의 기초를 놓던 날,
예언자들의 입으로 내가 말했다! Link 7권 66p
힘을 내시오!
용기를 가지시오!

그 전에는 사람이나 짐승이나 제 몫을 받지 못했고, 적들 때문에
마음대로 다닐 수도 없었다! 그건 내가 서로 싸우게 했기 때문이다!
도대체 작물이 자라지를 않는구나.
크흑
뭐 훔칠 만한 게 없나?
저 소라도 가져갈까?

※예언자들 : 스가랴와 학개를 가리킨다.

※그 전 : 성전 재건 공사를 다시 시작하기 전. 다리우스 1세 2년 6월 24일 이전을 가리킨다. Link 7권 161p

그러나 이제 남은 백성들에게는 예전처럼 하지 않겠다! 뿌린 씨가 잘 자라고, 포도나무도 열매를 맺고, 땅은 곡식을 내며, 하늘은 이슬을 내릴 것이다! 내가 이 모든 것을 남은 백성이 누리게 하겠다!
유다와 이스라엘아! 전에는 모든 민족이 너희를 저주했다! 그러나 이제 내가 너희를 구원할 것이니, 너희는 복을 받을 것이다! 그러니 두려워 말고, 힘을 내라! 너희 조상들이 나를 노하게 했을 때, 나는 재앙을 내리기로 작정하고 그 뜻을 돌이키지 않았다! 허나 이제 내가 마음을 돌려 복을 주기로 했으니 두려워 말라!
이 많은 복을 어떻게 하지?
와아
하하하

tip 회복의 약속

성전 재건이 중단된 동안 이스라엘은 아무리 노력해도 기근을 면치 못했다. 게다가 위협적인 적들 때문에 마음대로 돌아다닐 수도 없었다. 이는 성전 재건을 중단하고 불신앙적으로 살았던 것에 대한 하나님의 징계의 결과였다. 그러나 이제 성전 재건을 시작하자, 하나님이 이러한 징계를 거두고 복을 주겠다고 약속한 것이다.

단, 너희는 서로 진실을 말하고, 성문 재판에서도 정의롭고 참된 재판을 해라! 악한 생각을 품지 말고, 거짓 맹세하기를 좋아하지 말라! 이 모든 것은 내가 미워하는 일이다!
들었지?
이런 복을 계속 받으려면 하나님 말씀을 따라야 해.

※성문 재판 : 고대 사회에서는 사람들 출입이 잦은 성문에서 재판이 행해졌다.

4차 답변

그래서 금식은 해요? 말아요?
이제 하나님의 마지막 말씀이오.
4월, 5월, 7월, 10월의 금식일은 너희에게 기쁘고 즐겁고 유쾌한 절기가 될 것이다! 그러니 너희는 진실하고 평화를 사랑해야 한다!
오! 우리의 비극을 기념하는 금식일이 기쁨의 절기로 바뀐다는 거군요.
오오오
그럼 이제 금식은 안 해도 된다는 말씀이지?

tip 금식일

① 4월 : B.C.586. 4. 9. 바벨론에 의해 예루살렘 성벽이 무너진 날을 기념 Link 5권 232p

② 5월 : B.C.586. 5 .7. 예루살렘 성전이 파괴된 날을 기념 Link 5권 233p

③ 7월 : 예루살렘 멸망 후 유다 총독 그달리야의 암살을 기념 Link 5권 235p

④ 10월 : B.C.588. 10. 10. 예루살렘이 바벨론에 포위되어 굶주림이 시작된 날을 기념 Link 5권 231p

그런 후 한 성의 사람이 다른 성의 사람에게 말하면 그들은 이렇게 대답할 것이다!
어서 가서 만군의 하나님께 기도하고 그분의 은혜를 구합시다!!
그래, 늦기 전에 빨리 가자!
나도 갈래!!
나도 갈 거야!!

※그런 후 : 예루살렘 성전이 재건된 때라기보다는 예수 그리스도의 복음이 전파된 이후에 가깝다.

그리고 여러 나라에서 많은 민족의 백성들이 몰려올 것이다!
헉!
와아아아
뭐… 뭐야?

수많은 민족과 강대국이 나 만군의 여호와를 찾고 은혜를 구하려고 예루살렘으로 올 것이다! 그때, 다른 언어를 가진 10명이 유다 사람 1명의 옷을 붙잡고 이렇게 말할 것이다!
하나님께서 너희와 함께하신다는 말을 들었다!
그러니 우리는 너희와 함께 가겠다!
알았으니 이거 놔! 바지 벗겨져!!
으악

tip 4차 답변과 이후의 전개

앞서 3차에 걸쳐 나온 세 가지 답변은 이스라엘 백성의 거짓된 의식과 불순종에 대한 책망, 그리고 앞으로 주어질 이스라엘의 회복을 다룬 포괄적인 내용이었다. 반면 4차 답변은 금식을 계속할 것인지에 대한 직접적인 답변이라고 할 수 있다. 하나님은 영광을 회복한 예루살렘에서는 과거 이스라엘의 비극적인 사건을 기념하는 금식이 즐거움과 기쁨의 절기로 바뀌고, 예루살렘은 이스라엘 백성이 금식을 위해 모이는 장소가 아니라, 축복을 받기 위해 수많은 이방 민족까지 찾아오는 장소가 될 거라고 말씀하신다.

스가랴서는 1~8장까지 환상편, 9~14장의 예언편으로 나뉜다. 1~8장에서는 8가지 환상과 금식에 대한 질문 및 답변을 통해 하나님 나라의 특성을 간접적으로 밝혔다. 9~14장이 기록된 때는 성전이 재건되고 약 36~46년쯤 후인 B.C.480~470년경이었다. 당시 이스라엘은 스룹바벨과 여호수아가 죽어 마땅한 정치·종교적 지도자가 없었으며, 정치적으로 주변 나라들에게 괴롭힘을 당하면서 생활의 안정을 찾을 수 없었다. 이에 스가랴는 이스라엘이 겉으로는 약해 보이지만 하나님을 의지해서 끝내 승리할 거라는 사실을 전하면서 백성들에게 위로와 소망을 주고자 했다. 결국 스가랴서의 후반부는 세상 모든 나라가 하나님의 심판으로 멸망하지만, 이스라엘 백성은 영원한 나라인 메시아 왕국 Link 6권 27p 에서 구원받게 될 거라는 예언이다.

스가랴

9장 이스라엘의 적이 받을 심판

이스라엘 주변 하드락, 다메섹, 하맛, 두로, 시돈, 블레셋에 하나님의 심판이 내릴 것이오. 하나님의 말씀을 들으시오!
오, 드디어!
꼴좋다! 쌤통이야!!

※이 예언은 성전이 재건되고 약 36~46년쯤 후의 일이다.

하나님의 경고가 하드락 땅에 내리고 다메섹에 머물 때, 이방 사람들과 이스라엘의 모든 지파가 하나님을 우러러볼 것이오.
앗! 이거 분위기가…?
쿠르르릉
무슨 일이 생길 것 같아.

※하드락 : 아르바와 하맛 사이에 위치했던 성읍.
※우러러보다 : 두려워하게 된다는 의미.

그 경고의 말씀이 하드락 근처의 하맛과 지혜롭다는 두로와 시돈에도 내릴 것이오.
뭐?!
우리도?
딸꾹

두로가 요새를 짓고, 진흙같이 금을 쌓고, 티끌처럼 은을 긁어모았지만, 하나님은 바다에서 떨치던 그들의 힘을 부숴 그들을 쫓아내고, 그들의 성을 불태울 것이오.
콰!
쾅!
사람 살려!
재앙이다!
으아아악!

※두로와 시돈 : 페니키아 지역의 주요 도시 국가. 지중해 연안에 위치하여 무역이 매우 활발했다.

아스글론, 가사, 에그론이 그것을 보고 희망을 잃고 두려워할 것이오.
콰콰쾅!
으아악
아이고, 살벌하네.
뭘까?

가사는 왕이 끊기고, 아스글론은 사람이 살지 않을 것이며, 아스돗은 낯선 외국인들이 차지할 것이오.

내가 블레셋의 교만을 꺾겠다! 그들의 입에 묻은 피와 이빨 사이에 낀 역겨운 것을 없애겠다!

※아스글론, 가사, 에그론 : 아스돗, 가드와 함께 블레셋의 5대 성읍.

※피, 역겨운 것 : 우상에게 바쳐진 제물을 뜻하며, 이를 없애겠다는 말은 우상숭배를 근절시키겠다는 뜻이다.

하지만 그중 남은 자들은 내 백성이 되어 유다와 한가족처럼 살며, 에그론은 여부스 사람처럼 될 것이다!
We are the christian~♪

tip 남은 자들

블레셋은 망하지만 일부 백성이 남겨져 하나님을 섬기게 된다는 예언이다. 이들이 유다와 한가족처럼 산다는 말은 신약시대의 교회를 상징한다고 볼 수 있다. 또한, 여부스 사람은 예루살렘 원주민이었는데 다윗에게 정복된 후 Link 4권 145p 완전히 이스라엘에 동화되었다. 따라서 에그론이 여부스 사람처럼 된다는 말은 블레셋의 남은 자들이 이스라엘에 동화된다는 의미다.

또한 내가 내 집에 진을 치고 지켜볼 것이니, 억압하는 자들이 침범하지 못할 것이다!
아이고!

※내 집 : 하나님이 다스리는 신앙 공동체를 의미한다.

왕이 오신다

도성 시온아, 도성 예루살렘아! 크게 기뻐하며 소리쳐라! 네 왕이 네게로 오신다! 의로운 그는 구원을 베푸는 분이시다. 그는 겸손해서 어린 나귀를 타고 오신다!
오, 주여!
와아아아
왕이 오셨다!

tip 오실 왕

예수 그리스도를 가리킨다. 고대 이스라엘에서 나귀는 귀한 자들이 타던 운송 수단이었다. 그러나 말이 수입된 후 지체 높은 사람들은 나귀가 아닌 말을 탔다. 따라서 예수가 나귀, 그것도 어린 나귀를 타고 온다는 것은 세상을 호령할 자가 아니라, 자신을 낮추어 섬길 자로 온다는 의미다. 이때 기뻐하며 소리치리라는 예언은 예수가 예루살렘에 입성할 때 백성들이 환호하며 맞이하며 Link 마태복음 21장 1~11절 며 성취된다.

※에브라임 : 이스라엘이 남북으로 분단되었을 때 북이스라엘을 에브라임이라고도 불렀다.

※두 배로 갚다 : 하나님이 부르실 때 순종하는 사람에게 풍성한 축복을 주겠다는 약속이다.

※그리스의 자식 : 그리스인뿐만 아니라 모든 이방인을 가리킨다.

내가 에브라임의 전차와 예루살렘의 말을 없애고, 전쟁의 활을 꺾을 것이다. 그래서 이방 민족들에게 평화를 외치며, 이 바다에서 저 바다까지, 유프라테스 강에서 땅 끝까지 다스릴 것이다.
뿌우우우우
너는 나와 피로 언약을 맺었으니 Link 2권 86p, 너희 중에 사로잡힌 자들을 구덩이에서 건져낼 것이다. 사로잡혔어도 희망을 잃지 않은 사람들아, 이제 요새로 돌아오너라. 내가 네게 두 배로 갚아주겠다.
예루살렘
유다는 나의 활이며, 에브라임은 나의 화살이다. 시온아, 내가 너를 용사의 칼로 삼고, 네 자식을 일으켜 그리스의 자식을 치게 하겠다. 그때 여호와가 백성들에게 나타나 번개처럼 화살을 쏘고, 나팔을 불며, 남쪽에서 회오리바람처럼 진군하실 것이다.
쿠쿠쿠쿠

※너 : 이스라엘을 가리키나 본질적으로는 신약의 성도들을 가리킨다.
※사로잡혔어도 희망을 잃지 않은 사람들 : 포로 중에도 하나님의 구원에 대한 믿음을 잃지 않은 자들.

tip 활, 화살, 칼

하나님은 이스라엘을 활, 화살, 칼 등의 무기로 삼아 그리스(이방 민족)를 정복하겠다고 한다. 그러나 하나님 나라는 무력으로 세워지는 나라가 아닌 만큼 활, 화살, 칼이 무력을 상징하지는 않는다. 이 무기들은 그리스도의 복음이 이스라엘 백성을 통해 강하고 힘차게 전파될 것을 표현하는 상징에 불과하다. 이때 이스라엘 백성은 원수들과의 전쟁에서 승리하고 최후의 승자가 되는 것이다.

만군의 여호와께서 백성들을 보호하시니, 그들이 원수를 쳐부수며 돌 던지는 자들을 짓밟을 것이다. 그런 후, 그들은 술 취한 듯 즐거이 부를 것이다. 그들은 피가 가득 찬 그릇 같고, 피에 젖은 제단 뿔과도 같을 것이다.
와아아아!
여호와께 영광을 돌려라!

※돌 던지는 자 : 무력을 쓰는 이스라엘의 원수들을 가리킨다. ※술 취한 듯 : 승리의 기쁨에 젖은 상태를 말한다.
※피가 가득 찬 그릇, 피에 젖은 제단 뿔 : 속죄 제사 때 그릇의 피를 제단 뿔에 바르던 의식에 비유한 말로 승리 후, 하나님께 영광을 바친다는 뜻이다.

그날, 하나님은 백성을 양 떼처럼 여겨 구원하실 것이며, 그들은 하나님 땅에서 왕관에 박힌 보석처럼 빛날 것이다.
하나님의 성 예루살렘이?!
그들이 얼마나 좋고 아름다운가! 총각들은 햇곡식으로 튼튼해지고 처녀들은 새 포도주로 아름다워질 것이다.

※그날 : 원수의 세력이 철저히 진멸되고 하나님의 백성이 완전히 승리하게 될 날.

스가랴

10장 우상과 거짓 목자의 심판

봄철에 비를 오게 해달라고 하나님께 빌어라. 하나님은 비구름을 만드시고, 소나기를 주셔서 밭의 채소를 사람들에게 주신다.
반면, 드라빔은 헛소리를 하고 점쟁이는 거짓 환상을 보며 꾸며낸 꿈으로 헛된 위로를 한다.
방송 출연 신통방통 바로 그 점쟁이
번호표 뽑고 기다리세요!

※드라빔 : 고대 팔레스타인들이 가정의 수호신으로 숭배하던 인간의 형상을 한 우상.

그렇게 우상을 섬기니 백성들이 목자 없는 양 떼같이 방황하며 고통을 당한다.
메애애애!

tip 고통당하던 이스라엘

이스라엘의 참 지도자인 하나님을 떠나 우상을 숭배하는 것은 목자를 떠나 길을 잃고 헤매는 양과 같은 어리석은 행동이다. 이처럼 이스라엘 백성은 우상을 섬겼고, 그 결과 하나님의 심판을 받아 고통을 당했다. 하나님은 이러한 어리석은 일을 반복하지 말 것을 스가랴를 통해 말씀하신다.

내가 목자들에게 분노한다! 내가 숫염소 같은 지도자들을 벌하겠다!
우르릉 쾅!
헉?!

※목자들, 숫염소, 지도자들 : 숫염소는 양을 해치는 세력으로, 목자 없는 양같이 방황하는 이스라엘을 괴롭힌 이방의 지배자들을 가리킨다.

만군의 여호와께서 양 떼 같은 유다 백성을 전쟁에 나가는 날쌘 말처럼 만드실 것이다.
히히히힝
유다에게서 모퉁잇돌과 같은 사람, 장막의 말뚝과 같은 사람, 전투용 활 같은 사람, 권세를 잡은 사람이 나온다. 그들은 용사처럼 전쟁의 진흙탕에서 원수를 짓밟을 것이다. 하나님이 그들과 함께하시니 원수의 기마병을 물리칠 것이다.
크악!
파파파파파팍!
으아악!

※모퉁잇돌과 같은 사람, 장막의 말뚝과 같은 사람, 전투용 활 같은 사람, 권세를 잡은 사람 : 모두 유다 지파에서 태어날 예수 그리스도를 상징한다.

내가 유다 백성을 강하게 하고, 요셉의 백성을 구하겠다! 내가 그들을 불쌍히 여겨, 그들이 고향으로 돌아오게 하겠다!

※유다 백성, 요셉의 백성 : 유다 백성은 남왕국 유다를, 요셉의 백성은 북왕국 이스라엘을 상징한다.

그러면 그들은 내게 한 번도 버림받은 적이 없는 사람들처럼 되고, 그들의 하나님인 내가 그들의 기도를 들을 것이다!

※한 번도 버림받은 적이 없는 사람들처럼 : 하나님은 예전 이스라엘의 불의와 타락을 기억하지 않으시겠다는 뜻이다.

※불은 이스라엘의 침략자를, 백향목은 이스라엘의 지도자를 가리킨다.

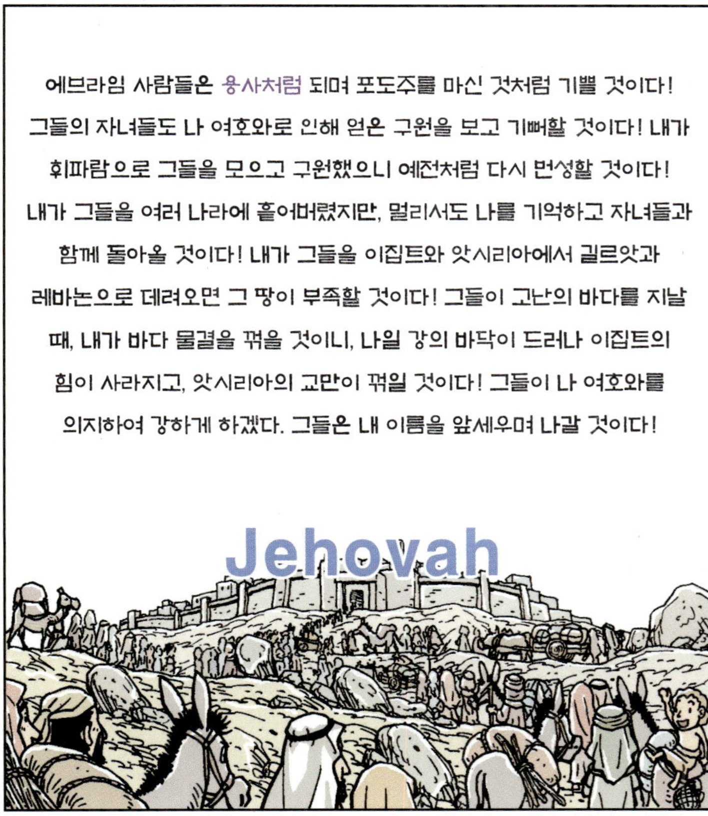
에브라임 사람들은 용사처럼 되며 포도주를 마신 것처럼 기쁠 것이다! 그들의 자녀들도 나 여호와로 인해 얻은 구원을 보고 기뻐할 것이다! 내가 휘파람으로 그들을 모으고 구원했으니 예전처럼 다시 번성할 것이다! 내가 그들을 여러 나라에 흩어버렸지만, 멀리서도 나를 기억하고 자녀들과 함께 돌아올 것이다! 내가 그들을 이집트와 앗시리아에서 길르앗과 레바논으로 데려오면 그 땅이 부족할 것이다! 그들이 고난의 바다를 지날 때, 내가 바다 물결을 꺾을 것이니, 나일 강의 바닥이 드러나 이집트의 힘이 사라지고, 앗시리아의 교만이 꺾일 것이다! 그들이 나 여호와를 의지하여 강하게 하겠다. 그들은 내 이름을 앞세우며 나갈 것이다!
Jehovah

※용사처럼 : 북이스라엘 백성이 포로에서 돌아오는 모습이 전쟁에서 승리한 용사 같다는 의미다.
※흩어진 백성을 다시 모으겠다는 하나님의 약속은 Link 2권 219p 에도 기록되었다.

11장 스가랴의 애가

스가랴가 탄식하며 말했어.
레바논아, 문을 열어라! 불이 네 백향목을 사를 것이다.

※레바논 : 이스라엘의 북쪽 경계 지역. 문은 이스라엘로 침입할 수 있는 산악 통로를 의미한다.

잣나무야, 통곡하라! 백향목이 넘어지고 아름다운 나무들이 찍힌다. 바산의 상수리나무들아, 통곡하라! 무성한 삼림이 쓰러진다.

※바산 : 헬몬 산과 길르앗 사이의 광활하고 비옥한 지대

목자들이 통곡한다. 그들의 자랑인 풀밭이 망가졌다.
이제 어떻게 양들을 먹이나?
크흐흑

젊은 사자들이 울부짖는다. 요단 강가의 밀림이 황폐해졌다.
크허어엉!

tip 스가랴의 애가

성전 재건 이후 하나님의 은혜를 경험하고도 다시금 죄를 짓고 큰 어려움에 처하게 된 이스라엘을 스가랴가 탄식하는 노래다. 여기서 언급한 백향목이나 무성한 삼림 등은 이스라엘을 상징하며 이것들이 쓰러지거나 황폐해졌다는 것은 이스라엘 땅이 완전히 파괴되었다는 의미다.

너는 이제부터 어리석은 목자의 도구를 가지고 그 역할을 해라!
아, 그럴까요?
방송에 나가는 거죠?

※이 대목은 스가랴 11장 15절인데 이야기의 흐름상 이곳에 배치했다.

두 명의 목자

너는 잡아먹힐 양 떼를 먹여라!
네? 잡아먹힐 양 떼를 왜요?
메헤에?
??

tip 너는 잡아먹힐 양 떼를 먹여라

'너'는 스가랴를 가리키나 궁극적으로는 예수 그리스도를 상징한다. '잡아먹힐 양 떼'란 장차 이스라엘 백성이 대대적인 살육을 당한다는 예언이다. 실제로 A.D.70. 로마 군대에 의해 예루살렘 성이 함락되고 무려 150만 명의 이스라엘 백성이 죽게 된다. 따라서 이 명령은 예수에게 장차 죽게 될 이스라엘 백성을 먹이라는 말이다. 즉 그들을 양육하고 인도하라는 의미다.

양 떼를 산 사람들이 그것들을 잡아도, 그들에겐 죄가 없다!
다 때려잡아도 된다는 말씀?
흐흐, 그래?
메에에!
양 떼를 팔아넘긴 자도 좋아하고, 양 떼를 먹이던 목자들도 그것들을 불쌍히 여기지 않을 것이다!
여호와를 찬양하세!
양 떼 팔아서 한몫 잡았네!
메에에!
메에!
흥!

※양 떼를 산 사람들 : 이스라엘 백성을 억압하는 이방 나라의 원수들.

※팔아넘긴 자 : 이스라엘이 이방 나라에 지배당할 때, 이를 자신의 욕심을 채우는 기회로 삼은 지도자들을 가리킨다. ※ 목자 : 이스라엘을 선한 길로 인도해야 할 지도자들을 가리킨다.

내가 다시는 이 땅에 사는 사람들을 불쌍히 여기지 않겠다!
왜요?
퍽
퍽
메에에!
내가 이들을 이웃 나라 왕에게 넘겨주겠다! 그들이 이 땅의 사람들을 치겠지만, 나는 그들을 구하지 않을 것이다!
로마의 위엄을 보여줘라!
와아아아
크아악!
으악

※이 땅에 사는 사람들 : 이스라엘 백성을 가리킨다.

tip 이스라엘에 또 다시 심판이?

하나님은 이스라엘 백성을 불쌍히 여기지 않고 다시 이방 나라에 넘기겠다고 한다. 그 이유는 무엇일까? 그것은 장차 오실 예수 그리스도와 관계가 있다. 즉 예수 그리스도가 이스라엘 백성에게 배척당하고 죽임을 당하게 되는데, 하나님은 이 일로 이스라엘 백성을 버리게 되고, 그럼 그들이 멸망당할 처지에 놓이게 된다는 예언이다.

내가 은총과 연합이라는 이름의 지팡이 두 개를 가져와 잡아먹힐 양 떼를 돌보기 시작했다!
은총
연합
메에에~

※은총 : 하나님이 자기 백성에게 베푸는 은혜를 가리킴.
※연합 : 하나님과 백성 사이에 결속된 유대를 가리킴.

그때, 내게는 목자 세 명이 있었는데, 난 그들이 맘에 들지 않았다!
아파?
찔찔찔
저놈들이!
퍽
퍽
메에에에에!
그들 또한 나를 미워했으므로, 한 달 만에 그들을 쫓아냈다!
모두 해고다!! 꺼져!!
부당 해고야!!
아이고!
후다닥

tip 한 달 만에 세 명의 목자

여기서 '한 달'은 문자 그대로 해석해서는 안 된다. 즉, 30일이 아니라 비교적 짧은 기간 안에 예언이 이루어진다는 의미다. 세 명의 목자는 구체적으로 누구인지 알 수 없으나, 학자들은 대체로 예수 그리스도 당시 이스라엘의 지도층이었던 서기관, 바리새인, 장로들로 본다.

나도 이제 너희를 돌보지 않겠다! 죽을 놈은 죽고, 망할 놈은 망해라! 그러고도 살아남으면 서로 잡아먹어라!
쿵!
메에에?
메?
그런 후, 나는 '은총'이라는 지팡이를 꺾고, 모든 민족과 맺은 약속을 깼다! 그날, 약속은 깨졌다! 내 말을 지키던 불쌍한 양들은 그것이 하나님의 말씀인 것을 깨달았다!
약속이 깨졌다!
크하하! 다 잡아먹자!
뚝!
메에에에!

※모든 민족 : 이스라엘 주변의 다른 나라들.

tip 모든 민족과 맺은 약속을 깨다

하나님은 다른 민족이 이스라엘을 해치지 못하도록 제재를 가해왔으나 은총이라는 지팡이를 꺾음으로써 이방 민족이 이스라엘을 유린할 수 있도록 하셨다. 이에 하나님 말씀을 지키던 자들은 하나님의 은총이 떠났음을 깨닫고 그것이 우연이 아니라, 하나님이 경고하신 심판이 이루어진 결과임을 깨닫게 될 것이다.

너희가 좋다고 생각하면 내가 받을 품삯을 주고, 주기 싫으면 그만둬라!
메?
메에?
그러자 그들이 내게 은 30개를 품삯으로 주었다!
이거야? 은 30개는 되겠네.
귀신같은 놈

※너희 : 이스라엘 백성 전체를 가리킨다.

※은 30개 : 은 30세겔을 가리키며 구약시대에 종 한 명의 몸값에 해당한다.

그것을 토기장이에게 던져줘라!
네!!
메?
나는 품삯으로 받은 은 30개를 성전에 있는 토기장이에게 던져주었다!
가지시오.
?
툭

tip 은 30개

은 30은 유다에 의해 팔린 예수의 몸값에 해당한다. Link 마태복음 26:15 당시 매우 비천한 신분이었던 토기장이에게 은 30을 주었다는 것은 이스라엘 백성에 의해 계산된 예수의 몸값을 하나님이 거절했다는 의미다. 이 예언은 유다가 예수의 몸값으로 은 30을 받았다가 대제사장에게 돌려주자 그가 이 돈으로 토기장이의 밭을 사면서 성취된다. Link 마태복음 27장 3~10절

그리고 나는 '연합'이라는 지팡이를 꺾어, 유다와 이스라엘의 형제 관계를 끊어버렸다!
뚝!
그 후, 내가 한 목자를 이 땅에 세우겠다! 그는 양을 잃어도 걱정하지 않고, 찾지도 않을 것이다!
크앙!
메에에에
그는 상처 난 양을 고쳐주지도 않고, 튼튼한 양을 굶기며, 살찐 양을 잡아먹고 발굽을 찢을 것이다!
아따! 냄새 좋다!

※형제 관계를 끊다 : 이스라엘의 결속력이 완전히 와해된다는 의미다.

스가랴

하지만 양 떼를 버린 못된 목자에게는 재앙이 닥쳐 칼이 팔과 오른쪽 눈을 칠 것이다!
아… 아니, 잠깐! 난 그냥 연기만 한 거라고요.
그의 팔이 바싹 마르고, 오른쪽 눈은 아주 멀어버릴 것이다!
출연료도 짜면서 너무해요.
크흑

tip 못된 목자

스가랴는 두 명의 목자 역할을 했다. 첫 번째 선한 목자는 메시아인 예수 그리스도를, 두 번째 못된 목자는 양 떼를 괴롭히는 사악한 목자를 대변한다. 못된 목자는 일차적으로는 유다의 사악한 지도자, 유다 왕 헤롯, 로마 제국의 통치자 등을 가리키지만 궁극적으로는 사탄의 세력을 대표한다. 하나님은 양 떼를 버린 못된 목자에게 하나님의 엄중한 심판이 임하게 될 것을 예언하고 있다.

12장 예루살렘의 원수가 멸망함

하늘을 펴고 땅의 기초를 놓으신 분, 사람 안에 영을 만들어주신 하나님이 이스라엘에 경고의 말씀을 하셨어.

내가 예루살렘을 잔으로 만들어 주변의 모든 민족이 그 잔을 마시고 취해 쓰러지게 하겠다! 세상 모든 민족이 예루살렘과 유다의 성들까지 치려고 포위할 것이다! 하지만 내가 예루살렘을 무거운 바위가 되게 하여, 그것을 옮기려는 자는 누구든 큰 상처를 입게 할 것이다! 그날에, 내가 모든 말을 쳐서 놀라게 하고, 말 탄 사람은 미치게 할 것이다! 유다 백성은 지키고 모든 민족의 말을 쳐서 눈이 멀게 할 것이다!

tip 이스라엘을 지키는 하나님

스가랴는 11장에서 이스라엘 백성이 예수 그리스도를 배척함으로써 심판받게 될 것을 예언했다. 그런데 12장에서는 예수 그리스도를 받아들인 자(예루살렘)가 얻게 될 구원과 영광을 선포하게 된다. 즉, 하나님은 ① 예루살렘을 침략하는 모든 자의 힘을 빼앗고, ② 이스라엘을 강하게 하여 승리하게 해주고 ③ 연약한 이스라엘을 돌보고 지킬 것을 약속했다.

그러면 유다의 지도자들은 이렇게 생각할 것이다!
예루살렘 사람들이 그들의 하나님, 만군의 여호와로 인해 힘을 얻는구나!
하하하

※잔 : 예루살렘을 하나님의 진노의 잔으로 만들어 적들이 그것을 마시고 심판을 받는다는 의미다. 이는 예레미야서 Link 6권 104p 와 연결된다.

그날에, 내가 유다의 지도자들을 장작더미에 놓인 화로처럼, 곡식 단 사이의 횃불처럼 만들겠다! 그러면 그들이 이웃 모든 민족을 불태울 것이다!
화르르르르!
액션 히어로 영화도 아닌데!
크윽
크아아악
하지만 예루살렘은 제자리에 그대로 남아있을 것이다!
밖에 뭔 일 있나…?
화르르르르!
크아아악

※장작더미에 놓인 화로 : 활활 타오르는 화로가 장작더미 속에 놓이면 삽시간에 모든 것을 불태운다. 장작더미에 놓인 화로는 강력한 능력을 상징한다.

나는 또한 유다가 사는 곳을 먼저 구원하겠다! 다윗 집안과 예루살렘에 사는 백성의 영광도 유다가 누리게 될 영광보다 크지는 않을 것이다!
우리 먼저 갑니다!
하하하!
왕부럽!
짱부럽!

tip 유다가 사는 곳

성벽으로 방비가 잘 갖추어진 예루살렘 성과 달리 적의 침략에 취약한 성 바깥 마을을 가리킨다. 또한 다윗 집안은 왕족이나 지배층을, 예루살렘에 사는 백성은 성 바깥 사람보다는 비교적 잘사는 사람을 가리킨다. 즉, 하나님은 연약한 사람들을 먼저 구원하여, 모두가 평등하게 영광을 누리는 세상을 선포하고 있다.

그날에, 내가 예루살렘의 백성을 보호할 것이니, 그중 가장 약한 사람도 다윗처럼 강해질 것이다! 다윗 집안은 하나님처럼, 여호와의 천사처럼 백성을 인도할 것이며, 내가 예루살렘을 치러 오는 모든 나라를 멸망시킬 것이다!
하나님이 함께하시니 용감하게 적을 쳐라!
와아아아아!

※다윗 집안 : 다윗의 혈통에서 태어날 예수 그리스도를 가리킨다.

하나님의 백성이 슬피 울다

나는 다윗의 집안과 예루살렘 백성에게 은혜와 용서를 구하는 영을 부어주겠다! 그러면 그들은 그들이 찔러 죽인 나를 보고서, 외아들을 잃고 슬퍼하듯이, 맏아들을 잃고 슬퍼하듯이 통곡할 것이다!
아, 예수님이 우리의 죄 때문에 돌아가셨구나.
크흐흐흑!
흑흑흑

※은혜와 용서를 구하는 영 : 성령을 가리킨다.
※그들이 찔러 죽인 나 : 예수 그리스도를 가리킨다.

그때는 므깃도 평원 하다드림몬에서 크게 슬퍼한 것과 같을 것이며, 온 나라의 모든 집안과 각 집안의 여인들도 따로따로 슬피 울 것이다!
크흐흐흑!
엉엉엉

tip 슬피 우는 백성

성령은 사람의 마음에 하나님의 은혜를 경험하게 하며, 이러한 체험이 죄의식을 일깨워 회개를 유도한다. 하나님은 이러한 성령을 물 붓듯이 부어주겠다고 선포한다. 그리고 이때, 예수 그리스도의 죽음을 바라본 사람들은 예수가 자기들의 죄 때문에 죽은 것을 깨닫게 되어 슬피 울게 될 거라고 예언한다.

※므깃도 평원 하다드림몬에서 크게 슬퍼한 것 : 유다의 16대 왕 요시야가 므깃도 전투에서 죽자 크게 슬퍼했던 일을 가리킨다. Link 5권 226p
※온 나라 : 예수 그리스도를 믿는 모든 나라의 백성을 가리킨다.

13장 하나님의 백성이 깨끗해짐

그날이 오면, 다윗의 집안과 예루살렘 백성의 죄와 더러움을 깨끗이 씻을 수 있는 샘이 열릴 것이다!
하하하
쏴아아아
와하하

그리고 이 땅에서 우상의 이름을 없애, 더는 기억되지 않게 하겠다! 또한, 거짓 예언자들과 더러운 영도 없애버리겠다!
부르릉!
퍽!

※그날 : 현 세상이 끝나고 그리스도가 통치할 새 세상이 올 때를 가리킨다.
※샘 : 모든 죄를 씻는 예수 그리스도의 보혈을 상징한다.
※더러운 영 : 거짓 예언자들에게 거짓 예언을 하게 만드는 악령을 가리킨다.

그런데도 누군가가 예언을 한다면, 그를 낳은 부모라도 그 자리에서 찔러 죽일 것이다!
아들, 네가 하나님의 이름으로 거짓말을 하니 죽어야 해. 알지?
히익!

그때, 모든 예언자가 계시를 본 것을 부끄러워하며, 예언자처럼 보이려고 걸쳤던 털옷도 입으려 하지 않을 것이다!
난 예언자가 아니오. 난 농부요. 젊어서부터 머슴살이를 했소.
정말?
수상한데?

※예언 : 거짓 예언을 말한다.
※계시를 본 것을 부끄러워하며 : 탐욕을 채우려고 거짓 예언을 한 것이 들통 나기 때문에 부끄러워한다는 의미다.

근데 가슴의 상처들은 뭐요?
치… 친구들의 집에서 입은 상처요.
정말?
우상숭배할 때 자해한 것 같은데?

목자를 쳐라!

칼아, 깨어나 내 목자를 쳐라! 나와 가까운 그를 쳐라! 그러면 양 떼가 흩어지고, 나는 흩어진 어린 것들 위에 내 손을 드리울 것이다!
절망하지 말라!
주께서 우릴 돌봐준다고 약속하셨다.
크흐흑
흑흑

※가슴의 상처 : 거짓 예언자나 우상숭배자들은 종교 의식 도중 스스로 몸에 상처를 냈다.

tip 칼, 목자, 양 떼

칼은 생명을 빼앗는 수단이며, 나와 가까운 그와 목자는 예수 그리스도를 상징한다. 칼에게 목자를 치라는 명령은 예수 그리스도의 생명이 빼앗기게 된다는 암시다. 양 떼는 이스라엘 백성을 의미하며 흩어진 어린 것들은 이스라엘 백성 중 보잘것없는 사람들을 가리킨다. '손을 드리운다'는 말은 '권능을 돌이키다'라는 뜻으로 하나님이 어려움을 당하는 백성을 버려두지 않고 전능한 능력으로 보호하실 것을 의미한다.

그때 내가 온 땅을 치면, 2/3는 멸망하고 1/3만이 살아남을 것이다!
충성!! 최후의 생존자들입니다!
Hi
히히히

tip 멸망하는 사람들

이는 예수를 배척하고 십자가에 못 박아 죽인 이스라엘 백성에게 엄청난 재앙이 닥친다는 예언이다. 실제로 이스라엘 백성은 A.D.70년에 로마 군대의 침략으로 150만 명의 사상자를 내고, 나라를 잃고 세계로 흩어져서 지속적으로 핍박을 받게 된다. 이 예언은 또한 예수 그리스도가 재림할 때 구원받을 자보다 멸망할 자가 많을 것이라는 암시이기도 하다.

※재림 : 그리스도가 종말의 때에 세상에 다시 오시는 것을 말한다.

Link 데살로니가전서 4장 13~18절

스가랴

살아남은 1/3은 불 속에 던져 은을 단련하듯이 단련하고, 금을 시험하듯이 시험하겠다!
으아악!
으다다다, 뜨, 뜨거!!

※시험 : 하나님이 살아남은 사람들을 혹독하게 연단한다는 예언이다.

그런 후, 그들이 내 이름을 부르면 내가 응답할 것이다! 나는 그들을 '내 백성'이라 부르고, 그들은 나를 '우리 하나님'이라 부를 것이다!
하나님 안녕?
지옥 훈련을 이겨냈다.
후후

※예수 그리스도의 희생으로 하나님과 인간의 관계가 회복된 후 백성이 구원을 얻게 된다는 예언이다.

14장 심판의 날

스가랴는 하나님이 세상을 심판하실 날에 대해 예언했어.
여호와의 날이 올 것이오! 그날이 오면, 약탈자들이 당신들의 재산을 빼앗아 그 앞에서 나눠 가질 것이오!
여호와의 날이 뭐야?
국경일인가?
무식한 놈들!

※심판하실 날(여호와의 날) : 여호와가 이 땅의 역사에 개입해 악인을 멸하고 그분께 나오는 자들과 의인을 구원하는 심판과 구원의 날을 가리킨다. Link 6권 22p

그때, 내가 모든 나라를 불러서 예루살렘과 싸우게 하겠다! 예루살렘은 함락되고, 집은 약탈당하며, 여자들이 겁탈당하고, 절반의 백성이 사로잡혀갈 것이다!
꺄아악!
으아악!

※절반 : 문자 그대로 1/2을 말하는 것이 아닌, 재난의 극심함을 강조하는 표현이다.

그러나 나머지 백성은 살아서 성에 남을 것이며, 그때 하나님이 전쟁에서 싸우듯 그 나라들과 싸우실 것이오!
콰쾅!
와아아아!
우리 하나님이시다!

※어떤 엄청난 재난에도 하나님은 자기 백성을 살려준다는 뜻이다.

그날, 하나님은 예루살렘 동쪽 감람 산 위에 서실 것이오. 감람 산이 동서로 갈라져서 큰 골짜기가 생기고, 산의 반쪽은 북쪽으로, 반쪽은 남쪽으로 옮겨져 그 골짜기가 아셀까지 미칠 것이오.
헉! 산이?!
사… 살 떨린다야!
쿠르르릉!

※감람 산 : 예루살렘 동쪽에 위치한 해발 814m의 고지로 예루살렘을 한눈에 볼 수 있다.
※아셀 : 어느 곳을 가리키는지 알 수 없다.

살아남은 백성은 유다 10대 왕 웃시야(아사랴) 때 지진을 피해 도망쳤듯이 그 골짜기로 도망갈 것이오.
저 골짜기에 숨자!
주께서 우리가 숨을 곳을 만들어주셨어!

※지진 : 어떤 지진을 가리키는지 기록이 없다.

저… 저기?!
이제 게임 끝이네!
오! 우리의 하나님이시다!
와아아아!
그때 주 나의 하나님이 오시고, 모든 천군이 주와 함께 올 것이오!
그날이 오면, 해도 달도 없이 밤낮 없이 밝을 것이고, 저녁에도 밝을 것이오. 그러나 그날이 언제 올지는 하나님만이 아시오.
그날이 오면, 예루살렘에서 솟아난 생수가 절반은 동쪽 바다로, 절반은 서쪽 바다로 흐르고 여름에도 겨울에도 흐를 것이오. 그날이 오면, 오직 하나님만이 온 세상의 왕이 되고 홀로 주가 되시고, 그 이름만 섬김 받을 것이오.
Jehovah

※천군 : 천사의 군대.
※주 : 예수 그리스도로 볼 수도 있다.

또한 게바에서 예루살렘 남쪽 림몬까지! 온 땅이 아라바처럼 평평해지고 예루살렘만이 우뚝 솟을 것이오. 예루살렘은 베냐민 문에서부터 첫 문(옛 문)을 지나 모퉁이 문까지, 또 하나넬 망대에서 왕실의 포도주 짜는 곳까지 제자리에 남아있을 것이오. 그리고 백성들이 다시는 멸망하지 않고, 늘 평안하게 예루살렘에서 살 것이오!!
그런데도 예루살렘을 치는 민족들에게는 하나님이 재앙을 내릴 것이오. 그들은 두 발로 서서 살아있는 동안 살이 썩고, 눈구멍 안에서 눈이 썩으며, 입 안에서 혀가 썩을 것이오.
허억! 내… 내 몸이?
크으으으
으아아아
또한 하나님이 일으킨 혼란으로 서로 손잡고 싸울 것이며, 그들 진영의 말, 노새, 낙타, 나귀와 같은 짐승들에게도 같은 재앙이 내릴 것이오.
히이이잉!
크아아아!
크억!

※게바 : 예루살렘 북쪽, 유다와 이스라엘의 접경 지대. ※림몬 : 예루살렘 남쪽, 유다와 에돔의 접경 지대. ※아라바 : 사막 평원이라는 뜻.
※예루살렘의 문들과 망대가 언급된 것은 세상 모든 세력이 쇠퇴하여 질서가 바뀌지만 예루살렘으로 상징되는 교회 및 하나님의 나라는 견고하게 서있을 것을 나타낸다.

스가랴

반면, 유다도 예루살렘을 위해 싸울 것이며, 주변 모든 나라의 재물들이 예루살렘에 잔뜩 쌓이게 될 것이오.
와아
전리품들이 어마어마하구나!!

메시아 나라의 완성

예루살렘을 치러 왔다가 살아남은 사람들이 매년 예루살렘으로 올라와 만군의 하나님인 왕을 경배하며, 초막절을 지낼 것이오.

※살아남은 사람들 : 예수 그리스도의 복음을 받아들여 구원받게 된 이방 사람들을 상징한다.

tip 초막절(장막절)

이스라엘의 3대 절기는 유월절, 칠칠절, 초막절이다. 그중 초막절은 이스라엘 백성이 이집트를 탈출할 때 광야 생활을 인도하고 보호해주신 하나님의 은혜를 기억하고 기념하는 절기다. 따라서 살아남은 이방 백성들이 하나님 나라에서 초막절을 지낸다는 말은 이 세상에서 돌봐주시고 은혜를 베풀어주신 것에 감사한다는 의미로 해석할 수 있다.

이집트 백성도 예루살렘으로 올라오지 않으면, 비가 오지 않을 것이오.이집트 사람이든, 어떤 민족이든 초막절을 지키러 올라오지 않으면 재앙을 받게 될 것이오.
나일 강이 다 말라버리다니!
내년부터는 예루살렘에 다녀오자.

그날이 오면, 말의 방울에도 주님께 거룩하게 바친 것이라는 글이 새겨질 것이오.
딸랑딸랑
모든 것이 거룩해진다는 뜻이지.

세상 누구라도 그리하지 않으면, 그들에겐 비가 내리지 않을 것이오!
경배를 잊고 있었더니….

또한, 하나님의 성전에 있는 솥들이 제단 앞의 그릇처럼 거룩하게 될 것이오.
모든 것의 평준화랄까?

예루살렘과 유다의 모든 솥이 만군의 하나님께 거룩하게 바친 것이 되어, 제사를 드리러 온 사람들이 그 솥에 제물로 드릴 고기를 삶을 것이오.
또, 하나님의 성전 안에 가나안 사람이 다시는 없을 것이오!!

tip 솥과 제단 앞의 그릇, 가나안 사람

성전에 있는 솥은 하나님께 바쳐진 제물을 삶는 도구이고 제단 앞의 그릇은 희생제물의 피를 담는 도구였다. 따라서 솥은 성전 기구 중 낮게 여겨진 반면, 제단 앞의 그릇은 거룩하게 여겨졌다. 이러한 솥과 그릇이 동일하게 취급될 거라는 말은 거룩함의 구별이 사라진다는 의미다. 또한 유다의 모든 솥이 성전 솥처럼 제물을 삶는 데 쓰인다는 말은 일반 백성이 사용하는 솥마저 거룩하게 된다는 의미다. 그리고 가나안 사람이란 하나님을 섬기지 않는 타락한 자들을 이르는 표현이다. 따라서 하나님의 성전에 가나안 사람이 다시는 없을 거라는 말은 새로운 예루살렘에는 부정한 자가 절대 들어갈 수 없다는 뜻이다.

스가랴

3. 말라기

※말라기 : '나의 사자'라는 뜻. 말라기에 대해 알려진 것은 없으며, 내용에 비춰보아 제사장 출신의 예언자로 추측할 뿐이다.

1장 이스라엘을 사랑하는 하나님

지금부터 하나님이 나를 통해 이스라엘 백성에게 하신 경고를 전해주겠소!

tip 말라기가 활동하던 시대

말라기는 스가랴가 활동한 지 약 100여 년 뒤인 B.C.5세기 중엽, 에스라, 느헤미야와 거의 동시대 인물일 것으로 추정된다. 말라기가 활동하던 때 이스라엘은 정치·경제·종교적으로 매우 암담했다. ① 정치적으로는 페르시아의 식민지로 세금을 바쳐야 했고, ② 경제적으로는 계속된 가뭄과 병충해, 특히 메뚜기 떼의 습격으로 황폐화되었다. ③ 종교적으로는 학개나 스가랴 등의 메시아 왕국 Link 6권 27p 예언 뒤 100여 년이 지나도 그 예언이 실현되지 않자, 이를 의심하고 신앙생활에 회의를 느껴 죄에 빠져들게 되었다. 그리하여 이스라엘은 하나님을 섬기기보다 당장의 만족을 얻는 데 급급했다. 율법을 경시하는 사람들이 많았고 거짓과 속임수가 만연했다. 이러한 상황 가운데 하나님은 말라기를 통해 형식적인 신앙생활과 불의를 회개하도록 촉구하는 한편, 하나님의 약속이 반드시 성취될 것임을 선포한다.

내가 너희를 사랑했다!
어떻게요?
증거를 대보세요!
야곱의 형 에서에 대한 얘기를 해주마! 내가 야곱을 사랑하고 에서는 미워했다!
저도 사랑해요.
삐뚤어져 버릴 테다!
야곱
에서
크흑
히히
그래서 내가 에서가 사는 산을 황폐하게 했고, 그가 물려받은 땅은 들짐승들에게 넘겼다!
흑흑! 너무해.

※에서가 사는 산 : 에서의 자손인 에돔 사람이 살았던 세일 산을 가리킨다. Link 1권 128p

그런데 에서의 자손인 에돔 사람들이 말했다!
우리는 비록 쓰러졌으나, 이 황폐된 곳을 다시 세우겠다!
우오오오!
와아아아
나 만군의 여호와가 말한다! 세울 테면 세워봐라! 내가 반드시 헐어버리겠다!
우르르르
쿠구궁!
으아악!

제사장들의 죄
그리하여 그곳을 악한 땅이라 하고, 그들은 하나님께 영원히 저주받은 백성이라 할 것이다! 그러면 너희는 그것을 보고 이렇게 고백할 것이다!
하나님은 이스라엘 밖에서도 위대하시구나!
우하하하
쌤통이다!
크크크
이것들이 하나님을 믿고.
자기들만 사랑한다 이거지?
아들은 아버지를 공경하고, 좋은 주인을 두려워하는 법이다!
당연한 말씀을 왜 하세요?
너희가 날 아버지라고 하면서 공경했느냐? 날 주인이라고 하면서 두려워했느냐?
그야… 당연….
그… 그럼요…!
내 이름을 멸시하던 너희 제사장들이 이렇게 되묻는다!
우리가 하나님의 이름을 멸시했다고요?
우와! 사람 잡으시네.
너희가 내 제단에 더러운 빵을 올리고서도 이렇게 되묻는다!
우리가 언제 제단을 더럽혔습니까?
실컷 제물을 바쳤더니 트집이셔!
※더러운 빵 : 제단에 바치는 희생제물을 상징하며 더러운 제물이라는 뜻이다.
너희는 내 식탁을 대충 차려도 된다고 생각하느냐? 눈먼 짐승을, 절뚝거리거나 병든 짐승을 제물로 바쳐도 괜찮다는 것이냐?
얘들이 뭐 어때서요?
찜찜하면 안 드시면 되지!
그런 것을 총독에게 바쳐봐라! 그가 기뻐하겠느냐? 너희를 좋게 보겠느냐?
으윽!!
이놈들아! 이딴 걸 바쳐?
후다다닥
아이고!
※총독 : 이때 총독은 느헤미야에 해당한다.
제사장들이여! 당신들이 그런 짓을 했는데 하나님께서 좋게 보시겠소? 이제 하나님께 불쌍히 여겨달라고 은혜를 간청해보시오!
우리가 한 일이 뭐 어때서?!
우리 성의를 무시하는 거라고!
너희 중에 누가 성전 문을 닫아서, 내 제단에 쓸데없이 불을 피우지 못하게 했으면 좋겠다!
이제 여긴 출입금지요.
이젠 불을 피울 수 없소.

말라기

나는 너희를 기뻐하지 않는다! 너희가 바치는 어떤 제물도 더는 받지 않겠다!
허 참! 그래도 가져온 성의를 생각해주시지.
우리니까 하나님을 높여드리지 누가 높여드린다고.
너희가 아니어도, 내 이름은 해 뜨는 곳부터 해 지는 곳까지 이방 민족들 가운데서 높임을 받고, 곳곳마다 내 이름으로 분향하며, 깨끗한 제물이 바쳐질 것이다!
높으신 하나님께 경배 드립니다!
할렐루야!
그런데 너희는 내 이름을 더럽히며 이렇게 말한다!
하나님 식탁이 좀 더러워지면 어때? 대충 아무거나 올려!
그럼, 그 정도는 이해하실 거야.
또 너희는 제물을 멸시하며 이렇게 말한다!
에휴! 이놈의 제사, 정말 귀찮아.
그러게 지겨워.
너희가 절뚝거리거나 훔쳤거나 병든 것을 제물로 바치는데, 내가 그것을 달갑게 받겠느냐?
참 나, 너무 까다로우신 거 아닙니까?
어차피 죽여서 잡는 거 뭐 어때요?
※해 뜨는 곳부터 해 지는 곳까지 : 하나님의 통치가 모든 곳에 이른다는 것을 상징하는 표현이다.

※식탁 : 성전의 제단을 상징한다.

※제물 : 제사를 가리킨다.

자기 짐승 가운데 흠 없는 수컷을 바치기로 맹세하고도 흠 있는 것을 바치며 속이는 자는 저주받을 것이다!
나는 위대한 왕이며 이방 민족들도 내 이름을 두려워하기 때문이다!
아이고! 깜짝이야!
우르릉
쾅!
아니, 왜 화를 내시고?!
아! 정녕 구제불능이다.

2장 제사장들을 향한 저주

하나님은 계속해서 제사장들에게 훈계의 말씀을 주셨어.

너희가 내 말을 듣지 않고, 내 이름을 마음으로 경외하지 않으면 너희 복을 저주로 바꿀 것이다!
저주를 내리신다는데?
에이, 설마! 한두 번 듣는 협박도 아니고.
그렇게 너희가 나를 마음으로 경외하지 않았기에 너희가 받을 복을 이미 저주로 바꾸었다!
벌써 저주로 바꾸셨다는데?
딸꾹!
설마, 농담하시는 거겠지.
끌끌! 똥인지 된장인지 맛을 봐야 아는구나.
쩝 쩝
※이미 저주로 바꾸었다 : 하나님의 저주가 이미 시작되었다는 말로, 제사장들이 서둘러 회개하지 않으면 안 된다는 강조의 표현이다.

말라기

내가 너희 때문에 너희 자손을 꾸짖고, 너희가 바친 희생제물의 똥을 너희 얼굴에 칠할 것이며, 너희는 그 똥과 함께 버려질 것이다!
철퍼덕!
싸다 싸! 그렇게 경고했건만.

tip 희생제물의 똥

똥은 매우 부정하게 여겨졌는데, 율법에서 희생제물의 똥을 성전 밖으로 가져가 반드시 불에 태워 없애도록 규정할 정도였다. 이처럼 부정한 똥을 제사장들의 얼굴에 칠하겠다는 말은 그들의 불의와 죄악을 만천하에 폭로할 뿐만 아니라 모든 특권과 축복을 빼앗아 수치와 조롱을 당하게 할 거라는 뜻이다.

※레위와 맺은 언약 : 레위 자손들을 제사장으로 세우겠다는 언약 Link 2권 196p 을 가리킨다.

그때서야, 너희는 내가 레위와 맺은 언약을 지키려고 이 훈계를 했다는 것을 알게 될 것이다!
알겠냐? 하나님은 언약을 지키려고 그렇게 너희를 달래신 거야.
쿡쿡

내가 레위와 함께 생명과 평화의 언약을 맺었다! 그가 나를 경외하도록 언약을 맺은 결과, 그는 나를 경외하고 내 이름을 두려워했다! 진리의 법이 있었던 그는 죄악을 말하지 않았다!
우리는 하나님과의 언약을 지켜야 합니다!
보태지도 빼지도 말고 성경 말씀 그대로만 애써 지키고 힘쓰시오!

※레위 : 야곱의 아들이며, 레위의 자손이 제사장이 되었다. 여기서는 제사장을 가리킨다.
※그 : 레위의 자손인 제사장을 가리킨다.

또한 그는 평화롭고 정직하게 나와 함께했고, 많은 사람을 악한 길에서 돌아서게 했다!
이쪽이 하나님이 계시는 길이오.
이쪽 길로 가시오.
악한 길
선한 길

제사장의 입술은 지식을 담고, 사람들은 그 입에서 율법을 찾는다! 그는 나의 특사이기 때문이다!
나는 하나님의 율법대로 전할 뿐입니다.
고맙습니다. 제사장님이 길을 가르쳐주시니.
다른 길로 갈 뻔했어요.

그러나 너희는 옳은 길에서 벗어나 많은 사람이 율법을 버리게 했다! 너희는 내가 레위와 맺은 언약을 어겼다!
이 길이 맞아요?
어째 분위기가?
아, 이 사람이 속고만 살았나!
제사장이 하는 말이 곧 율법이야!
자자! 통행료 내고 가세요.

말라기

그처럼 너희가 내 뜻을 따르지 않고, 마음대로 율법을 가르쳤으니, 나도 너희가 멸시와 천대를 받게 하겠다!
이것들이 어디서 약을 팔아? 엉?
거짓으로 율법을 이용하다니!
죽여버립시다!
흑흑
한 번만 용서를….
백성의 죄 ① 문란한 결혼 생활
흥! 당신들도 잘한 게 없소!
얼래? 그게 대체 무슨 망언이래요?
그러게, 사기친 게 죄지 사기당한 게 죈가?

우리는 모두 한 아버지를 모시고, 한 하나님에 의해 창조되지 않았소? 그런데 어째서 서로의 신뢰를 저버리고 하나님과 우리 조상이 맺은 언약을 욕되게 하는 것이오?
참 나, 우리가 언제, 무슨 언약을 욕되게 했다고?
예언자라고 막말을 하시네.
잉잉
유다는 하나님을 배신하고 이스라엘과 예루살렘에서 추악한 일을 저질렀소.
우리가 언제 하나님을 배신했어?
그러게. 가짜 예언자 아냐?

※언약 : 이방신을 섬기는 여자와 결혼을 금지한 것
※ Link 3권 72p 을 가리킨다.
※야곱의 가문 : 이스라엘 공동체를 가리킨다.

흥! 하나님이 아끼는 성소를 더럽히고 이방 신을 섬기는 여자와 결혼했지 않소!
들켰다!
헉!
그런 짓을 하면 누구든, 심지어 하나님께 제사를 드리는 사람이라도 야곱의 가문에서 쫓겨날 것이오!
사기꾼들이 괜찮다고 해서.
죄송.
당신들이 잘못한 일이 또 하나 있소.
또… 또요?
뭐… 가?

※이방 신을 섬기는 여자와 결혼 : 유다는 에스라의 종교개혁 Link 7권 85p 으로 잠시 회복한 듯했으나 다시 타락의 길로 빠져들고 말았다.

당신들이 바친 제물을 하나님이 외면하고 기쁘게 받지 않으신다고 눈물과 울음과 탄식으로 제단을 적셨소.
왜 그러시는 거죠?
무슨 까닭으로 이러십니까?
우리만 미워해.
크흑
잉잉
그 까닭은!! 당신들이 젊은 날에 만난 여인과 결혼할 때 그 증인이 하나님이었기 때문이오!
하나님 앞에서 한 언약을 헌신짝처럼 버려?
그… 그게 무슨…?
헉!
두둥!

※증인 : 하나님의 백성에게 결혼의 증인은 하나님이다. 따라서 일방적으로 결혼을 파기하는 것은 하나님을 모독하는 행위다.

당신들의 동반자이며, 당신들과 언약으로 맺어진 아내들을 당신들은 배신했소!
이만큼 성공했으면 이제 예쁜 여자랑 살 자격이 있어.
제가 잘해줄게요.
내 마누란 너무 늙었어.
호호
호호
하나님께서 둘을 하나가 되게 하셨소. 하나님께 남은 영이 없어서 그랬겠소? 그렇다면 왜 하나겠소? 경건한 씨를 찾으려는 것 아니겠소?

tip 하나가 되게 하셨다

이 말은 하나님이 아담과 하와 두 사람을 만들어 하나가 되게 하신 사실을 가리킨다. 하나님이 아담에게 아내를 한 명만 만들어주신 이유는 하나님께 남은 영이 없어서가 아니라, 한 명의 남자와 한 명의 여자가 하나가 되게 하여, 그들에게서 경건한 씨(자손)를 얻기 위해서였다.

그러니 명심하시오. 젊어서 결혼한 아내를 배신하지 마시오!!
뭐예요? 남의 사업에 초를 치다니?!
응?
나는 이혼하는 것도, 아내를 학대하는 것도 미워한다! 그러니 너희는 명심해서 아내를 배신하지 말라!
하나님 말씀이다!
꺼져!
퍽!
꺅!

② 하나님의 정의를 의심함

너희는 말로 나 여호와를 괴롭혔다!
어머머! 우리가 어떻게요?
우리가 무슨 말을 했다고요?
말도 안 되는 누명을?

너희가 이렇게 말했지 않느냐?
하나님은 악한 자들을 좋게 보시는 것 같아.
정의로운 하나님은 어디 계시지?
심지어 더 기뻐하시는 게 분명해!
하나님이 정말 있긴 해?

tip 하나님의 정의를 의심함

하나님에 대한 이스라엘 백성의 불평불만은 다음과 같았다.

① 악을 행한 자들(이방 나라)이 번영하는 것은 하나님이 그들에게 은혜와 복을 주었기 때문이다.

② 악인이 심판받지 않는 것은 하나님이 정의롭지 않기 때문이다.

3장 심판의 날

백성들의 질문에 하나님이 답하셨어.
내가 나의 특사를 보내 내 앞에 길을 닦게 하겠다!
세례 요한
확실히 닦아 놓겠습니다.

그러면 너희가 기다린 주가 갑자기 성전에 올 것이다! 너희가 기다리던 언약의 특사가 올 것이다!
오… 이분은…?
아, 주여!
드디어 오셨구나!

※특사: 신약시대에 활약했던 예언자 세례 요한을 가리킨다. Link 마태복음 11장 10절

※주, 언약의 특사: 예수 그리스도를 가리킨다.

말라기

그러나 그가 오는 날을 누가 견디고, 그가 나타날 때 누가 살아남겠느냐? 그는 금을 제련하는 불과 같고, 표백하는 잿물과 같을 것이다! 그가 은을 제련해서 순은으로 만드는 사람처럼 레위 자손을 깨끗하게 하면, 레위 자손이 내게 올바른 제물을 바치게 될 것이다!
들어가!!
꺄악!
파다닥!
그러면 유다와 예루살렘의 제물이 예전처럼 나 여호와를 기쁘게 할 것이다!

tip 언약의 특사

① 그가 오는 날은 예수 그리스도의 초림 및 재림의 날을 말함. 초림이란 예수 그리스도가 처음 태어난 것 Link 마태복음 1장 25절 을, 재림이란 종말의 때에 다시 오는 것 Link 데살로니가전서 4장 13~18절 을 말함.

② 금을 제련하는 불 : 예수의 심판은 마치 금을 제련하는 것처럼 불의한 자들과 성도들을 분리시키는 결과를 가져온다는 표현.

③ 표백하는 잿물 : 때를 제거하는 잿물처럼 장차 예수 그리스도가 세상을 심판하실 때 악인들을 제거한다는 의미.

내가 너희를 심판하러 가겠다! 점치는 자, 간음하는 자, 거짓 증언하는 자, 일꾼의 품삯을 떼어먹는 자, 과부와 고아를 억압하고 나그네를 학대하는 자, 나를 경외하지 않는 자들의 잘못을 증언하는 증인이 되겠다!
선서!! 숨기거나 보태지 않고 사실대로 말하고, 거짓말을 하는 자는 이 자리에서 번갯불로 구워버릴 테다!
하나님이 증인이시니 속일 수도 없잖아!
직접 오시다니, 마… 망했다!
크아앙!

나 여호와는 변하지 않는다! 그러니 야곱의 자손들아, 너희는 멸망하지 않는다!
죄 많은 이스라엘을 심판하시더라도 결코 멸망시키지는 않겠다는 하나님의 약속은 변함없다는 거요.
다행이라고 해야 하나?
아무리 그래도 우린 용광로에서 튀김이 될 거야.

③ 헌금 규례의 위반

너희는 조상 때로부터 내 규례를 떠나 지키지 않았다!
하나님 말씀 따위는 아무 짝에도 필요 없어!
뭐야? 집어치워!
성경
아니, 이놈들이?
퍽!

※잘못을 증언하는 증인이 되겠다 : 악을 행한 자들을 심판할 때 하나님 자신이 증인으로 나설 것임을 뜻한다. 그럼으로써 심판의 날 어떤 변명이나 은폐도 소용없게 됨을 시사한다.

※내 규례를 떠나다 : 이스라엘 백성이 고의로 하나님께 불순종하고 규례를 거역했음을 뜻한다.

이제 내게로 돌아와라! 그러면 나도 너희에게로 돌아가겠다!
어떻게 해야 돌아갈 수 있죠?
너희가 내 것을 훔쳤다! 사람이 하나님의 것을 훔치면 되겠느냐?
네? 우리가 뭘 훔쳤다고 그러세요?
억울해요! 순결한 저희를!
십일조와 예물을 훔쳤잖아!
움찔!
킥!

※십일조와 예물은 하나님의 축복에 감사하는 종교적 의무이자, 땅을 분배받지 못한 레위 사람들과 극빈 계층을 위한 사회적 의무였다. Link 2권 176p

너희 모든 백성이 나의 것을 훔치니 저주를 받은 것이다!
아, 그래서 메뚜기들이?
가뭄이 든 것도?
너희는 온전한 십일조를 창고에 들여 내 집에 먹을거리가 있게 하라! 그것으로 나를 시험해서 내가 하늘 문을 열고 너희가 쌓을 곳이 없도록 복을 쏟아 붓는지 지켜보아라!
좋아, 하나님을 시험해보자고.
십일조를 잘하면 무지막지한 복을 주시는지 안 주시는지 보자.

※저주 : 십일조와 예물에 대한 의무를 지키지 않자, 메뚜기의 재난과 흉년이 들었던 것으로 보인다.

※온전한 십일조 : 자신의 모든 소득 가운데 1/10을 제대로 바치는 것을 의미한다.
※창고, 집 : 십일조를 보관하던 성전의 창고.

tip 시험

성경 전체에서 하나님을 시험해보라는 말이 나타난 유일한 대목이다. 하나님은 결코 인간의 시험 대상이 될 수 없는 분이다. 그럼에도 불구하고 하나님이 자신을 시험해보라고 한 의미는 하나님의 능력을 시험하라는 의미라기보다는 하나님의 명령에 순종하여 축복을 받는지 아닌지 확인해보라는 의미에 가깝다. 그래서 여기의 '시험'은 '증명'의 의미로 해석하는 학자가 많다.

그리하면 나는 너희 포도밭의 열매가 익기도 전에 떨어지는 일이 없게 하고, 메뚜기가 너희 땅의 수확을 망치지 못하게 하겠다!
진즉에 십일조와 예물을 잘 바칠 걸!
완전 대박! 풍년이다!
우하하
한 바구니를 십일조로 바쳤더니 열 바구니를 더 수확했어.

너희 땅이 그처럼 비옥해지면, 모든 민족이 이렇게 말할 것이다!
완전 복 받았네!
왕부럽!
하하하
깔깔깔
짱부럽!

④ 하나님을 섬기는 데 회의를 느낌

너희는 불손한 말로 나를 거역했다!
우리가 무슨 말을 했다고요?
바른 말, 고운 말은 우리의 기본이라고요!
엥?

너희가 이렇게 말하지 않았느냐!!
하나님을 섬기는 건 다 쓸데없어. 하나님 명령을 지키고, 죄를 뉘우치고 슬퍼한들 무슨 이익이 있냐?
첫! 오히려 교만한 자가 복을 받고, 악한 자가 번성하며, 하나님을 시험하는 자가 화를 면한다고!

※시험 : 하나님의 심판과 경고를 완전히 무시하고 제멋대로 행동한다는 의미로 쓰였다.

tip 하나님을 원망하는 백성

이스라엘 백성은 바벨론 포로 이후, 금식이야말로 신앙심을 입증하는 최고의 방법이라고 여겼고, 이러한 전통은 예수 시대의 바리새인들에게서 절정을 이루었다. Link 누가복음 18장 12절
그런데 말라기 시대에는 아무리 금식해도 하나님이 응답하지 않는다는 원망이 가득했다. 또한 악인들에 대한 심판이 즉각적이지 않고 오히려 하나님을 섬기는 자들에게 어려움이 닥친다는 이유로 하나님께 원망과 불평을 쏟아내곤 했다.

※바리새인 : 유대인의 한 종교적 무리로 율법을 엄격하게 준수했던 사람들을 칭한다.

그럴 때 하나님은 하나님을 경외하던 사람들이 주고받는 말에 귀를 기울이셨소.
무슨 소리! 하나님의 뜻을 우리가 감히 짐작할 순 없소!
욥기를 봐! 다 하나님의 계획이 있는 거라고!

그리고 하나님의 이름을 존중하고 경외하는 사람들을 그분의 비망록에 기록하셨소!
기특한 녀석들!!
슥슥

※비망록 : 인간들의 말과 행위를 낱낱이 기록한 책.

내가 정한 날, 그들을 나의 특별한 소유로 삼겠다! 사람이 자기를 모시는 자식을 아끼듯 내가 그들을 아끼겠다!
앗! 저희요?
다 듣고, 보고 계셨잖아?
뜨악!
성경20

※정한 날 : 하나님이 정의를 실현하실 심판의 날(여호와의 날)을 뜻한다.

그때, 너희는 다시 의인과 악인을 구별하고, 나를 섬기는 자와 섬기지 않는 자를 구별하게 될 것이다!
마… 맙소사!
우린 이제 큰일 났다!
심심한 위로를.
안됐네. 하지만 지금이라도 회개하면 돼.
크크
크흐흑!

4장 심판의 날

나 만군의 여호와가 말한다! 반드시 그날이 올 것이다! 용광로의 불길같이, 모든 교만한 자와 악한 자가 지푸라기처럼 타버릴 것이다! 그날이 오면, 그들의 가지와 뿌리까지 남김없이 불태울 것이다!
앗, 뜨거!!!!
피할 곳이 없어!!
쿠구구궁!
쾅
콰
으아악!
으아아아!

※그날 : 심판의 날을 가리킨다.
※가지와 뿌리까지 남김없이 : 철저한 심판으로 완전히 멸망한다는 뜻.

그러나 내 이름을 경외하는 너희에게는 의로운 해가 비춰 치료할 것이며, 너희는 외양간에서 풀려난 송아지처럼 뛰어다닐 것이다!
그날이 왔다!
하하하
주께서 오신다!

내가 그 일을 하는 날, 너희는 악한 자들을 짓밟고, 그들은 너희 발바닥의 재와 같을 것이다!
퍽!

※의로운 해 : 예수 그리스도를 상징한다.
※치료 : 예수 그리스도가 구원의 빛으로 사람들의 상처와 고통을 없애고 복과 은총을 준다는 상징이다.

너희는 내가 호렙(시내) 산에서 나의 종 모세를 통해 온 이스라엘이 지키도록 명령한 율법, 곧 율례와 법도를 기억하라!

나 여호와의 크고 무서운 날이 오기 전에, 예언자 엘리야를 보내겠다! 그가 아버지의 마음을 자녀에게 돌이키게 하고, 자녀의 마음을 아버지에게 돌이키게 할 것이다!
여러분이 하나님 아버지께 돌아오면 그분도 자녀인 우리에게 돌아오실 겁니다!

※율례와 법도 : 율례는 하나님과 백성 사이에 지켜야 할 명령을,
법도는 인간이 지켜야 할 모든 규범과 의무를 가리킨다.

※돌이키게 하다 : 하나님에 대한 신앙을 회복한다는 의미다.

돌이키지 않는다면, 내가 저주로 이 땅을 칠 것이다!
쿠르르릉!

tip 예언자 엘리야와 구약의 마지막

엘리야는 죽지 않고 승천한 예언자다. Link 5권 127p 그러나 여기에서 엘리야라 함은 엘리야의 심령과 능력으로 예수 그리스도의 길을 예비했던 세례 요한을 가리킨다. 말라기는 이처럼 세례 요한의 출현을 예언함으로써 구약 전체를 마감하고, 세례 요한의 사역으로 시작되는 신약성경의 문을 자연스럽게 열고 있다. 한 가지 주목할 점은 구약의 마지막 말이 돌이켜 하나님께 돌아오지 않으면 하나님께서 저주를 내리겠다는 경고라는 것이다. 창세기에서 저주가 어떻게 세상에 들어왔는지를 보여주었다면, 구약의 마지막에서는 그 저주가 아직도 존재하여 위협하고 있음을 보여주고 있다. 이어진 신약의 첫 부분(마태복음, 마가복음, 누가복음, 요한복음)은 이 저주로부터 인류를 벗어나게 하려고 세상에 오신 메시아(예수 그리스도)의 사역으로 시작하게 된다.

참고 도서 및 자료 목록

《개역개정 컬러성경》, 대한성서공회, 아가페, 2006.

《구약 이스라엘사》, 김희선, 총신대학교 출판부, 1981.

《구약 핸드북》, 길버트 비어스, 이윤기 옮김, 성서교재간행회, 1988.

《구약성경의 탐구》, 로버트 D. 브렌슨·짐 에들리 외, 박철우 옮김, 물가에 심은 나무, 2006.

《그랜드 종합 주석》, 성서원 편집부, 성서교재간행사, 1996.

《그림성경》, 아이브아 호스·앙드레 르블랑, 성서교재, 1987.

《그림으로 보는 세계 생활사》, 앤 밀라드·패트리샤 바나스·조지프 매큐언, 창해, 2007.

《더 바이블 맵》, 김주현·정영주, 디자인 토제, 2012.

《바이블 그림 탐정》, 피터 마틴·피터켄트, 권기대 옮김, 베가북스, 2012.

《바이블 문화코드》, 남병식, 생명의 말씀사, 2006.

《백투더 바이블》, 장종길, 그리심, 1996.

《성경의 맥을 잡아라》, 문봉주, 두란노, 2007.

《성경의 비밀을 푸는 생활풍습 이야기, 열린다 성경》, 류모세, 두란노, 2010.

《성막》, 강문호, 한국가능성계발원, 1993.

《성서 속의 도시 이야기》, 이원희, 민영사, 2006.

《성서사전》, 길버트 비어스, 권호덕 옮김, 성서교재간행회, 1988.

《성서이야기》, 편집부, 계몽사, 2011.

《성전》, 강문호, 한국가능성계발원, 1994.

《손에 잡히는 성경 지도》, 폴 라이트, 이용중 옮김, 부흥과개혁사, 2009.

《쉬운성경》, 아가페편집부, 아가페, 2005.

《신약 핸드북》, 길버트 비어스, 이윤기 옮김, 성서교재, 1986.

《아가페 성서 지도》, 요하난 아하로니·미카엘 아비요나, 문창수 옮김, 아가페, 1988.

《어? 성경이 읽혀지네》, 이애실, 성경방, 2005.

《에센스 명화 성경》, 이동진, 해누리, 2007.

《예수를 만나러 유럽에 간다》, 신동운, 스타북스, 2008.

《와! 성경이 살아 있다》, 데니스 존스, 성서유니온 선교회, 2007.

《우리들 성경》, 팻 알렉산더, 두란노, 1994.

《우리말 성경》, 두란노서원 성경출판팀, 두란노, 2007.

《위대한 바이블 연대기》, 토마스 로빈슨, 엄재호 옮김, 안국문화, 1993.

《헬라어직역신약성경》, 생명의말씀사 편집부, 말씀의집, 2010.

《황금의 집》, J. 로우, 황인출·오진관 옮김, 전도출판사, 1981.

《히브리어직역구약성경》, 생명의말씀사 편집부, 말씀의집, 2006.

<예수 그리스도 족보>, 기독교대백과사전편찬위원회, 기독교문사, 1993.